JN412053

# Hotel Banquet Management

국가직무능력표준(NCS)을 기반으로 한

# 호텔연회관리실무

서진우 · 장세준 지음

大 旺 社

# Hotel Banquet Management

국가직무능력표준(NCS)을
기반으로 한

# 호텔연회관리실무

# 머리말

외국계 선진 호텔 및 외식기업들의 국내 진출과 더불어 주 5일근무제 도입으로 인한 호텔 및 외식산업의 활성화에 힘입어 호텔 및 외식시장의 성장세가 가속화되어 가고 있다. 또한 소비자들의 욕구가 고급화·다양화를 추구하고 있어 이에 부응하고자 호텔과 외식업체도 고객 눈높이에 맞춘 연회상품 출시를 통해 치열한 경쟁을 하고 있는 실정이다.

이와 같은 연회부문의 빠른 성장과 고수익 모델이라는 인식하에 경영자들이 연회영업의 중요성을 인식하고 관심을 갖게 되면서 호텔은 연회장의 개·보수 및 수용태세를 정비하고 전문 외식업체들은 적극적으로 연회사업에 진출하고 있다. 호텔 및 외식산업에서의 연회는 결혼예식, 돌잔치 및 가족모임, 기업과 각종 단체의 세미나 및 신제품 발표 등의 다양한 형태로 진행되고 있으며, 또한 출장연회를 활성화시키기 위해 마케팅활동에 총력을 기울이고 있다.

최근 많은 식음료 및 연회관련 서적들이 쏟아져 나오고 있지만, 본서는 정부정책인 '국가직무능력표준'(NCS)에 기반한 연회관리의 능력단위를 중심으로 구성하였다.

이러한 능력단위를 중심으로 구성된 본서는 연회관리를 배우는 학생들뿐만 아니라 호텔 및 외식업체의 식음료종사자·관리자·경영자 등 모든 분들이 연회에 대해 쉽게 접근하고 이해할 수 있도록 기초적인 내용을 바탕으로 집필하였다.

본서는 크게 2편으로 구성되어 있는데, 제1편은 연회의 개념을 정립하는 데 도움을 줄 수 있도록 하는 '호텔연회의 이해,' 제2편은 실무적인 지식을 바탕으로 실무기술을 습득을 할 수 있도록 '연회관리실무'로 나뉘어 구성하였다.

미흡한 지식을 바탕으로 기존의 연회관련 서적들과 차별화시키려는 노력을 하였으며, 지속적인 연구와 부족한 부분의 보완을 통해 NCS기반 연회관리 교과목의 실무지침서가 될 수 있도록 최선의 노력을 하겠다.

끝으로 본서가 출판되기까지 도움을 주신 도서출판 대왕사 박성진 사장 이하 직원들의 노고에 감사드린다.

2016년 3월

저자 일동

차례

## 제1편 호텔연회의 이해



## 제2편 연회관리실무

제1편

# 호텔연회의 이해

OTEL BANQUET MANAGEMENT

호텔연회의 이해

CHAPTER 01

# 호텔식음료

## 01 식음료의 개요

### 1) 식음료의 개념

호텔의 주요 상품으로는 투숙고객이 잠을 자고 휴식을 취할 수 있는 객실상품과 투숙객과 호텔 외부고객들이 식사와 음료 그리고 호텔에서 제공하는 품격 높은 서비스 및 분위기 등을 즐기기 위해 구매하는 식음료상품으로 구분할 수 있다.

호텔 주요 상품의 하나인 식음료는 영어로 Food and Beverage(F & B)라 하고, Food와 Beverage의 합성어로 호텔에서 판매하는 음식과 음료를 의미하며, 이러한 식음료상품을 판매하고 관리하는 부서를 식음료부(F & B department)라고 한다. 식음료부서는 호텔의 객실영업부서와 함께 호텔의 수익창출부서(revenue center)이며, 음식을 조리·생산하는 부서는 조리부라 한다. 일반적으로 식음료부와 조리부는 서로 독립되어 있지만 상호 불가분의 관계로 긴밀한 협력을 통해 호텔의 식음료영업을 책임을 지고 있으며, 조리부는 호텔이 경영방침·규모·위치 등에 따라 식음료이사 소속하에 두는 경우도 있다.

식음료부의 조직으로는 음식을 주 상품으로 판매하는 레스토랑을 관장하는 식당과 바·라운지 등 음료상품을 주 판매품목으로 영업을 하는 주장을 관장하는 음료과, 연회예약업무와 연회 서비스를 담당하는 연회과로 구성되어 있다.

### 2) 식음료영업의 중요성

외식문화의 발달과 사회구조 및 라이프스타일의 변화에 따라 호텔이 대중화되어 일반인들도 호텔을 이용하는 기회가 확대되고 있다. 호텔의 주요 상품으로는 객실상품과 식음료상품으로 대별된다.

전통적으로 호텔의 식음료영업은 호텔의 부대시설로서 호텔의 투숙객들에게 식사와 음료를 제공하는 단순한 역할만을 수행하여 왔다. 그러나 최근 호텔의 대중화로 식음료판매수익이 객실판매수익을 상회하는 호텔들을 양산하고 있는데, 이로 인해 식음료영업에 대한 경영자들의 관심이 점점 높아지고 있다. 객실상품이 객실의 수가 한정되어 있어 판매에 제약을 받는 상품이라면, 식음료상품은 신축성이 강한 동적인 상품으로 신상품개발과 신규시장 개척으로 호텔의 매출증진을 기할 수 있는 중요한 상품이라 할 수 있다. 즉 식음료영업장에서는 좌석회전율을 높이고, 연회장에서는 대규모 행사를 유치하거나 프로모션과 이벤트를 개최하고 출장연회를 확대하는 방법 등으로 신규수요를 창출하여 호텔경영에 기여할 수 있을 것이다.

### 3) 식음료상품의 특성

호텔의 식음료상품은 일반제조업과는 다른 특성을 가지고 있다. 호텔 식음료상품은 생산측면에서 수요예측이 어려워 대량생산하기가 어렵고, 고객의 주문을 통하여 주문생산을 하며, 다양한 고객의 욕구와 취향으로 표준화된 생산이 어렵고, 인적 의존도가 높다고 할 수 있다. 판매측면에서는 식음료상품의 빠른 진부화로 저장판매가 어렵고, 호텔 내에서 상품을 생산하여 고객에게 제공하므로 별도의 유통과정이 없으며, 인적 서비스가 반드시 수반되어야 한다는 것이다. 이러한 식음료상품의 특성에 대한 이해를 높임으로써 효율적인 식음료상품의 관리가 가능할 것이다.

## 02 식음료부문의 조직과 직무

### 1) 식음료부문의 조직

호텔식음료부문의 서비스편성은 식당의 서비스나 위치에 따라 조직이 달라지겠지만, 도심지・관광지 등에 따른 식당의 위치, 계절, 등급의 수준, 고객수용능력, 서비스 형태 및 메뉴의 내용에 따라 호텔식음료부문의 조직이 달리 편성될 수 있다. 특급호텔기준의 조직도를 그려보면 [그림 1-1]과 같다.

[그림 1-1] 식음료부 조직

- 식음료 부장 (F & B Director)
  - 음료 과장 (Beverage Manager)
    - 바 지배인 (Bar Manager)
      - 헤드 바텐더 (Head Bartender)
  - 식당과장 (Restaurant Manager)
    - 식당 지배인 (Outlet Manager)
      - 캡틴 (Captain)
        - 바텐더 (Bartender)
        - 웨이터/웨이트리스 (Waiter/ress)
          - 보조 웨이터 (Busboy/girl)
            - 실습생 (Trainee)
        - 안내 (Hostess)
  - 연회과장 (Catering Manager)
    - 연회서비스 지배인 (BQ. Service Mgr.)
      - 연회 캡틴 (BQ. Captain)
    - 연회예약지배인 (BQ. RSVN Mgr.)
      - 연회예약담당 (BQ. RSVN Clerk)

### 2) 식음료부문의 직무

#### (1) 식음료부장(F & B Director)

식음료부서의 최고책임자로 영업에 관한 정책수립 및 영업관리, 식음료부서 직원들의 인사관리 등 식음료부서의 전반적인 운영에 대한 책임을 진다.

#### (2) 식당과장(Restaurant Manager)

각 레스토랑의 운영상태 및 문제점을 파악하고 운영에 관한 책임을 지고, VIP고객의 관리 및 안내, 레스토랑 직원들의 인사관리 및 서비스 강화교육 등을 실시한다.

#### (3) 영업장 지배인(Outlet Manager)

단위 레스토랑의 책임자로서 영업장의 관리 및 고객관리, 직원관리, 재산관리를 담당한다.

① 업장관리: 영업장 운영, 매출관리, 재고관리
② 고객관리: 예약대장 관리, 고객대장 관리, 고객불평처리
③ 직원관리: 근태관리, 교육훈련, 인사고과 평가
④ 상품관리: 식음료상품의 품질 , 서비스품질, 영업장 분위기 및 연주 및 BGM 관리
⑤ 재산관리: 업장의 시설과 집기 · 비품 관리

#### (4) 캡틴(Captain)

접객책임자로서 지배인의 업무를 보좌하고 지배인 부재 시 업무를 대행한다.

① 테이블 세팅 등 영업준비상태가 완전한지를 점검한다.
② 영업시작 전 웨이터 · 웨이트리스의 용모와 복장을 점검한다.

③ 예약된 VIP고객 전달과 오늘의 스페셜 등 주요 전달사항을 직원들과 공유한다.

④ 고객을 영접하고 식음료를 주문받는다.

⑤ 담당 웨이터・웨이트리스를 지휘하여 서비스에 만전을 기한다.

⑥ 식사를 마친 고객에게 계산서를 제공하고 정산을 한다.

### (5) 웨이터・웨이트리스(Waiter & Waitress)

① 캡틴을 보좌한다.

② 주문된 식음료를 올바른 서비스절차에 따라 서브한다.

③ 책임구역의 영업준비와 청소를 담당한다.

④ 테이블 세팅과 업장청결을 담당한다.

⑤ 고객이 떠난 테이블을 재정비한다.

### (6) 실습생(Trainee)

① 웨이터・웨이트리스의 업무를 돕는다.

② 업장영업에 필요한 린넨・소모품 등을 보급한다.

③ 테이블 세팅과 냅킨을 접는다.

④ 서비스웨어(차이나・실버・글라스)를 핸들링하여 제 자리에 보관한다.

⑤ 업장 청결유지를 담당한다.

⑥ 고객에게 물이나 빵과 버터・커피 등 간단한 서비스를 제공한다.

### (7) 리셉셔니스트(Receptionist, Hostess)

① 지배인의 업무를 보좌한다.

② 고객을 영접하고 안내하며 환송업무를 담당한다.

③ 예약 접수 및 확인・관리 업무를 담당한다.

④ 고객의 외투 및 가방 및 식사 테이블에 불필요한 물품을 보관한다.

⑤ 각 서비스구역(station)에 배치된 캡틴이나 웨이터를 파악하고 테이블번호를 숙지한다.
⑥ 업장 내 업무가 바쁠 때는 서비스요원을 도와 고객 서비스에 참여한다.

### (8) 소믈리에(Sommelier, Wine Steward)

① 식전주와 식후주 주문을 받는다.
② 주문한 메뉴에 어울리는 와인을 고객에게 추천하고 주문을 받는다.
③ 고객이 주문한 음료를 표준 서비스절차에 따라 서브한다.
④ 와인에 대한 전문적인 지식을 가지고 호텔 와인선정에 참여한다.
⑤ 와인의 보급과 보관 및 적정재고관리를 담당한다.

### (9) 시니어 바텐더(Senior Bartender)

① 바(bar)의 접객책임자로 음료의 적정재고 파악 및 관리를 담당한다.
② 영업준비 및 종사원의 복장과 위생상태를 점검한다.
③ 영업종료 후 재고조사를 실시하여 재고조사표를 작성・보고한다.

### (10) 바텐더(Bartender)

① 와인을 제외한 음료 및 부재료・소모품을 불출 및 적정 재고관리를 한다.
② 고객이 주문한 칵테일을 표준 레시피에 의해 조주하여 제공한다.
③ 바 내부와 기물류의 정리・정돈과 청결을 유지한다.
④ 주기적으로 음료재고조사를 실시한다.

## 03 식음료영업장

호텔 식음료부는 판매상품에 따라 식당부문 · 음료부문 · 연회부문으로 구분할 수 있으며, 각 부문의 주요 영업장은 [그림 1-2]와 같다.

[그림 1-2] **호텔 식음료영업장의 종류**

식음료부

| 식당부문 | 음료부문 | 연회부문 |
|---|---|---|
| • **동양식당**: 한식당, 중식당, 일식당<br>• **서양식당**: 프랑스식당, 이탈리아식당<br>• **전문식당**: 스테이크하우스, 시푸드 레스토랑<br>• **기타**: 뷔페식당, 카페, 커피숍, 룸 서비스, 델리카티슨 | • 로비 라운지<br>• 스카이 라운지<br>• 메인바<br>• 클럽 | • 연회예약<br>• 연회 서비스<br>• 연회판촉 |

### 1) 식당부문

### (1) 식당의 개요

#### 가) 식당의 어원

식당의 의미인 Restaurant의 어원은 『불란서 대백과사전』(*Larousse Duxxe Siecle*)에 의하면 "de Restaurer"란 말로 시작되었다. 이 Restaurer의 의미는 '기력을 회복하다'란 뜻으로 피로한 심신을 원상으로 회복시킨다는 것을 의미하고 있다.

### 나) 식당의 정의

미국의 『웹스터사전』에는 "대중에게 공개하여 식사와 음료수를 제공하는 시설 또는 대중적인 먹는 집"(An establishment where refreshment or meals may be produced by the public: a public eating house)이라고 규정하고 있다. 식당이 목적하는 바는 일정한 장소에서 식사와 음료를 고객에게 제공하여 원기를 되찾게 하는 곳이라 할 수 있다. 현대적 의미의 식당을 정의하면, 영리 또는 비영리를 목적으로 일정한 장소에서 불특정 고객들에게 음식과 음료를 제공하기 위한 적합한 시설을 갖추어 놓고 잘 훈련된 종사원에 의해 인적·물적 서비스를 제공하는 곳이라 할 수 있다.

최근 선진국에서는 레스토랑을 EATS상품을 판매하는 장소라 하는데, EATS란 접대(인적 서비스: Entertainment), 분위기(물적 서비스: Atmosphere), 맛(요리: Taste), 위생(청결: Sanitation)을 의미한다. 즉 식당이란 먹는다는 단순한 의미의 장소가 아니라 서비스와 분위기 및 음식의 맛과 위생 등이 하나로 조화된 총체적인 가치, 즉 토털상품을 판매하는 장소라 할 수 있다.

## (2) 호텔 식당의 분류

### 가) 명칭에 따른 분류

**레스토랑**(Restaurant) 레스토랑은 일반적으로 식당의 의미로 사용되고 있으며, 호텔에서 사용되고 있는 레스토랑의 의미는 고급 시설과 식탁 및 의자를 마련하여 놓고 고객의 주문에 의하여 조리사가 정성들여 만든 음식을 숙련된 웨이터나 웨이트리스가 우아하고 정중한 테이블 서비스를 제공하는 고급식당을 말하는 것이다.

**커피숍**(Coffee Shop) 고객의 왕래하는 잦은 장소에 위치하여 아침식사를 제공하며, 아침부터 저녁 늦은 시간까지 주로 가벼운 식사와 음료를 판매하는 호텔의 필수적인 부대시설이다.

**그릴**(Grill) 일품요리(a la carte)를 주로 제공하며, 고객의 편의를 도모하고 수익을 증진시키기 위해 오늘의 특별요리(daily special menu)라는 세트 메뉴를 제공되기도 하는 테이블 서비스가 제공되는 식당이다.

**다이닝 룸**(Dining Room) 주로 정식(table d'hote)을 제공하는 호텔의 주 식당으로, 이용하는 시간을 정하여 점심과 저녁식사를 제공한다. 그러나 최근에는 이 명칭은 사용되지 않고 고유의 명칭을 붙인 전문 레스토랑과 그릴로 형태가 바뀌었으며, 이러한 레스토랑과 그릴에서는 정식뿐만 아니라 일품요리도 제공하고 있다.

**카페테리아**(Cafeteria) 음식을 제공하는 카운터에서 음식을 선택하고 요금을 지불하며 고객이 직접 가져다 먹는 셀프서비스 형태의 식당이다.

**뷔페식당**(Buffet Restaurant) 뷔페 테이블에 미리 준비해놓은 다양한 종류의 음식을 균일한 요금을 지불하고 자신이 원하는 음식을 선택하여 양껏 가져다 비교적 신속하게 먹을 수 있는 셀프서비스식당이다.

**런치 카운터**(Lunch Counter) 식탁 대신 조리과정을 직접 볼 수 있는 카운터에 앉아 조리사에게 음식을 주문하여 식사를 제공받는 식당이다. 고객은 직접 조리과정을 지켜볼 수 있기 때문에 기다리는 시간을 덜 수 있고, 식욕을 촉진시킬 수 있다.

**스낵바**(Snack Bar) 가벼운 식사를 제공하는 간이식당이다.

**델리카티슨**(Delicatessen) 간단한 육가공식품이나 샌드위치 · 빵 등을 준비하여 판매하는 곳으로, 최근에는 각종 케이크 · 초콜릿 · 와인 · 선물세트 등 다양한 상품을 진열하여 판매하는 곳으로 "델리"(deli)라고 간단하게 부르기도 한다.

**룸 서비스**(Room Service) 호텔 투숙객이 룸 서비스의 오더 테이커(order taker)에게 전화로 음식과 음료를 주문하면 호텔 트롤리나 트레이로 주문한 식음료를 객실내까지 배달해주는 서비스를 의미한다. 주로 식당에 내려와 식사를 할 수 없는 상황의 고객들이 도어놉(door knob)을 이용하여 사전에 주문한 아침식사를 제공하거나, 업무나 관광 후 호텔에 돌아온 투숙객들의 주문에 의해 간단한 식사·음료·안주류 등을 제공한다. 투숙객들을 위한 24시간 서비스가 제공되며, 최근에는 프라이베이트 다이닝(private dining)으로도 불리고 있다.

### 나) 판매품목에 의한 분류

**프랑스식당**(French Restaurant) 프랑스요리는 이탈리아요리의 영향을 받아 프랑스의 뛰어난 예술적 감성과 소스의 감칠 맛, 화려한 장식, 질 좋은 식재료를 바탕으로 발전·계승되어 오늘날 서양요리를 대표하는 세계적 요리로 발전하였다. 프랑스요리로 유명한 달팽이요리, 거위간요리, 생굴요리, 바다가재요리, 샤토브리앙, 다양한 치즈 등이 있다. 프랑스식당은 고급 호텔에서 식음료영업의 대표성을 가질 만큼 중요한 위치를 차지하는 식당이다. 고급 프랑스 레스토랑의 경우 정장을 갖춰 입지 않으면 입장을 못하는 경우도 있다.

**이탈리아식당**(Italian Restaurant) 이탈리아식당은 프랑스에 요리를 전파할 정도로 역사와 전통을 자랑하고 세계적인 식당으로 자리매김하고 있다. 이탈리아 남부지역에서 생산하는 경질의 밀을 사용하는 피자와 다양한 종류의 파스타요리가 유명하며, 이탈리아 북부지역에서는 쌀을 이용한 리조트와 옥수수를 이용한 폴렌타가 유명하다. 이탈리아 주 요리로는 스칼로피네 및 오소부코와 같은 요리가 유명하다.

**스페인식당**(Spanish Restaurant) 스페인은 주위가 바다로 둘러싸여 해산물이 풍부하므로 생선요리가 유명하며, 특히 왕새우요리가 유명하다. 스페인요리는 올리브 오일과 포도주 · 마늘 · 파프리카 · 사프란 등의 향신료를 많이 쓰는 것이 특색이다.

**미국식당**(American Restaurant) 미국인들은 비프스테이크 · 바비큐 · 햄버거 등을 즐겨 먹는데, 이러한 것들을 미국의 대표적인 요리라 할 수 있다. 대개 재료를 빵과 곡물, 고기와 계란, 낙농제품, 과일 및 야채 등으로 이용하는데, 간소한 메뉴와 경제적인 재료 및 영양 본위의 실질적인 식생활을 하는 것이 특징이다.

**한식당**(Korean Restaurant) 한국요리는 오랜 역사와 전통을 자랑하는 훌륭한 요리들이 많으며, 맛과 향 · 모양 등에 있어서도 지리적 특성을 살린 음식들로 다채롭다. 한국요리는 궁중음식 · 반가음식 · 서민음식 등 계층에 따른 음식으로 전승되어 왔으며, 각 분야별로 독특한 조리기술과 상차림으로 발전되었다. 특히 궁중요리가 우리나라 대표성을 지켜 왔는데, 맛과 영양 및 조리법에 있어서 과학적 연구가치가 있을 만큼 훌륭한 가치를 지니고 있다. 한국요리는 정성과 노력이 많이 들고, 특히 손맛을 중시한다. 한국음식의 발효식품이 건강유지에 중요한 작용을 한다는 연구결과에 따라 세계인들이 주목하고 있으며, 한식의 세계화를 위한 메뉴개발과 마케팅에 대한 노력이 더욱 필요하겠다.

**중식당**(Chinese Restaurant) 중국요리는 중국대륙에서 발달한 요리의 총칭으로 오랜 세월을 두고 광활한 영토와 넓은 영해에서 다양하고 풍부한 농·축·수산물을 얻을 수 있어 이들을 이용한 요리는 불로장생을 목표로 오랜 기간 꾸준히 연구·개발되고 있다.

서양요리나 일본요리는 색체배합을 중시하지만, 중국요리의 특징은 미각에 초점을 두고 오미의 절묘한 배합을 이루어 세계적인 요리로 발전시켰다. 중국요리는 지역에 따라 북경요리·남경요리·상해요리·광동요리·사천요리 등으로 구분한다. 지역에 따른 요리의 특성을 살펴보면, 북경요리는 육류중심의 화력을 이용한 튀김요리와 볶음요리가 많고, 남경요리는 일명 상하이요리로 간장이나 설탕으로 달콤하게 맛을 내어 기름기가 많다. 광동요리는 중국 남부의 대표요리로 재료의 맛을 살린 담백함이 특징이다. 사천요리는 더위와 추위가 심한 지방에서 악천후를 이겨내기 위하여 향신료를 많이 사용하고 매운 요리가 특징이다.

**일식당**(Japanese Restaurant) 일본열도는 바다로 둘러싸여 있는 지형이고, 기후의 변화가 심한 나라이며, 해산물이 매우 풍부하여 이를 이용한 요리가 발달하였고, 맛이 담백하고 풍미가 뛰어나다는 점이 특징이다. 일본요리는 현식에 따라 본선요리·회석요리·차회석요리·정진요리·부채요리로 분류하며, 지역에 따라서 관서요리와 관동요리로 구분하기도 한다.

일본요리는 쌀이 주식으로 농산물과 해산물이 부식으로 형성되어 있는데, 맛이 담백하고 색채와 모양이 아름다우며 풍미가 뛰어난 것이 특징이다. 일본요리로는 사시미를 비롯하여 초밥·튀김요리·스끼야끼 등이 유명하다.

### 다) 서비스형식에 따른 분류

테이블 서비스 레스토랑 테이블 서비스는 가장 전형적인 서비스 형태로 쾌적한 분위기의 식당에서 잘 훈련된 접객종사원이 보다 전문적이고 효율적인 방법으로 고객으로부터 주문을 받아 질 좋은 요리를 신속하게 제공하여 고객의 욕구를 충족시켜 주는 서비스 형태이다. 이러한 테이블 서비스를 제공하는 방법으로 일반적으로 아메리칸 서비스, 프렌치 서비스, 러시안 서비스, 패밀리 서비스 등이 있다.

▸ **프렌치 서비스 레스토랑**(French Service Restaurant) 일명 게리동 서비스로 불리는 프렌치 서비스는 시간의 여유가 많던 유럽의 귀족들이 즐기던 서비스방식으로 주로 고급 식당에서 숙련된 종사원들에 의해 우아하고 정중하게 제공하는 서비스방식이다.

이러한 서비스는 고객 테이블 앞에서 보기 좋게 은접시에 담아 놓은 음식을 접시에 들어주거나, 주방에서 통째로 조리해온 생선의 뼈를 제거하여 주거나, 로스트비프 등을 1인분씩 잘라 주거나, 고객 앞에서 직접 요리를 만들어 주기도 하고, 스테이크나 디저트 등에 와인과 브랜디 등을 이용하여 플람베를 하거나 직접요리를 하여 제공하기도 한다.

▸ **아메리칸 서비스 레스토랑**(American Service Restaurant) 아메리칸 서비스는 플레이트 서비스 또는 트레이 서비스라고도 하며, 모든 음식이 주방에서 조리하여 개별접시에 담아 고객에게 제공되는 서비스로, 서비스속도가 빠르기 때문에 좌석회전율이 빠른 레스토랑・스낵바 등에서 사용하기에 적합한 서비스 형태이다.

▸ **러시안 서비스 레스토랑**(Russian Service Restaurant) 러시안 서비스는 생선이나 가금류를 통째로 요리하여 은쟁반에 보기 좋게 장식한 후 고객에게 보여드리면 고객이 먹고 싶은 만큼 덜어 먹거나 웨이터가 식탁을 돌며 고객 왼쪽에서 오른손으로 음식을 나누이 제공하는 서비스 방식이다. 이러한 서비스 형태는 연회장에서 중국식 음식을 제공할 때 많이 사용하고 있다.

▶ **잉글리시 서비스 레스토랑**(English Service Restaurant) 일명 패밀리 서비스라고도 하는데, 주방에서 만들어진 모든 음식을 큰 플래터(platter)에 담아서 테이블에 올려놓으면, 각 테이블의 고객 스스로가 접시를 돌려가면서 각자가 덜어 먹는 방식이다. 소규모 파티에서 많이 사용되고, 고도의 숙련된 직원을 필요로 하지 않는다.

**셀프서비스 레스토랑**(Self Service Restaurant) 일명 뷔페 서비스라고도 하며, 뷔페식당이나 카페테리아에서 사용되는 서비스 형태이고, 이 서비스는 고객이 일정한 금액을 지불하고 뷔페 테이블에 마련된 음식을 마음껏 즐길 수 있는 셀프서비스 형식의 서비스를 제공한다. 적은 인원으로 많은 고객을 커버할 수 있으나, 음식의 낭비를 최대한 줄일 수 있도록 원가관리와 양의 조절에 신경을 써야 할 것이다.

**카운터 서비스 레스토랑**(Counter Service Restaurant) 고객이 카운터에 앉아 조리과정을 직접 지켜보면서 식사를 할 수 있도록 주방이 개방된 상태에서 이루어지는 서비스방식의 식당이다. 신선한 식재료를 사용하여 고객이 보는 앞에서 조리를 함으로써 위생적이고 빠른 서비스를 제공하여 고객의 만족도를 증진할 수 있다.

### 2) 음료영업장

식당이 음식을 주로 판매하고 음료를 부수적으로 제공하는 곳이라면, 주장은 알코올음료와 비알코올음료를 주로 판매하고 안주나 간단한 식사를 제공하는 장소이고, 일상을 마친 투숙객들이나 호텔 외부의 고객들이 휴식과 여흥의 즐거움을 갖기 위해 찾는 장소라 할 수 있다, 음료영업장은 원가율이 낮아 부가가치가 높은 영업장이라 할 수 있으며, 칵테일이나 와인·맥주 및 각종 주류를 판매하고 있다.

#### (1) 로비 라운지

주로 호텔 1층 로비에 위치하여 호텔 투숙객들이나 호텔을 이용하는 내국인고객들이 라운지의 탁 트인 개방감을 느끼면서 만남의 장소나 휴식을 취하는 장소로 이용되고 있다. 일반적으로는 커피와 차, 전통차, 칵테일 및 가벼운 스낵류를 즐길 수 있으며, 애프터눈 티와 계절별 프로모션을 진행하고 있다.

### (2) 스카이 라운지

고층의 경치가 좋은 곳에 위치한 스카이 라운지는 야경을 바라보며 낭만적인 분위기를 즐길 수 있는 곳으로, 사람들이 왕래가 많은 로비 라운지보다는 좀 더 쾌적하고 안락한 분위기에서 각종 음료를 즐길 수 있는 곳이다.

### (3) 멤버십 바

호텔 투숙객이나 호텔 회원제에 가입된 고객과 동행하는 일행들만이 이용할 수 있으며, 투숙객이 아니거나 회원과 동반하지 않은 고객은 이용이 제한되는 주장이다. 주로 중·장년층이 이용하며, 위스키 등을 병으로 구매하여 남은 술은 보관하여 두었다가 다음에 방문할 때까지 개인 Bottle Box에 보관할 수 있는 시설을 설치해두며, 라이브공연을 즐길 수 있다.

### (4) 펍바

대중사교의 장소로서 라이브 연주와 노래를 감상할 수 있는 곳으로 영국의 선술집 형태로 운영되는 주장이다. 테이블에 앉아서 각종 주류를 즐기기도 하고, 일부는 서서 음료를 마시며 네트워킹도 하고, 때로는 흥겨우면 공연에 맞추어 테이블에서 일어나 서서 춤을 추기도 한다.

### (5) 스포츠 바

바 내에 다트나 당구대 및 오락게임 등의 스포츠시설을 갖추고 이를 무료로 이용하게 하고, 각종 음료와 간단한 음식을 즐길 수 있도록 하며, 바의 내부에서는 대형 TV화면을 통해 전 세계 스포츠경기를 생중계로 시청할 수 있다.

### 3) 연회장

연회부문은 객실 및 식음료 아울렛과 더불어 호텔의 주요 매출부서로서 호텔의 규모나 위치 및 레스토랑 수 등에 따라 식음료부서의 하위조직에 두기도 하지만, 연회 매출규모가 큰 비중을 차지할 경우 식음료부서에서 독립되어 별도 연회부서로 운영하기도 한다. 최근에는 대규모 행사와 웨딩 및 각종 이벤트 등을 연회장에서 개최함에 따라 연회부문의 중요성이 더욱 높아지고 있다.

연회부문의 구성부서를 살펴보면, 연회예약 상담과 접수를 담당하는 연회예약과, 연회행사 준비와 현장 서비스를 담당하는 연회 서비스, 연회 신규고객의 창출과 고객유지업무를 담당하는 연회판촉으로 구분할 수 있다. 구체적인 연회부문에 관한 사항은 제2장과 제3장에서 다루기로 한다.

CHAPTER 02

# 호텔 연회

## 01 연회의 개요

### 1) 연회의 개념

호텔의 연회장은 식음료부문 중 단일영업장으로는 가장 넓은 공간을 확보하고 있으며, 그랜드볼룸과 같은 대규모 연회장과 중·소 연회장을 두루 갖추고 있다. 이와 같은 다양한 행사장에서 개최되는 연회행사로 발생하는 매출액은 호텔의 중요한 수입원이다. 또한 연회는 사전예약에 의해서만 이루어지는 특성을 가지고 있어서 고객의 요구, 행사의 내용과 성격, 참석인원에 따라 각각의 연회에 모두 다른 형태의 연회를 기획하여 빈 장소에 테이블을 배치하고 장식을 하며, 식기류를 세팅하고 화사한 분위기를 연출하여 사전 예약한 특정그룹의 고객을 위하여 선정된 식음료와 정성스런 서비스를 접객원이 제공하는 무에서 유를 창조하는 부서이다.

이러한 특성을 가지고 있는 연회의 정의를 살펴보면, 『국어사전』에서는 "축하나 위로·환영·석별 따위를 위하여 음식을 차리고 손님을 청하여 즐기는 일"이라고 규정하고 있으며, 『웹스터사전』에서는 연회의 의미로 사용되는 Banquet을 "일반적으로 특별한 행사를 위하여 축하하기 위하여 참석한 많은 사람을 위한 격식을 갖춘 만찬"(a formal dinner for many people usually to celebrate a special event)이라고 정의하고 있다. 호텔 연회의 매뉴얼에는 "식음료 판매시설을 갖춘 구별된 장소에서 2명 이상의 단체고객에게 식음료와 기타 부수적인 사항을 첨가하여 모임의 본연의 목적을 달성할 수 있도록 하여 주고 그 응분의 대가를 수수하는 일련의 행위"라고 규정하고 있다.

위의 정의를 종합해볼 때, 연회란 특별한 행사를 기념하기 위하여 잘 갖추어진 별도의 장소에 사람들을 초청하고 행사특성에 맞게 준비하여 정성들이고 격식을 갖춘 식음료를 제공하며 함께 즐기는 일이라고 할 수 있다.

최근 호텔 연회장에서 식음료를 제공하는 순수연회(banquet)만 개최되는 것이 아니라, 컨벤션을 포함한 각종 회의와 전시회 · 패션쇼 · 콘서트 · 디너쇼 등의 다양한 종류의 행사가 이루어지고 있고, 연회장에서 개최되는 이러한 모든 행사를 포괄적으로 펑션(function)이라고 하며, 호텔 연회장(banquet room)을 여러 다목적으로 사용한다는 점에서 펑션 룸(function room)이라고도 부르고 있다.

### 2) 연회의 중요성

최근 빈번한 국제교류 및 경제의 발전, 가처분소득의 증가와 여가시간 증대, 그리고 호텔이 대중화되면서 호텔에서 개최되는 각종 행사에 일반인들의 참석기회가 많아지고 있으며, 이에 따라 호텔의 연회행사는 다양화되어가는 추세에 있다. 호텔에서 대규모 연회나 국제행사를 유치하고 다양한 형태의 연회가 개최됨으로써 호텔은 홍보효과와 매출증진효과를 가져올 수 있다. 이에 따라 호텔경영자들은 연회에 대한 중요성을 인식하고 기존의 연회장을 확장하거나 개 · 보수를 통해 고급스런 분위기를 연출하여 연회행사 유치에 전략적 접근을 하고 있으며, 연회유치의 중요성은 다음과 같은 파급효과를 가져올 수 있기 때문이다.

#### (1) 호텔홍보효과

연회행사는 개최하는 호텔이나 식당을 선전하는 좋은 기회가 된다. 국제회의 연회행사에 참석하는 사람들은 객실과 부대시설을 이용하게 되고, 여기서 받은 서비스 및 인상은 그들이 고국에 돌아가 친구 혹은 주위사람들에게 해당 호텔을 소개하는 중요한 효과가 있으며, 국내 연회행사에 참석하는 내국인들에게도 또한 같은 효과를 낼 뿐 아니라, 내국인과 외국인 모두 향후 있게 될 모든 행사 및 객실투숙에 대하여 적극 권유하는 입장에 있게 되어 해당 호텔의 중요한 판촉요원의 역할을 수행하게 된다. 이러한 기능은 이들의 지위가 높고 사회적인 명성이 높으면 높을수록 크게 작용하게 된다. 그러므로 참석자 전원에게 서비스의 우수함을 알려서 장래에 많은 고객들이 해당호텔을 이용할 수 있도록 힘써야 한다.

### (2) 매출증진효과

우리나라 호텔들은 호텔의 총수익 중 식음료수익이 차지하는 비율이 비교적 높은 것으로 나타나고 있다. 대도시의 특급호텔에서 보면 구미의 호텔보다는 약간 높고, 일본의 호텔보다는 낮게 나타난다. 식음료부문 중에서 연회행사 수익은 매우 크기 때문에 어느 호텔이나 연회행사 유치를 위한 판촉활동을 활발하게 전개하고 있다. 그러므로 식음료관계의 세일즈는 그 대부분이 연회 · 회의 · 세미나 등이라 하여도 지나친 표현이 아니다. 호텔영업에 있어서 객실과 식음료 및 부대시설의 3요소가 주종을 이루고 있지만, 객실의 경우는 객실수가 한정되어 있고, 고정자본의 투자비율이 식음료부문보다 높다.

반면에 식음료부문 중에서도 연회부문은 시장의 확장성이 매우 높으며, 이에 대한 신상품개발과 시장개척으로 호텔이 추구하는 매출증진의 효과를 가져올 수 있는 분야이다. 연회장도 공간면에서 한정을 받기도 하지만 객실부문보다는 탄력성이 크고, 연회장 공간조절에는 호텔 내에서의 연회행사 외에 출장연회행사를 유치함으로서 장소에 제한을 받지 않고 매출을 창출할 수 있으며, 또한 대규모 행사나 웨딩을 유치하게 되면 일시에 큰 수익을 가져올 수 있기 때문에 연회에 대한 관심이 높아지고 행사장 정비가 활발히 진행되고 있다. 이러한 모임이나 회합이 연회행사로 연결되어 호텔은 경영정책의 일환으로 연회시설을 확충 · 개선하고 필요한 요건을 갖추면서 연회행사 유치에 박차를 가하고 있으며, 오늘날에 있어서 호텔이 회의 · 전시 · 스포츠 등 연회행사를 위한 적합한 장소로 등장하고 있다.

### 3) 연회영업의 특성

최근 정보화시대를 맞이하여 국가 간의 공통이익이나 상호 협력증진을 위한 국제교류를 추구하는 대규모 모임이 있게 되며, 여가시간의 증대, 소득의 증대, 교통수단의 발달 등은 빈번한 모임이나 회합을 갖게 하는 요인으로 등장함에 따라 연회장의 수요가 증대되고 있다.

연회장 운영의 특징은 일반 식당 및 주장과는 달리 또 다른 독특한 특성을 지니고 있다. 즉 연회장을 이용하는 고객들이 숙박과 기타 호텔 서비스를 이용할 수도 있지만, 연회장 상품측면에서는 호텔의 식음료영업장과 엄연히 구분되어지고 있다.

연회고객은 클럽과 단체 및 기타조직으로 구성된 그룹이며, 이렇게 구성된 그룹이 행사를 하고자 할 때에는 행사날짜에 앞서 몇 달 또는 몇 주 전에 일자 · 시간 · 참석인원 · 메뉴 그리고 각 행사에 요구되는 사항을 예약함으로써 연회가 이루어지게 되는데, 연회영업의 특성을 살펴보면 다음과 같다.

#### (1) 식음료 원가절감효과

사전에 확정된 메뉴의 식자재 및 음료를 대량으로 구매하고, 창고에 보관되어 있는 재고 식음료 자재를 사용할 수 있기 때문에 원가를 절감할 수 있다. 즉 대량 구매 및 사용을 통해 구매가격을 낮출 수 있고 재고소진을 통해 낭비요소를 제거할 수 있기 때문이다. 실제로 주요 호텔의 식음료부문 식재료 원가분석 결과에 의하면 연회부문의 식재료 원가율이 일반 레스토랑의 식재료 원가율보다 낮게 나타나고 있다. 이는 규모의 경제에 따른 원가절감효과라 할 수 있다. 따라서 연회영업의 활성화를 통해 호텔 식음료부문의 매출이익을 극대화시킬 수 있게 된다.

#### (2) 호텔 외부판매가 가능한 상품

연회행사는 호텔 내부뿐만 아니라 호텔 외부에서도 출장 서비스를 통하여 이루어질 수 있다. 즉 호텔 내의 연회장이 아닌 호텔 밖의 다른 장소를 이용하여 연회를 진행할 수 있다. 호텔 객실과 식당 영업은 시간과 공간의 제약을 받는 호텔 내부판매만이 가능하다면 출장연회는 호텔 내의 연회장이라는 공간적 제약을 받지 않고 외부판매도 할 수 있는 특징을 가지고 있다. 최근 출장연회가 연회매출을 극대화할 수 있는 중요한 상품으로 인식되어 출장연회만을 전문적으로 취급하는 외식업체가 급증하고 있으며, 출장연회 장소로는 고궁 · 정원 · 유람선 · 사옥 · 공장 · 주택 · 운동장 · 기념관 등 다양한 장소를 활용할 수 있다.

### (3) 비수기 타개에 기여

호텔상품은 계절성 상품이라는 특성을 지니고 있다. 계절성 상품이란 성수기와 비수기가 형성되고, 성수기와 비수기 간의 영업매출격차가 큰 상품이라는 뜻이다. 따라서 모든 관광상품이 그렇듯이 호텔도 비수기 타계가 주요 과제로 되어 있다. 호텔의 연회장은 비수기에 특별 이벤트(special event)를 기획하고 패키지상품을 개발하여 고객을 유인함으로써 호텔 비수기 타개에 상당한 기여를 하게 된다.

### (4) 동일한 메뉴와 동일한 서비스 제공

연회부문의 영업은 각기 다른 요리 · 음료를 서비스하는 레스토랑부문의 영업과는 그 형태가 다르다. 연회장에서는 일시에 대량으로 똑같은 메뉴의 식음료가 서비스되므로 동일한 서비스방식이 취해진다. 연회행사는 단체로 치러지기 때문이다.

### (5) 타 영업부문의 매출파급효과

연회행사의 유치는 연회매출 증진에만 기여하는 것이 아니다. 행사에 참석하는 고객들이 객실에 투숙하기도 하고, 호텔의 식음료영업장을 이용하기도 하며, 각종 부대시설(사우나 · 레저시설)을 이용하기도 하고, 또한 호텔 내의 쇼핑센터에서 필요한 물건을 구매하기도 한다. 이처럼 연회행사의 개최는 호텔 내의 많은 영업장의 매출증진에 기여하는 바가 크다.

### (6) 사전예약에 의해 개최

각종 컨벤션이나 연회는 예약에 의해 접수되고, 견적서에 의해 계약이 성립되며, 연회행사지시서(event order)에 의해서만 준비 · 진행 · 마감되는 시간과 공간적인 제약을 받는다. 연회가 예약에 의해 개최되고 그에 따라 준비가 이루어지기 때문에 주최자가 의도하는 대로 사전에 준비할 수 있다는 이점도 있다.

### (7) 비정기적인 영업

일반 레스토랑은 개별고객이 수시로 이용하기 때문에 계속적으로 영업을 해나가고 있으나, 연회는 사전예약에 의해서만 개최되므로 영업이 계속적으로 지속될 수 없다. 즉 연회는 행사예약이 있을 때만 이루어지게 된다. 따라서 비영업시간에는 다음 행사준비에 활용할 수 있으며, 직원들을 대상으로 교육 · 훈련을 실시할 수 있고 수도 · 광열비를 절약할 수 있는 이점이 있다. 그러나 연회장 활용도를 높이기 위해서는 연회영업이 끊임없이 이루어져야 할 것이다.

### (8) 관련부서의 긴밀한 협조 필요

연회행사는 행사규모의 대소를 불문하고 특정 개인이나 부서 단독으로 수행할 수는 없다. 행사를 유치하는 세일즈맨, 연회장의 예약담당자, 현장의 서비스담당자, 조리부서, 음향 · 조명 등의 기술담당부서, 기타 장식과 관련되는 꽃 · 아이스카빙(얼음조각) 담당자 등과 주차장 · 시설부(전기 및 에어컨)에 이르기까지 모든 부서가 관련된다. 이처럼 연회행사는 관련부서들 간의 공조를 통해서만이 가능하다. 여기서 중요한 것은 연회와 직 · 간접으로 관련되는 여러 부서 간의 체계적인 협조체제를 구축하는 것이다. 어느 한 부서에서 실수를 범하면 행사 전체에 악영향을 미친다. 따라서 명확한 의사소통과 책임감 있는 업무수행자세가 요망된다.

### (9) 탄력적 연회상품의 가격

사전에 구성된 다양한 종류와 등급의 메뉴를 고객상담 시 고객의 예산과 행사의 특성 및 중요도에 따라 메뉴선택을 함으로써 가격이 달라지고, 또한 고객이 선호하는 음식을 선택하는 특별맞춤식 메뉴를 요구할 경우 그에 따른 특별요금(별도의 요금)이 적용될 수도 있는 특성이 있다.

## 연회부문의 조직 및 주요 업무

### 1) 연회부문의 조직

호텔의 연회부서(banquet department)는 식음료부문(food and beverage division, F & B division)에 소속되는 것이 일반적이지만, 최근 대규모 국제회의나 결혼식 및 각종 이벤트 행사가 연회장에서 개최되고 연회장의 매출규모가 확대됨으로써 연회의 중요성이 높아짐에 따라 식음료부문에서 독립된 조직체계를 갖추어 고수익을 창출하는 별도조직으로 운영하는 호텔이 증가되고 있는 추세에 있다. 호텔 연회

[그림 2-1] **연회부문의 조직**

연회부장
(director of banquet)

| 연회예약(banquet reservation) | 연회판촉(banquet sales) | 연회 서비스(banquet service) |
|---|---|---|
| • Banquet Reservation Manager | • Banquet Sales Manager | • Banquet Service Manager |
| • Assistant Manager | • Banquet Sales Executive | • Assistant Manager |
| • Coordinator | • Banquet Sales Coordinator | • Captain |
| • Clerk | • Banquet Sales Clerk | • Waiter/Waitress |
| | | • Busboy |

부서는 일반고객의 예약을 접수하는 연회예약(banquet reservation), 연회상품을 판매하는 연회판촉(banquet sales), 연회장에서 행사준비 및 연회현장 서비스를 담당하는 연회 서비스(banquet service)부문으로 구분할 수 있다.

### 2) 연회부문의 주요 업무

#### (1) 연회예약

연회예약부서의 주요 업무로는 예약접수와 고객문의에 대한 상담을 받는 리셉션 업무와 행사진행을 위해 관련부서에 업무전달과 협조요청, 발주업무와 연회 코디네이션업무를 담당한다.

#### (2) 연회판촉

호텔의 연회상품을 고객에게 알리고 연회행사를 유치하며 연회거래처 고객을 유지·관리하는 업무를 담당한다.

#### (3) 연회 서비스

연회 서비스의 주요 업무로는 연회예약으로부터 접수된 연회행사지시서에 의한 행사장 준비와 주문된 음식·음료를 절차에 따라 고객에게 서비스하는 업무를 담당한다.

## 03 연회행사의 분류 및 종류

### 1) 연회행사의 분류

호텔에서 개최되는 연회는 다양한 형태로 이루어지고 있는데, 이러한 연회는 기능별 · 주최별 · 시간별로 구분할 수 있다. 우선 기능별로 살펴보면 식음료 판매목적으로는 정식 · 뷔페 · 칵테일리셉션 · 티파티로 구분할 수 있으며, 장소사용목적으로는 회의 · 전시회 · 패션쇼 · 컨벤션 · 콘서트 등 개최목적으로 장소를 임대하는 경우이다.

연회장에서 식음료를 서비스하는 방법으로는 고객에게 주문된 음식코스에 따라

〈표 2-1〉 연회의 분류

| 분류 | 구분 | 행사 종류 |
|---|---|---|
| 기능별 분류 | 식음료행사 | 정찬, 뷔페, 칵테일리셉션, 티파티 |
| | 임대행사 | 회의, 전시회, 패션쇼, 컨벤션 등 |
| 주최별 분류 | 가족행사 | 약혼식, 결혼식, 돌잔치, 결혼기념파티, 수연 등 |
| | 기업행사 | 창립식, 이 · 취임식, 창립기념식, 사옥이전, 신제품발표회, CI선포식, 우수사원 시상식, 직원송년파티 등 |
| | 학교행사 | 사은회, 동문회, 동창회, 정년퇴임식, 출판기념회, 개교기념식 |
| | 정부행사 | 기념식, 시상식, 국빈행사 등 |
| | 단체행사 | 정기총회, 이사회, 학술대회, 국제회의 등 |
| 시간별 분류 | 조찬 | 세트 메뉴(한식 · 중식 · 양식), 조식뷔페 |
| | 오찬 | 세트 메뉴(한식 · 중식 · 양식), 뷔페 |
| | 만찬 | 세트 메뉴(한식 · 중식 · 양식), 뷔페 |

차례대로 제공하는 테이블 서비스연회(디너연회)와 뷔페·칵테일리셉션 등과 같이 본인이 원하는 음식을 스스로 서비스하는 셀프서비스 형태로 나눌 수 있다. 연회를 기능별로 구분하면 식음료이용목적과 장소사용목적으로 나눌 수 있으며, 행사주최별로는 가족모임, 기업행사, 학교행사, 정부행사, 협회·학회·클럽 등 단체행사로 나눌 수 있다. 시간별로는 조찬·오찬·만찬 등으로 분류할 수 있다.

가족행사로는 약혼식·결혼식·돌잔치 등과 창립식, 이·취임식, 창립기념식, 사옥이전, 신제품발표회, CI선포식, 우수사원 시상식, 직원송년파티 등의 기업행사 등이 있다. 학교행사로는 사은회·동문회·동창회·정년퇴임식·출판기념회·개교기념식 등이 있으며, 정부행사로는 기념식·시상식·국빈행사 등, 그리고 단체행사로는 정기총회·이사회·학술대회·국제회의 등이 있다. 시간별로 분류하면 조찬·오찬·만찬으로 구분할 수 있다.

### 2) 연회행사의 종류

연회행사는 크게 식음료행사와 임대행사로 구분할 수 있는데, 식음료행사는 코스별로 연회 서비스직원이 제공해주는 테이블 서비스 형태와 스스로 원하는 음식을 가져다 먹는 셀프서비스 형태로 구분할 수 있는데, 일반적으로 호텔에서 이루어지고 있는 연회행사의 종류에 대해서 살펴보면 다음과 같다.

#### (1) 식음료행사(Meal Function)

##### 가) 정찬연회(Formal Dinner)

정찬연회는 풀코스로 제공하는 격실을 갖춘 행사로 주로 사교목적을 지니고 있으며, 주최자의 요청에 따라 메뉴를 결정하고, 좌석배치 및 테이블명패를 배치하기도 한다. 주최자는 초대장을 보낼 때 연회의 목적과 성명·장소·일시 등을 기재하고 복장에 대한 사항은 언급할 수 있으며, 정찬 파티는 지정된 좌석에 앉는다. 연회장 입구에 좌석배치도를 설치하고 참석자들이 자신의 자리를 쉽게 찾을 수 있도록 한다.

### 나) 뷔페(Buffet)

특별한 격식을 갖추지 않고 찬 음식과 더운 음식을 적절히 조합하여 준비하여 놓고 참석자가 좋아하는 음식을 골라 자신의 접시에 담아 스스로 운반하여 식사를 할 수 있도록 하는 셀프서비스 형태의 식사이다. 행사 성격에 따라 스탠딩형태와 착석형태로 진행할 수 있으며, 메뉴는 음식의 질과 가지 수에 따라 등급이 구분되며, 등급에 따라 차등가격이 적용된다.

**착석 뷔페**(Seating Buffet, Seated Buffet) 주최자가 사전에 주문한 동·서양의 다양한 종류의 음식을 행사장내 또는 행사장 전실에 설치한 뷔페 테이블에 차려 놓고 특별한 의식이나 인사말 등이 종료되면 미리 준비해놓은 음식을 고객 자신이 접시에 담아와 테이블에 착석하여 먹을 수 있는 식사형태이다. 이러한 착석 뷔페를 운영할 때는 초밥, 북경식 오리구이, 육류 통구이 등의 즉석 서비스 코너를 설치하여 조리사가 직접 서비스하기도 한다.

**스탠딩 뷔페**(Standing Buffet) 연회행사의 참석자들이 행사장 안의 뷔페 테이블에 차려 놓은 음식을 자신의 접시에 담아서 행사장에 서서 먹는 형태로 운영된다. 따라서 참석자가 서서 나이프를 사용할 수 없기 때문에 포크를 이용하여 한 입에 먹을 수 있는 작은 크기의 음식을 준비하여야 한다. 이러한 식사형태는 참석인원이 많아 착석 뷔페형태로 운영하기에는 행사장 공간이 비좁아서 테이블을 배치할 수 없는 경우나, 국제회의 개최 시 점심식사시간이 충분하지 않아 가벼운 식사를 신속하게 하도록 할 때 이용할 수 있는 방식이다. 이러한 행사를 진행할 때는 노약자나 동양인들이 참석하는 행사에는 벽쪽으로 적당량의 의자를 배치해두어 참석자들의 편의를 도모하는 서비스가 필요하다.

**테이블 뷔페**(Table Buffet) 뷔페 테이블을 별도로 설치하지 않고 메뉴에 따른 적정량의 음식을 작은 용기를 사용하여 종류별로 고객의 테이블에 직접 서빙하는 형태이다. 뷔페와 달리 고객이 음식을 가지러 자리에서 일어날 필요 없이 앉은 자리에서 다양한 종류의 음식을 라운드 테이블에 올려놓으면 테이블에 착석해 있는 참석자들이 조금씩 자신의 접시에 들어서 즐길 수 있는 장점을 가지고 있다. 다른 뷔페형태보다 품위 있고 혼잡하지 않으며 조용하게 많은 인원의 연회 참석자들에게 음식을 제공하는 형태라 할 수 있다.

### 다) 칵테일 리셉션(Cocktail Reception)

칵테일 리셉션은 서서 먹을 수 있는 음식과 알코올음료 및 주스를 갖추어 놓고 스탠딩 형태로 이루어지는 연회를 말한다. 칵테일 리셉션은 정찬 파티에 비해 비용이 적게 들고, 복장이나 시간에 제한을 받지 않고 참석할 수 있으며, 자유롭게 이동하면서 담소할 수 있는 공간에서 이루어진다. 칵테일 파티에 서비스하는 종사원은 수시로 음식과 음료의 잔량을 체크하여 고객들의 불편이 없도록 하고, 고객들에게 직접 칵테일이나 음료의 주문을 받아 서비스하기도 한다.

**식사 전 리셉션**(Pre-dinner Reception) 식사 전 리셉션은 주최자와 참석자 및 참석자들 간의 상호 교제의 시간(네트워킹)을 가질 수 있도록 배려하는 목적으로 만찬 전 약 30분 정도의 시간 동안 개최되는 것이 일반적이다. 리셉션에 제공되는 음료는 와인, 샴페인, 맥주, 식욕촉진용 칵테일, 소프트드링크와 주스류 등이며, 함께 제공되는 음식은 한 입에 먹을 수 있는 카나페 종류, 야채 스틱, 마른 안주 모둠 등이 제공된다.

**풀 리셉션**(Full Reception) 풀 리셉션은 리셉션 후 만찬행사가 별도로 진행되는 것이 아니라, 처음부터 리셉션이 종료될 때 대략 2시간 내외로 진행되는 형태의 리셉션이다. 참석자들의 요기와 안주가 될 수 있도록 카나페·치즈·샌드위치 등이 제공되며, 최근에는 포크를 사용하여 쉽게 먹을 수 있는 다양한 종류의 찬 음식과 더운 음식으로 구성한 칵테일 뷔페 메뉴가 제공되기도 한다.

#### 라) 커피 브레이크(Coffee Break)

세미나·워크숍·강연회 등이 장시간 진행될 때 중간 휴식시간인 브레이크 타임에 커피나 티 종류, 주스류 등과 함께 과일, 핑거 샌드위치, 쿠키, 패스트리 등을 제공하여 참석자들이 리프레시될 수 있도록 개최하는 형태이다. 최근에는 호텔에서 여러 종류의 커피 브레이크의 세트 메뉴를 개발하여 고객들에게 제공함으로써 좋은 평판을 받고 있다.

#### 마) 출장연회(Outside Catering)

고객의 요청에 의해 원하는 시간에 원하는 장소로 음식을 싣고 가서 제공하는 연회이다. 테이블과 의자, 각종 식기, 글라스, 린넨, 그 밖에 관련 집기·비품들이 함께 지정장소에 운반이 된다. 출장연회담당자는 사전에 고객이 원하는 장소에 현장답사를 하고 장소에 부합되는 행사계획을 수립하여야 한다. 야외에서 이루어지는 행사일 경우 날씨의 제한이 있기 때문에 주변의 물리적 환경을 꼼꼼히 체크해야 한다.

### (2) 임대행사(Rental Function)

임대행사는 식사와 음료를 제공하는 연회 이외에 각종 회의·강연회·전시회·문화예술행사 등을 개최할 수 있도록 임대료를 받고 연회장을 빌려주는 행사를 말한다. 최근에는 임대행사 참가자들의 만족도를 증진하기 하기 위해 임대행사 중 점심식사나 스낵을 제공하거나, 행사 후 만찬 또는 칵테일파티를 개최하는 추세에 있어 연회장 매출증진에 도움을 주고 있다. 또한 행사참가자들이 호텔 내 다른 부대시설을 이용하게 되며, 특히 연회 비수기에 대규모 행사를 유치하게 되면 객실·연회장·식음료업장 수입의 증대로 호텔수익 창출에 크게 기여하게 된다.

### 가) 회의(Meeting)

세미나, 워크숍, 강연회, 심포지엄, 패널 디스커션, 컨벤션 등의 회의목적으로 개최되는 행사로 행사장을 빌려서 회의를 진행하는데, 행사장 크기와 사용시간에 따라 회의장 사용료가 부과된다.

### 나) 전시회(Exhibition)

전시회는 Trade Show와 Trade Fair 및 Exposition이라 불리며, 특정제품을 특정장소에서 일정기간 동안 홍보와 마케팅을 함으로써 무역업자 · 전문가 · 관련종사자 · 일반인 등에게 관람을 하게 하여 현재 또는 미래에 구매할 수 있고 상품진열을 할 수 있도록 특정 공간을 임대하는 것으로, 회의가 수반되는 경우가 증가되고 있다.

### 다) 특별행사(Special Event)

신차발표회 · 패션쇼 · 콘서트 등과 각종 스포츠행사 · 문화예술행사의 개최를 목적으로 행사장을 임대하는 것으로, 최근에는 동일한 행사장에 식탁과 의자를 차려놓고 특별행사를 관람한 후 식사를 제공하는 추세에 있다.

## 04 호텔 연회매출의 구성

호텔에서 개최되는 연회비용은 음식비, 음료비, 장식비, 행사장 임대료, 장비 및 집기 사용료 등으로 구성된다. 연회의 목적과 인원에 따라 선택하게 되는 세부적인 연회비용을 분류해보면 음식비 항목으로는 조식 · 런치 · 디너 · 티파티 및 칵테일파티 음식비용 등이 있으며, 음료비로는 와인 · 맥주 · 칵테일 등 각종 음료에 대한 비용이 있다. 행사장 임대료는 식사목적 외 연회장을 빌려 사용할 때 발생하는 비용으로, 임대시간과 연회장 규모에 따라 그 비용이 달라진다. 기타 비용으로는 빔프로젝터 ·통시통역시스템 등 장비사용 비용과 꽃장식·얼음장식·풍선장식·배너 등의 장식비용 등이 발생한다.

제2편

# 연회관리실무

OTEL BANQUET MANAGEMENT

연회관리실무

CHAPTER 03

# 연회행사의 흐름과 진행절차

## 연회행사의 진행단계

최근 IT기술의 발달로 호텔에서는 인트라넷을 통해 호텔 내 관련된 부서직원이면 누구든지 쉽고 빠르게 확인할 수 있는 델파이(Delphi)나 오페라(Opera)와 같은 연회예약 시스템을 구축하여 사용하고 있다. 이제는 과거 예약실에서 다루었던 예약장부를 대신해서 모든 예약절차는 전산 프로그램에 의해 운영된다. 연회행사지시서를 관련부서에서 열람할 수 있으며, 출력도 가능하다. 판촉사원이 외부에서 휴대폰 혹은 태블릿 PC를 통해 인터넷에 접속하여 판매가능한 행사장을 조회하고, 고객 앞에서 즉시 예약을 할 수 있게 되었다.

연회행사에 대한 전반적인 진행흐름을 살펴보면, 연회예약단계, 연회 서비스단계, 연회 사후관리단계로 구분할 수 있다.

### 1) 연회예약단계

고객이 호텔 연회장을 예약하기 위해서는 전화나 팩스 · 인터넷 혹은 직접 내방을 통하여 예약을 희망하는 날짜와 시간에 수용가능한 장소가 있는지를 확인하고, 행사장 예약이 가능한 경우 가예약(prospective booking)을 먼저 하여 두고, 세부상담은 추후에 진행하거나, 행사의 내용과 성격에 따른 식사메뉴·음료·장식 등 세부사항에 대한 상담을 마친 후 행사장 예약을 하는 경우도 있다. 예약 후 호텔에서 제안한 견적서를 검토하고 일부 내용을 재협의한 후 예산과 관련하여 이견이 없으면 예약을 잠정적으로 확정(tentative booking)을 하게 된다. 이후 계약서를 작성하여 고객과 호텔 측의 상호 서명 후 일정액의 계약금액을 입금함으로써 예약을 확정(definite booking)하게 된다. 행사일 4~7일 전에 모든 준비사항을 최종 점검하여 연회행사지시서(BEO)를 발행하여 관련부서에서 열람 또는 출력을 할 수 있도록 공유폴더에 업로드한다.

### 2) 연회 서비스단계

연회 서비스부서에서는 연회예약실에서 발행한 연회행사지시서를 출력해 면밀히 검토하여 이상이 없는지 확인하고, 행사진행을 위하여 연회장 청결상태를 확인하며, 행사인원의 교육 및 배치, 테이블 세팅, 고객영접, 식음료 서비스 제공, 행사 중 고객요구사항을 처리한다. 행사일 1일 전 또는 당일 현장에서 행사준비를 하고 행사당일 고객을 영접하여 식음료 서비스를 진행한다. 연회행사 종료 후 연회행사지시서와 행사내용변경서(change log)를 토대로 당일 현장에서 추가 주문한 항목을 기재한 행사내역서를 고객에게 제시하여 승인을 받고 지불결제 처리를 한다.

### 3) 연회 사후관리단계

연회행사 종료 후 주최자로부터 식사와 서비스에 대한 만족도 여부를 확인하고, 고객의 불평·불만사항을 처리하고 분실물관리 등을 하는 단계라 할 수 있다.

## 02 연회예약 접수경로

호텔 연회장 예약은 전화・고객내방・팩스・인터넷・판촉직원・호텔직원 등의 경로로 예약을 접수하는데, 각 접수경로에 대해 살펴보면 다음과 같다.

### 1) 전화 접수

전화는 연회행사를 위한 예약방법 중 우리나라에서 가장 많이 이용되는 방법이다. 행사주최자는 계획하고 있는 행사를 위해 장소 사용가능 여부를 신속하게 확인하기 위해 전화로 문의하는 경우가 대부분이다. 연회행사는 개최희망일자에 가능한 장소가 확보가 된다는 전제로 상담이 진행될 수 있기 때문에 우선적으로 장소확보를 위해 전화로 접수하고 있다. 전화접수는 고객과 직접 대면하고 있지 않기 때문에 혹시 소홀히 할 우려가 있으며, 또한 고객은 예약담당자의 말만으로 음식과 장소 및 행사 전반에 걸친 안내를 받아야하기 때문에 충분한 상품지식과 예의바른 전화응대법으로 고객을 설득하여 유치하도록 노력하여야 한다.

### 2) 고객내방 접수

고객이 호텔을 직접 방문한다는 것은 이전에 해당 호텔의 이용경험이 있거나 가족・친지・회사동료 등의 주천에 의하여 어느 정도 사전결정을 한 고객이므로 연회행사의 개최가능성이 높은 고객이라 할 수 있다. 판촉에 의한 예약접수는 비용소요와 경쟁이 심한 데 비해, 내방객은 예약할 가능성이 훨씬 높으므로 밝은 미소와 단정한 용모 및 정중한 말씨로 고객을 맞이하여 풍부한 상품지식으로 고객에게 신뢰감을 주어야 한다. 고객으로부터 날짜 · 시간 · 인원 등을 확인하고 적절한 연회장을 소개한 후 예약상담에 들어간다. 예약절차가 끝나면 고객을 행사장으로 안내하여 위치 · 규모 · 인테리어 · 동선 등을 확인할 수 있도록 하여 드린다. 필요한 경우에는 호텔의 객실이나 부대시설을 보여 드리고 호텔 내 라운지 · 커피숍 등에서 가벼운 음료접대 등과 함께 작은 기념품 전달을 통해 고객이 호감을 갖도록 하여 행사 유치에 도움이 되도록 하여야 한다.

### 3) 팩스 접수

팩스는 여행사 등에서 자주 이용하는 방법으로 예약의 가부를 정확히 고객에게 통보해 주어야 한다. 견적서와 메뉴 및 행사장 도면 등의 서류검토만으로도 행사를 결정할 수 있도록 자세한 정보를 고객에게 제공해 주어야 한다. 또한 예약을 접수하는 과정에서 차후 행사시에 문제가 발생하지 않게 정확한 예약이 되도록 한다.

### 4) 인터넷 접수

최근 인터넷의 발달로 호텔들의 홈페이지를 통해 행사장의 전경 · 배치도 및 제공 서비스 등에 관한 자세한 정보를 제공하고 있으며, 또한 홈페이지에 예약 시스템을 구축하여 두고 있어 점차 문의와 예약이 증가추세에 있다.

### 5) 판촉직원을 통한 접수

판촉직원이 직접 해당거래처에 가서 행사를 받아오는 경우이다. 거래처에서 행사계획이 수립되면 계약호텔의 담당판촉직원에 우선적으로 행사장 가능 여부와 소요비용에 대한 문의를 하게 된다. 행사장 사용이 가능하면 거래처의 요구사항을 정확히 파악하고 맞춤형 행사를 기획하여 고객이 만족할 수 있도록 행사가 진행되도록 노력해야 한다.

### 6) 호텔직원을 통한 접수

호텔의 직원들은 연회장 시설이나 서비스에 대한 정보를 파악하고 있으며, 연회의 내용과 성격에 따라 자문해줄 수 있는 능력을 갖추고 있기 때문에 친지나 가족들로부터 예약의뢰가 오는 경우가 상당수 있다. 지인이 호텔에서 근무하고 있으면 고객의 입장에서 불안감을 어느 정도 해소를 할 수 있기 때문에 이러한 경로를 통해서 접수되는 예약도 상당수 이루어진다.

따라서 호텔직원들을 판촉요원화함으로써 사원들의 세일즈의식도 고취시키고, 호텔수익도 증진시키는 방법으로 전 사원에게 판촉 캠페인을 실시하기도 한다. 이것은 사원들의 지연·혈연·학연 등을 통해서 연결될 수 있는 연회행사를 유치하는데 취지가 있다. 따라서 일정기간 동안 직원들의 실적을 집계해서 인센티브를 제공하여 동기부여시키는 방법으로 일반적으로 비수기에 많이 시행된다.

〈표 3-1〉 **예약경로별 장점**

| 예약경로 | 장점 |
|---|---|
| 전화접수 | 내국인고객이 가장 많이 이용하고 있는 방법으로 연회장 예약가능 여부를 신속히 확인할 수 있다. |
| 팩스접수 | 행사날짜·시간·규모 등을 정확하게 전달할 수 있다 |
| 인터넷접수 | 인터넷에 익숙한 젊은 층의 고객이 선호하는 방법으로 수요가 점차 증가하고 있으며, 요구사항을 자세하게 전달함으로써 비교적 정확하게 견적을 받을 수 있다. |
| 고객내방접수 | 행사에 적합한 행사장을 직접 보고 충분한 상담을 통해 예약할 수 있다는 장점이 있다. |
| 판촉·호텔직원을 통한 접수 | 판촉사원이 거래처의 연회 행사예약을 받거나, 호텔직원이 지인이 행사예약을 받아올 수 있다. |

## 03 연회행사 진행절차 실무

연회행사가 이루어지기 위해서는 일반적으로 고객이 연회장 장소의 문의 및 연회 상담을 통하여 행사장을 예약을 한 후 행사와 관련하여 준비사항을 세부적으로 상담을 한다.

고객은 연회예약담당자가 세부상담에 의해 작성한 견적서를 송부하면 견적내용을 주의 깊게 검토하게 된다. 검토 후 이견이 없을 경우, 고객이 견적사항에 대해 동의를 한다는 통보를 하게 되면, 담당자는 연회계약서를 작성하여 합의서와 함께 고객에게 송부를 한다.

고객이 계약서를 검토한 후 서명한 계약서를 송부하여 호텔에서 이를 접수하면 행사가 확정이 된다. 행사가 확정이 되고 나면 행사시작 전 약 일주일 전에 최종적으로 행사 참석인원 등 제반에 관한 사항을 고객에게 재확인한 후 각 관련부서에서 사전준비를 할 수 있도록 연회행사지시서를 발행하여 행사내용을 고지한다. 각 관련부서에서는 주문서를 면밀히 검토하여 누락된 항목이 발생하지 않도록 주의를 기울여야 한다.

행사 당일에는 연회 서비스에서 행사장을 꾸미고 테이블 세팅을 마친 후 고객을 맞이하여 식음료를 서비스하고 고객의 불편사항은 없었는지를 확인한 후 연회명세서를 작성하여 고객에게 확인시키고 행사비 계산을 받게 된다. 계산이 완료되면 고객을 환송하는 일련의 과정이 연회행사의 흐름이라 할 수 있는데, 이에 관한 상세한 절차는 다음과 같은 순서로 진행된다.

### 1) 연회 문의 및 상담

고객이 예정하는 연회행사 개최희망일시에 행사장 사용이 가능한지 여부를 문의할 때부터 연회상담이 시작된다고 할 수 있다. 간단한 행사이거나 정기적으로 하는 행사인 경우에는 전화상으로 문의하여 행사개최 여부를 결정하지만, 대부분의 행사 주최자는 전화상담을 포함하여 호텔에 내방하고 행사장소 확인절차를 거쳐 개최적합성 여부를 판단한 후 결정하게 된다. 보통 연회예약담당자나 연회판촉직원과 주최자 간에 상담이 이루어지기 때문에 호텔담당자는 풍부한 호텔상품지식과 함께 밝은 표정과 친절하고 정중한 언어구사로 신뢰할 수 있는 이미지를 심어 줌으로써 주최자의 마음을 사로잡아 연회행사를 개최할 수 있는 확신을 갖도록 해주어야 한다.

### 2) 연회예약접수

연회가 확정이 되지 않았는데도 예약을 해두는 경우가 있는데, 이를 가예약이라고 하고, 다음의 경우에는 고객의 편의를 도모하기 위하여 가예약이 이루어진다.

① 고객이 연회의 개최를 완전히 결정하지 못하였고 아직 협의단계에 있지만, 연회장 예약을 해두지 않으면 해당 연회장이 이후 다른 고객의 예약과 중복예약이 이루어질 우려가 있을 경우

② 연회일시는 결정되어 있으나, 고객이 호텔로부터 견적서를 기다리고 있거나 다른 호텔의 연회장과 비교를 하고 있는 경우

③ 고객이 희망하는 일시에는 연회장을 확보할 수 없으나, 다른 날이면 연회장을 제공할 수 있는 경우

이러한 가예약을 해둘 경우, 예약 시스템에는 P(Prospects)로 표기한다. 언제까지 가부 간의 확답이 있을 것이라는 것과 주최자의 이름・연락처를 정확하게 기입해 둔다. 이 가예약의 기간은 통상 2~3일이며, 그 기간이 경과하였는데도 고객으로부터 아무런 연락이 없는 경우에는 자동적으로 효력이 상실되나, 취소를 시키기 전에

호텔 측에서 고객에게 연락을 취하여 재확인하는 것이 바람직하다.

### 3) 연회행사 세부상담

행사의 수주가 이루어지면 그 행사의 내용을 주최자와 상의하여 어떻게 구성해 나가는가 하는 것은 담당하는 예약담당의 능력에 달려 있다. 연회는 수많은 구성요소로 이루어져 있기 때문에 예약담당은 음식·음료·장식·테이블배치·마이크장치·무대 등에 관한 전문적인 지식을 갖추고 연회행사 전반에 관한 사항에 대해 자신감을 가지고 응대여야 한다. 연회행사에는 모든 구성항목이 고객의 예산범위 내에서 지나치게 초과하지 않도록 배려하면서 각 품목마다 몇 가지 대안을 제시하여 고객이 최종 선택할 수 있도록 해주어야 한다. 그리고 호텔에 행사를 치르고자 하는 고객은 저렴한 가격보다는 가치를 추구하는 주최자들이 많으므로 예약담당의 판매의지와 상담능력에 따라 수익에 큰 차이가 있다. 그렇기 때문에 예약담당의 역할이 대단히 중요하다고 할 수 있으며, 따라서 매 행사 상담 시마다 새로운 상품을 창조하여 판매한다는 각오로 임해야 된다.

예약담당이 고객과 상담을 통하여 연회를 기획할 때는 주최자뿐만 아니라 초청객들의 인구통계학적 특성을 고려하여 연회의 구성을 하여야 한다. 주최자가 독단적으로 자신의 의도대로만 연회행사의 내용을 결정하면 연회를 성공시키지 못한다. 행사에 참석했던 고객이 추후 주최자가 되어 연회행사장을 선택할 경우 만족·불만족의 판단은 자신이 참석했던 연회의 경험으로 판단한다고 할 수 있다. 그리고 주최자와 상담하여 결정한 내용은 예약 시스템에 노트를 해두어 행사준비에 차질이 없도록 하여야 하며, 이러한 모든 논의사항이 행사의뢰서(BEO)로 작성되고 행사가 계약내용대로 진행되어 고객이 만족할 수 있는 행사가 되도록 만전을 기해야 한다.

### 4) 제안서 작성

연회행사에 대한 내용을 주최자와 상담을 통해 구체적으로 파악한 다음, 주최자의 예산과 행사의 성격을 고려하고 복수의 견적을 제출하여 선택할 수 있도록 배려하여야 한다. 고객과 상담한 내용을 토대로 음식・음료・연회장사용료・꽃장식・현수막 등의 항목과 비용에 대한 내역을 기재하고 총액이 얼마인지 나타나 있는 연회견적서를 고객에게 송부한다.

### 5) 연회예약 확정 및 계약체결

고객이 호텔에서 송부한 연회견적서를 검토하고, 내역에 대한 이견이 있을 경우 추가 협의를 통해 견적내용을 조정하고 합의한다. 이후 호텔은 고객과 합의된 내용을 반영・조정한 견적서에 예약담당이 서명 후 고객에게 송부한다. 호텔이 송부한 계약서에 고객이 서명하여 호텔에 보내오면 예약을 확정하게 된다. 일반적인 행사에는 계약서 접수 시 계약당사자 양자의 성실한 계약이행을 약속하는 의미로 연회예약금으로 총 행사예상금액의 10%를 신용카드로 결제를 받고 연회계약을 확정하고 있다.

### 6) 연회행사지시서 작성 및 배부

우리나라 호텔에서는 연회행사지시서 발행은 일반적으로 행사 당일로부터 1주일 전에 작성하고, 늦어도 3일 전에는 작성한다. 연회행사지시서를 작성할 때는 연회견적서와 세부상담을 통해 논의하였던 사항을 자세히 기록한 노트에 근거하여 하나도 빠짐없이 세밀하고 정확하게 작성하여 관련부서에서 열람 또는 출력을 할 수 있도록 공유 드라이브에 업로드하여 완벽하게 행사준비와 서비스진행을 할 수 있도록 하여야 한다.

### 7) 연회행사 준비

연회행사 당일이 되면 연회 서비스의 담당지배인 또는 캡틴은 연회예약부서에서 인계받은 지시서를 자세하게 검토하고, 의문사항이 있을 경우, 지시서를 발행한 담당자에게 문의하여 불분명한 사항을 명확하게 정리를 하고 연회장을 준비한다. 연회행사지시서에 기재된 자세한 사항 모두가 연회시작 1시간 전까지 완료하도록 지휘·감독한다. 고객이 입장하기 전에 서비스요원들을 집합시켜 당일에 개최되는 연회의 목적·내용·서비스방법에 관한 교육을 실시하여 행사가 원만히 진행될 수 있도록 하여야 한다. 연회의 특성·규모에 따라서 연회행사지시서만으로 내용전달이 불충분한 경우가 있을 수 있으므로, 필요에 따라서는 연회 서비스부서 및 관련부서와 회의를 통해 서비스가 완벽하게 진행될 수 있도록 하는 것이 중요하다.

### 8) 연회행사 서비스진행

행사시작 1시간 전에는 모든 준비가 완료가 되어야 하고, 당일 서비스직원들이 자신의 선정된 자리에 대기하여 고객을 영접하며, 착석보조 서비스를 해드리고, 식음료를 제공하며, 주최자와 긴밀한 연락을 취하면서 연회행사를 진행시킨다. 연회 지배인 및 캡틴은 연회가 시작되면 요리·음료가 순조롭게 제공되고 있는지, 진행은 예정시간대로 진행되고 있는지, 실내의 온도는 적당한지를 점검한다. 행사진행 중 발생하는 고객의 요구사항을 처리한다.

### 9) 연회행사비용 정산

연회예약부서에서는 세부상담에서 지불방법에 관한 사항을 주최 측과 협의·결정하여 연회행사지시서에 표기해두면, 행사 당일 계산서를 작성하여 행사비를 받는 것은 연회 서비스부서의 업무이다. 연회계산서를 작성할 때는 연회항목의 내용이 복잡하고 금액도 크기 때문에 항목이 누락되거나 잘못 기재되지 않도록 각별한 주의를 기울여야 한다. 해당 연회 서비스책임자는 연회 당일에 연회행사지시서와 조정신청서를 바탕으로 계산서를 작성하고, 음료·추가음식 등 연회종료 후 즉시 계산서를 작성하도록 하며, 포스(POS)에 포스팅이 완료되면 주최 측에게 연회계산서 내역을 확인을 할 수 있도록 연회명세서와 빌(bill)을 제출하고, 현금일 경우에는 현금을 접수하여 프런트 캐셔에게 수납한다. 후불일 경우에는 주최자의 확인서명을 받아 여신과(credit office)에 제출하여 주최 측에 대금을 청구할 수 있도록 조치를 취한다.

### 10) 행사 후 관리

행사가 종료가 되어 정산을 마치게 되면, 고객의 만족도를 확인하고, 재이용을 요청드리고 환송을 한다. 연회업무 가운데 가장 중요한 것이 지속적인 고객의 창조와 유지이다. 연회가 종료됐을 때부터 다음 연회행사의 접수준비가 시작된다고 생각해야 한다.

따라서 연회예약담당자는 행사종료 후 주최자에게 먼저 감사의 전화 또는 감사의 편지로 연회에 모두가 만족했는지를 확인하고 차후의 재이용을 부탁드려야 된다. 혹시 불만족사항이 있었다면 경청을 한 후 정중히 사과드리고, 다시는 그와 같은 실수가 반복되지 않도록 대책을 강구해야 한다. 그런 의미에서 고객이 과거에 어떤 종류의 연회를 하였고, 매출액은 어느 정도였으며, 취향은 어떠하였는지 등에 대한 사항의 자료를 관리하는 고객관리카드(guest history card) 정리가 필요하다.

연회가 종료되면 연회행사지시서를 고객회사별・개인별・파일번호별로 구별해서 철해두고, 이 자료를 잘 활용할 수 있도록 해야 된다. 고객관리에 대한 사항은 거의 대부분의 호텔에서 전산 시스템을 도입하여 모든 자료를 입력해놓고 고객관리를 하고 있다.

CHAPTER 04

# 연회예약

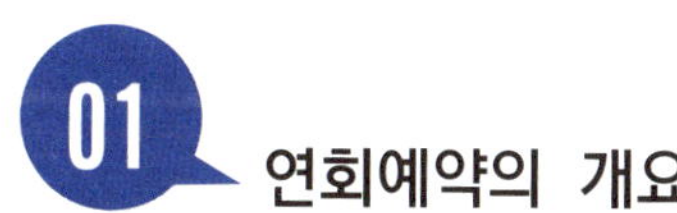

## 01 연회예약의 개요

### 1) 연회예약의 개념

연회를 개최하기 위해서는 반드시 사전에 연회장 예약을 하여야 한다. 연회행사를 개최하기 위한 첫 번째 단계는 장소예약에서부터 시작된다.

연회행사는 주로 연회예약실과 연회판촉직원에 의해 연회고객을 창출하여 이루어진다. 연회예약담당자는 상담을 위해 직접 내방하는 개별고객이나 전화문의 또는 팩스나 인터넷 등을 이용해 문의하는 모든 연회행사의 예약접수업무를 담당한다. 상담을 진행할 때는 진지하면서도 밝은 표정으로 고객의 의견을 경청하고, 친절하면서도 정중한 말투로 보유하고 있는 풍부한 호텔 상품지식을 활용해 고객의 예산을 고려하여 적절한 상품추천을 함으로써 신뢰감을 주고 고객의 마음을 사로잡아 행사유치에 만전을 기해야 한다.

### 2) 호텔 연회예약의 이해

호텔연회 서비스가 일반식당 서비스와 다른 점은 연회고객과 예약담당자를 통해 연회행사 인원수에 따른 연회메뉴 선정, 음료, 기타 연출 및 부대비용이 결정된다는 것이다. 연회예약담당자는 판매 스킬에 따라 매출액의 격차가 크기 때문에 전반적인 충분한 지식과 접객 및 상담요령이 중요한 요인으로 작용한다.

호텔연회는 예약에 의해서 접수 및 제안견적서를 토대로 계약이 성립되어지고, 이에 따라 연회행사지시서가 마련되면 연회행사 준비・진행・마무리되는 절차가 형성되고 있다. 최근에는 인터넷을 통해 행사문의 및 정보를 요구하기 때문에 홈페이지를 통해 직접 문의하고 정보를 요구한다.

### 3) 연회예약실의 중요성

고객이 직접 호텔에 내방을 하거나 전화로 예약상담을 하는 경우, 고객이 갖는 호텔에 대한 첫 인상이 연회행사를 유치하는 데 중요한 역할을 한다. 따라서 고객과의 최초의 접점에서 고객에게 좋은 이미지를 줄 수 있도록 예약실의 리셉션니스트가 친절하고 정중하게 고객을 맞이하고 응대하는 것이 중요하다. 상담실은 상담이 원활하게 이루어질 수 있도록 정숙이 유지되어야 한다. 상담실 안은 차분하고 안정적인 분위기의 인테리어와 영상장비 및 상담자료 그리고 상품을 진열을 하여 두는 것이 효과적이다.

연회상담이 이루어지면 어떤 종류의 음식과 음료상품을 어떤 방식으로 고객들에게 추천하느냐에 따라 행사를 유치할 기회를 가질 수 있을 뿐만 아니라, 매출증진과 객단가 향상을 기할 수 있다. 따라서 고객과 연회상담을 할 때는 서비스정신과 세일즈정신을 최대한 발휘하여 단 한 건의 전화문의나 내방고객 행사를 놓쳐서는 안 된다. 또한 상담 시에는 고객의 요구사항을 정확히 파악하고 고객에게 신뢰감을 줄 수 있도록 자신 있게 응대하여야 하며, 친절하면서 정중하게 제안을 할 수 있는 고도의 협상기술이 필요하다.

연회예약실 직원은 원활한 상담 서비스를 제공하기 위하여 연회장에서 판매하고 있는 각종 식음료상품의 종류와 가격, 각 연회장의 수용력과 테이블 배치, 각종 보유기자재 및 시설현황에 대하여 사전에 충분한 지식을 습득하고 있어야 한다.

## 02 연회예약실의 조직

### 1) 연회예약실의 조직

연회예약실의 조직은 보유연회장 수와 규모에 따라 차이가 있으나, 최근에는 예약업무에 대한 효율화를 기하기 위하여 조직을 팀제로 운영하는 곳이 증가하고 있다. 호텔에 따라서는 수동적인 느낌을 준다는 연회예약실을 연회판촉팀과 통합하여 연회판촉팀으로 명칭을 바꾸어 연회판촉기능과 예약기능을 함께 수행하기도 한다.

본서에서는 연회예약실을 연회판촉팀과 분리하여 각 직책의 업무를 살펴보기로 한다.

### 2) 연회예약 구성원의 업무

#### (1) 연회예약 지배인의 자격과 업무

연회예약 지배인은 연회예약업무를 총괄하는 업무를 수행하는 책임자로서 연회행사시설 · 장비의 사용이나 서비스에 대한 경험이 풍부하여야 한다. 또한 관련부서의 협조를 구하기 위하여 인간관계가 원만하여야 하며, 서비스에 대한 유연성과 연회매출 목표달성을 위한 아이디어를 창출할 수 있는 능력을 갖추고 있어야 된다. 주요 업무는 다음과 같다.

① 연회예약업무를 총괄하여 효율적으로 관리한다.

② 연회예약 코디네이터와 클럭을 교육 · 훈련하고 통제한다.

③ 일간 · 주간 · 월간 · 연간 단위로 연회행사 예약상황을 점검한다.

④ 주기적으로 관련부서와 업무협조를 위한 미팅을 개최한다.

⑤ 관련부서와 협조를 통해서 연회상품을 개발한다.
⑥ 코디네이터와 클럭이 작성한 연회행사지시서를 점검한다.

### (2) 연회예약 코디네이터의 자격과 업무

연회행사를 효과적으로 진행하기 위해서 호텔 서비스에 대한 지식이 풍부하고 대인관계가 원만하여 관련부서로부터 지원요청과 행사를 위한 장소조정업무를 수행할 수 있는 능력이 있어야 한다. 연회예약 코디네이터의 주요 업무는 다음과 같다.

① 행사장 예약을 관리한다.
② 고객의 연회문의에 대하여 상담을 하고 예약을 접수한다.
③ 방문고객을 해당 연회장으로 안내하여 위치・동선・크기・시설 등을 확인할 수 있도록 보여드린다.
④ 견적서를 작성하고, 연회행사지시서를 발행한다.
⑤ 연회 서비스의 행사준비상황과 관련부서의 업무협조상황 등을 체크한다.
⑥ 배너・비디오촬영・상차림 등 고객이 요청한 외부발주업무를 수행하고 진행상황을 점검한다.
⑦ 경쟁호텔동향을 파악한다.
⑧ 매출비교분석을 실시한다.

### (3) 연회예약 클럭의 자격과 업무

연회행사에 대한 예약을 담당하는 직원으로서 행사주최자와 상담을 통한 예약이 이루어지기 때문에 행사에 대한 전문적인 지식과 고객만족을 위한 상담기법을 겸비하고, 관련부서에 대한 경험이 풍부하여야 하며, 클럭의 주요 업무는 다음과 같다.

① 전화나 팩스를 통한 예약문의에 대한 응대 및 연회접수를 한다.
② 내방고객의 상담 및 예약접수와 연회장 안내를 한다.
③ 연회행사지시서를 발행하여 공유 폴더에 업로드한다.
④ 메뉴와 견적서 및 테이블배치도를 작성한다.

〈표 4-1〉 **일일행사요약표**

## Daily Event Summary

Thursday, 25 September, 2015

| Start | End | Function | Company Name | Event |
|---|---|---|---|---|
| 7 : 00 | 9 : 00 | | | BK/BKK1 * 20 |
| 7 : 30 | 10 : 00 | | | BK/Clssic * 19 |
| 8 : 00 | 18 : 00 | | | Meeting |
| 8 : 30 | 17 : 30 | | | LN/BOXK3 * 450 |
| 12 : 20 | 13 : 20 | | | LN/ |
| 12 : 20 | 13 : 20 | | | LN/ |
| 9 : 15 | 9 : 45 | | | Meeting |
| 9 : 30 | 10 : 30 | | | Meeting |
| 9 : 00 | 18 : 00 | | | Meeting+LN/BOXK2 * 150 |
| 8 : 30 | 16 : 00 | | | Meeting |
| 12 : 30 | 13 : 30 | | | LN/BOXK2 * 38 |
| 13 : 00 | 18 : 00 | | | Meeting |
| 18 : 00 | 21 : 00 | | | DN/ |
| 19 : 30 | 21 : 30 | | | Meeting |
| 15 : 00 | 16 : 30 | | | Setup |
| 17 : 00 | 20 : 00 | | | DN/Spe.C * 15 |
| 18 : 00 | 22 : 00 | | | DN/ |
| 18 : 00 | 21 : 00 | | | Meeting |
| 18 : 00 | 21 : 00 | | | DN/ |
| 19 : 30 | 22 : 00 | | | Cocktail Reception |

⑤ 연회예약금 취급 및 관리를 한다.

⑥ 일간・주간 연회행사요약표를 작성하여 관련부서에 배부한다.

⑦ 각종 서식을 점검하고 준비한다.

⑧ 연회관련정보 입수 시 판촉사원에게 정보를 제공한다.

⑨ 판촉사원과 동반판촉활동을 하거나 대신 회사방문 상담 및 연회접수를 한다.

⑩ 행사종료 후 행사자료를 파일한다.

## 03 연회예약담당의 주요 업무

연회예약담당자는 연회예약의 상담・접수, 예약상황 보고, 예약관련 장부정리, 예약관련 문서보관 등 예약과 관련된 각종 업무를 담당한다.

연회예약담당자의 주요 업무는 〈표 4-2〉와 같다.

〈표 4-2〉 **연회예약담당자**(Reservation Clerk)**의 주요 업무**

| 업무 | 비고 |
|---|---|
| 연회예약 상담 | 인터넷과 전화 및 내방고객 |
| 연회예약 접수 | 가예약 접수 및 확정예약 시까지 |
| 연회예약 시트 작성 | 회사 규정양식에 작성 |
| 연회예약 현황보고 | 연회행사에 대한 예약현황 |
| 예약관련장부 정리 및 보관 | 연회예약대장 관리 |
| 각종 서식 및 문서 관리 | 내부규정양식 적용 작성 및 관리 |
| 연회관련 기물관리 | 기물 손망실 관리 및 점검 |
| 연회예약 판매 키트 등 홍보물 관리 | 방문고객 및 외부홍보활동에 활용 |
| 연회예약금 관리 | 예약금 및 예약관련 입출금관리 |
| 타 부서 업무협조 및 행정처리 | 부서 간의 유기적 업무관리 |
| 행사종료 후 주최자 관리 | 감사의 편지 및 정기적인 이벤트소식 제공 |

## 04 연회예약 상담절차

연회예약은 객실예약이나 레스토랑예약과 달리 여러 차례 상담을 거쳐야만 연회가 이루어질 수 있다. 따라서 연회예약담당자는 인내심을 가지고 준비사항이 하나라도 빠짐이 없도록 꼼꼼하게 재확인하여야 한다. 고객이 연회에 대해서 문의를 하거나 예약을 하고자 할 때는 일정한 상담절차에 따라 하나씩 차례로 협의해 나가야 한다. 연회예약에 관한 상담순서와 상담방법은 다음과 같이 이루어진다.

### 1) 연회고객문의 응대

고객이 내방하여 문의를 하는 경우, 예약할 가능성이 높은 고객이기 때문에 밝은 표정으로 신속하게 응대하고 적절한 어휘를 사용하여 정확한 정보를 제공한다. 고객접점에서 고객에게 호텔과 연회장에 대한 좋은 이미지를 주어 연회를 유치할 수 있도록 예의바르고 적극적인 자세로 응대에 임하여야 한다. 고객의 온라인 문의사항은 정기적으로 확인하고 신속하게 회신하여 주어야 하고, 전화로 문의하는 경우에는 전화벨이 3번 울리기 전에 받고 밝고 부드러운 목소리로 응대한다.

### 2) 연회행사 일정 및 예상인원 확인

연회행사 날짜 · 시간 · 참석인원 등을 확인하고 다음과 같은 순서로 응대한다.

① 고객이 원하는 행사 개최일자와 시간에 인원수에 맞는 적절한 연회장이 가능한지 확인한다.

② 적절한 행사장이 가능하면 고객에게 가능하다고 말씀드리고 상담을 진행한다.

③ 적절한 행사장이 가능하지 않으면, 예약되어 있는 확정되어 있지 않은 예약에 대해 가능성에 대해 말씀드리고 고객에게 상담을 해드린다.
④ 규모의 행사에 적합한 행사장이 없을 경우, 고객에게 다른 날짜로 변경을 유도한다.
⑤ 고객이 원하는 일자에 적합한 연회장이 불가능할 경우, 호텔 내 다른 식당의 별실을 추천해 드린다.
⑥ 원하는 일자에 적합한 행사장이 가능하지 않을 경우, 추후 행사장이 가능하게 되면 연락을 드리겠다고 전화번호와 성함을 받아 둔다.

### 3) 연회고객 정보 확인

고객정보를 확보하기 위해 다양한 질문과 응답을 통해 고객정보를 확인하거나 명함을 주고받으며 고객정보를 확인한다. 또한 사전에 고객의 과거 행사정보를 숙지하여 확인하고 사후관리계획을 수립한다.

### 4) 연회행사 특성 파악

연회행사의 종류에 따라 연회행사별 특성을 확인하고, 행사내용을 정확하게 파악하여야 한다. 고객이 개최하기로 한 행사가 단순히 식사만 하는 행사인지, 아니면 회의를 겸한 식사모임인지, 또는 이벤트성의 행사인지를 파악하여 연회장을 배정하는 데 고려하도록 하여야 한다.

### 5) 연회예약 현황 확인

호텔의 연회예약 시스템에 근거하여 고객이 원하는 일시에 고객의 참석예상인원을 수용할 수 있는 적절한 행사장의 사용가능 여부를 확인한다.

### 6) 연회장 예약 및 배정

연회장을 배정할 때는 연회의 성격 · 규모 등을 고려하여 연회장을 배정하여야 한다. 어떤 연회를 어느 행사장에 배정하느냐에 따라서 효율적인 연회장 관리와 매출증대 및 인접한 연회장으로부터 방해를 받은 고객의 불평을 방지할 수 있다.

연회장을 예약할 경우에는 행사 예약사항 및 확정내용을 입력하고 예상메뉴가격과 인원을 파악 · 입력하여 예상매출액을 추정할 수 있도록 한다. 개최하고자 하는 일시에 예상참석자 인원을 수용할 수 있고 행사성격에 합한 행사장이 가능하면 고객의 요청에 의해 가예약 'P'(Prospects booking)를 표기해둔다.

① 행사내용 · 성격 등을 판단해서 연회장을 배정한다.
② 행사 참석인원과 내용에 적합한 연회장을 배정한다.
③ 인접한 행사장과 소음발생 등으로 인해 서로 방해되지 않는 행사를 배정한다.
④ 사용할 테이블종류와 테이블배치를 고려하여 배정한다.
⑤ 사용될 무대장치와 전시 테이블 및 기타 추가적인 공간이 필요한지 여부를 파악하고 배정한다.
⑥ 동일한 행사장의 본 행사 전후의 행사시간을 고려하여 배정한다.
⑦ 인접해있는 행사장에서 개최되는 특정 회사의 경쟁사와 유사한 행사가 중복되지 않도록 배정한다.

### 7) 호텔 주요상품 협의

#### (1) 음식협의 및 인원수

행사성격에 맞는 적합한 종류의 음식을 추천한다. 호텔 연회장에서는 호텔 주방장이 사전에 정해둔 다양한 세트 메뉴(양식 · 중식 · 한식 · 일식 · 퓨전 등)와 뷔페메뉴 등이 제공된다. 이외에 고객이 원할 경우는 맞춤형 특별 메뉴를 구성하여 제공할 수 있다. 호텔 연회장의 규모나 시설에 따라 차이가 있을 수 있으나 일반적으로 참가고객 200명 이상일 경우 양식 세트 메뉴나 뷔페음식을 추천하는 것이 바람직하다.

일식이나 중식·한식 세트 메뉴 등은 대규모 인원에게 제공할 때 신속한 조리와 서비스제공이 어렵고 품질 높은 음식제공이 어려워 고객의 불만요소가 될 수 있다. 뷔페음식과 스탠딩 및 칵테일 뷔페 메뉴는 일반적으로 최소 40명 이상부터 제공하고, 40명보다 인원이 적을 경우 메뉴가격을 상향조정하여 제공할 수 있는 융통성도 필요하다.

미국 등 선진국에서 개최되는 연회에서는 초청받은 고객들이 참석 여부를 사전에 정확하게 알려 주기 때문에 참가자들을 위한 음식준비에 어려움이 적다. 그러나 우리나라에서는 참석 여부의 통보(RSVP)가 정착되지 않아 연회주최자나 준비자가 어려움이 많다. 호텔 연회에서는 지불보장인원과 참가예상인원제도가 있는데, 지불보증인원은 실제 참석인원이 지불보증인원보다 적게 식사를 하더라도 지불보증인원만큼의 식대를 지불하는 것이다. 예상인원은 보증한 인원보다 실제 참석인원이 증가할 것을 대비하여 여분의 음식을 포함하여 최대로 준비하는 음식의 양을 의미한다. 일반적으로 지불보증인원과 예상인원과의 차이는 미국 등에서는 5% 내외, 우리나라는 10% 정도이다. 따라서 원만한 행사진행을 위해서는 주최자나 준비자는 행사가 임박해질 때까지 참석 여부에 대해 재확인하고 추가부담이 되지 않도록 하는 것이 필요하다.

### (2) 음료협의

연회행사의 성격 및 특성에 따라 음료의 종류와 수량을 협의하게 된다. 연회행사의 식사를 하면서 대부분 음료를 곁들이게 되는데, 음료의 종류로는 화이트 와인, 레드 와인, 스파클링 와인, 맥주, 위스키 등의 주류와 콜라·사이다·주스 등 비알코올성 음료를 제공하고, 식사 시에는 주로 와인을 곁들이게 된다. 만찬시작 전 리셉션이 개최되는 경우에는 별도의 이동식 바를 설치하게 되는데, 바의 운영형태와 바 오픈시간 및 이동식 바에서 제공할 음료의 종류와 안주류를 협의하여 결정하여야 한다.

### (3) 기타 사항 협의

식음료 외에 연회개최 시 필요한 꽃장식 · 얼음조각장식 · 기자재 · 연회장사용료 등에 관한 사항을 협의한다.

## 8) 유치제안서 작성

연회행사에 대한 내용을 주최자와 상담을 통해 구체적으로 파악한 다음 주최사의 예산과 행사의 성격을 고려하고 복수의 견적을 제출하여 선택할 수 있도록 배려하여야 한다. 중요한 행사나 대규모 행사를 유치하기 위한 제안서를 작성할 경우에는 연회행사관련 이미지사진을 포함하여 청중들에게 매력적으로 보일 수 있도록 파워포인트를 이용하고 작성하여 프레젠테이션을 하여야 할 경우도 있다. 그리고 행사성격에 따라서는 서술형 견적내용을 포함한 연회유치제안서를 작성하여 송부하기도 한다. 제안서를 제출하거나 구두로 예약확정을 통보받았을 때에는 예약 시스템에 잠정적 예약(tentative booking)을 해둔다.

## 9) 계약서 작성 및 체결

연회개최를 확정하면 선택한 견적의 내용을 바탕으로 합의서를 포함한 연회행사비용의 지불방법 및 지불주체를 파악하고 행사계약서를 작성하여 호텔담당자가 서명을 하고 고객에게 송부하여 고객의 서명한 계약서와 함께 계약금을 접수하고 행사확정(definite booking)을 해둔다.

## 05 연회예약 업무관리 실제

### 1) 전화예약 응대법

① 시작: 감사합니다. ○○○ Hotel 연회 예약실 ○○○입니다.

 ＊고객의 성명 · 전화번호 · 행사내용을 기재한다.

② 종결: 예약을 하여 주셔서 고맙습니다.

### 2) 고객내방 시 응대법

① 시작: (일어나서) 어서 오십시오. → 자리를 안내한다. → 방문내용을 확인한 후 담당자를 연결한다. → 음료 또는 차를 서비스한다.

② 종결: (일어나서) 안녕히 가십시오. 고맙습니다.

### 3) 예약업무의 착안사항

① 전화고객: 고객의 인적사항을 기록하여 행사의 확정과 관계없이 판촉용으로 활용하도록 한다.

② 연회장의 예약상태를 정확하게 파악한 후 예약을 받는다(일자 · 시간 · 장소 · 인원 · 연락처 · 기타 등).

③ 컴퓨터기능을 활용하여 누락되는 일이 없도록 하고, 자료용으로 활용토록 한다.

④ 데이터베이스(database)를 활용하여 호텔의 이미지 향상과 고객에게 편리함을 제공한다.

CHAPTER 05

# 연회기획

## 01 연회기획의 개념

연회기획이란 연회행사를 위한 사전준비부터 행사진행과정, 서비스방법, 음식 메뉴선정, 음료선정, 시설설치, 행사종료 후 고객들의 사후관리에 이르기까지 제반 사항을 실행하기 위한 구체적인 계획이라 할 수 있다.

## 02 연회행사 유치제안서 작성

### 1) 연회행사 유치제안서의 작성기초

#### (1) 제안서(Proposal) 작성의 목적

제안서는 호텔에서 연회행사를 유치하기 위해 작성하는 문서이다. 기존 행사를 개최한 경험이 있는 고객과 개최경험이 없는 신규고객에게 호텔 개황을 비롯하여 호텔이 보유하고 있는 연회관련 시설 등에 관한 자세한 정보를 제공할 목적으로 작성한다.

제안서 작성 시 고객에게 전달하고자 하는 핵심사항들을 간결하고 전달력이 강하도록 실물사진을 첨부하여 제안서를 작성한다. 제안서를 작성하는 일반적인 순서는 소개 부분, 개요설명, 본문설명, 요약 및 질의응답 순서로 작성한다. 그리고 제안서의 작성은 MS오피스를 활용하여 사용하지만, 일반적으로 MS오피스 중 파워포인트를 활용하는 것이 홍보효과를 극대화할 수 있다.

### (2) 제안서 제출방법

일반적으로 제안서 제출방법으로는 이메일・팩스・직접방문・우편물을 활용할 수 있는데, 저자가 권장하는 방법은 처음에는 연회판촉지배인이 고객사를 방문하여 실질적인 첫 인사와 함께 판촉 키트를 제공하고, 귀사 후 고객에게 메일을 통해 감사의 인사와 함께 리플릿 등의 판촉시안을 제공한 다음 일주일 후 다시 전화인사를 통해 접근하는 방법을 권장한다.

## 2) 연회행사 유치제안서 작성방법

연회행사는 다양한 분야와 서로 다른 성격을 가진 단체들이 진행되어지기에 그 특성에 맞는 부분에 초점을 두고 접근한다. 예를 들면, 가족모임은 동적인 부분보다 정적인 프로그램으로 구성하고, 결혼식은 신랑・신부의 관점에서 분위기 연출 및 주차공간 확보에 대한 부각, 관공서는 의전 등 내부직원의 질적인 서비스 진행을 부각, 회의는 보유하고 있는 장비 등을 부각, 일반기업체 회원은 행사의 집중도와 접근성 및 주차시설 등을 부각시켜서 작성되어져야 한다.

## 03 식음료계획

### 1) 음식계획

연회참가자들에게 제공할 음식을 선정하도록 연회의 목적・성격과 예산 등을 고려하여 적합한 가격대의 메뉴 2~3종류를 주최자에게 제시하고 주최자가 선택할 수 있도록 하게 한다. 사전에 준비된 메뉴 외에 고객이 선호하는 특별 메뉴를 요구할 시 주방장과 협의해 맞춤메뉴를 구성하여 가격과 함께 제시하고 고객이 선정하도록 한다.

### 2) 음료계획

연회행사의 성격 및 특성에 따라 음료의 종류와 사용할 수량을 협의하고, 바의 운영형태를 결정한다. 주로 식사 전에 리셉션 개최 시의 칵테일바 운영과 안주・식사 및 함께 마실 와인 등을 협의한다. 고객의 예산을 고려하여 적합한 가격대의 음료를 제시하도록 한다.

## 04 시설물 설치 및 테이블 배치계획

### 1) 시설물 및 장비 설치계획

연회행사의 성격에 따라 기(旣) 설치되어 있는 호텔 무대를 사용할 것인지, 호텔에서 보유하고 있는 이동식 무대를 활용하여 별도의 무대를 설치할 경우 어느 정도 크기로 설치할 것인지를 협의・결정하여야 한다. 그리고 행사대행사를 통하여 전문업체가 무대를 설치하는 특별 이벤트성 행사인 경우, 무대의 크기와 백드롭 등의 설치계획과 음향・조명・효과장치 등의 연출장비 반입 및 설치계획을 접수하여 행사준비를 하는 연회 서비스부서와 시설부에 내용을 전달하여 행사준비에 차질이 없도록 하여야 한다.

### 2) 테이블 배치계획

연회행사의 특성에 따라 적합한 테이블 배치계획을 수립하여야 한다. 연회 상담 및 예약을 접수하는 직원은 호텔이 보유하고 있는 연회장들의 면적과 테이블 배치방법에 따른 수용인원을 숙지하고 있어야 한다. 동일한 행사장에서 행사를 진행하더라도 행사의 특성과 테이블 배치방법에 따라 수용인원이 달라지기 때문이다. 또한 외부반입에 의한 무대장치・음향장치・조명장치・콘솔 등의 설치를 할 경우, 장치물들의 사용공간을 제외한 공간의 수용력을 계산할 수 있는 능력을 보유하여 주최자에게 테이블 배치계획을 제안할 수 있어야 한다.

## 05 실내장식계획

실내장식의 사전적 의미로는 "건축물의 내부를 그 쓰임새에 따라 아름답게 꾸미는 일"로 정의하고 있으며, 다른 용어로는 실내 디자인 또는 인테리어라고도 사용되어지고 있다. 실내장식은 건축물의 내부를 용도와 기능에 알맞게 공간효율성을 높이고, 쾌적한 공간으로 변화시키는 것이다.

### 1) 꽃장식계획

행사의 성격에 따라 꽃장식의 사용 유무와 사용규모가 달라진다. 일반적으로 결혼식・약혼식 등에는 신부의 드레스나 의상에 맞추어 흰색이나 핑크 빛 계통의 많은 꽃들을 장식하여 화려한 분위기를 연출한다. 리셉션인 경우 음식을 진열한 테이블과 고객용 편의 테이블에 꽃장식을 하게 되며, 기업이나 단체의 만찬행사에서는 테이블 꽃장식 등이 준비된다. 이외에 코사지, 연단장식, 무대장식, 행사장내 장식 등에 관한 계획을 고객에게 제안하여 화사한 행사장 분위기를 연출하여야 한다.

### 2) 얼음조각 장식계획

식사행사를 하는 경우 얼음조각장식을 준비하여 행사에 대한 홍보와 분위기를 고조시키는 데 활용할 수 있다. 특히 여름철에는 시원한 느낌을 연출하여 참가자들에게 시원하고 상쾌한 느낌을 제공하여 만족도를 높일 수 있다. 얼음조각의 모양은 주최조직을 상징하거나 행사주제에 부합되는 형태로 제안하고, 얼유조각 안에는 행사제목이나 로고 등을 삽입하여 참가자들이 행사를 오랫동안 기억할 수 있도록 준비를 하여야 한다.

### 3) 린넨계획

호텔에서 보유하고 있는 다양한 종류의 색상의 테이블 클로스와 의자 커버 및 냅킨을 활용하고 설정된 실내장식과 꽃장식을 고려해 조화를 이룰 수 있는 색상의 린넨사용계획을 제안하여 행사장의 분위기를 고조시키도록 하여야 한다.

연회행사에서 행사운영을 위해서는 필요수량의 최소 3배 이상을 예상하여 재고를 유지하여야 하고, 이 3배의 기준은 현재사용 중인 것, 세탁 중인 것, 행사예비용 모두를 포함한 수량의 기준이다. 린넨류의 종류는 여러 가지가 있는데, 대표적인 것은 다음과 같다.

#### (1) 테이블 클로스(Table Cloth)

식사용 테이블 클로스에는 칵테일 리셉션이나 보조 테이블로 활용하는 소형 라운드 테이블인 210×210cm, 중형 라운드 테이블인 245×245cm, 대형 라운드 테이블인 270×270cm, 직사각형 테이블인 230×230cm가 있다.

#### (2) 러너(Runner)

러너는 테이블 중앙에 데커레이션 및 소음제거를 위해 사용하는 일종의 띠로 폭 20~30cm, 길이는 테이블 클로스와 동일하게 사용한다.

#### (3) 드레이프(Drapes)

헤드 테이블이나 등록 데스크 등의 앞면에 두르는 스커트로, 착석한 고객의 다리가 보이지 않도록 하는 기능을 하며, 높이는 75cm 정도이다.

### (4) 스태킹 체어 커버(Stacking Chair Cover)

고급 정찬 분위기를 조성하기 위하여 스타킹 체어 상단에 덮어씌우는 일종의 커버로 의자 크기에 맞게 제작되어진다.

## 06 시청각기자재 선정계획

행사의 성격에 따라 시청각기자재 사용규모가 달라질 수 있는데, 일반적으로 20명 이상의 연회행사에서는 마이크를 사용하게 된다. 행사장별로 공급할 수 있는 마이크의 종류와 수량을 숙지하여 사용에 관해 주최자에게 제안할 수 있어야 하며, 혼선이 발생할 수 있는 무선 마이크 사용의 문제점을 사전에 주최자에게 알림으로써 불평의 요소를 제거하여야 한다. 그리고 마이크 사용 시 발생할 수 있는 하울링 현상을 방지할 수 있도록 사전조치가 필요하다. 중・소규모의 연회장에서는 호텔이 보유하고 있는 프로젝터 사용을 제안한다. 이외에 송수신이 가능한 회의용 델리게이트 마이크, 동시통역 시스템, 고광도 프로젝터 등은 호텔에서 보유하고 있지 않지만 외부협력업체를 통해 조달할 수 있음을 제안한다.

## 07 연회행사인원 운영계획

연회행사규모에 따라 당일 서비스인원 운영계획을 수립한다. 서비스인원이 부족할 경우, 호텔 내 식음료부서로부터의 서비스인원 지원과 파트타이머의 운영계획서를 작성한다. 그럼에도 불구하고 서비스인원이 부족할 경우 인사·총무·구매·재경 등 관리부서로부터 행사지원에 관한 업무협조를 요청하여 행사진행에 차질 없는 인원을 확보하여야 하고, 운영인원에 맞는 유니폼을 확보할 수 있도록 하우스키핑에 준비요청을 하여야 한다.

CHAPTER 06

# 연회시설 및 각종 장비

## 01 연회장 시설

### 1) 연회장의 종류

우리나라 특급호텔들은 10명에서부터 300명 정도 수용할 수 있는 중·소규모 연회장과 1,000명 이상의 인원을 수용할 수 있는 대규모 연회시설을 두루 갖추고 있다. 이러한 연회장은 세련되고 우아한 인테리어와 첨단 음향장치·조명장치를 갖추어 연회행사뿐만 아니라 국제회의·전시회·이벤트 등의 다목적행사장으로 활용할 수 있다. 호텔의 행사장들은 국제회의나 대규모 행사의 개최가 용이하도록 서로 인접하여 위치해 있다.

### 2) 연회장 수용력

동일한 규모의 연회장일지라도 테이블 배치형태에 따라 수용력 차이가 있을 수 있다. 예를 들어 그랜드볼룸의 경우, 연회용 원탁 테이블과 교실형 회의 테이블의 배치형태는 비슷한 인원수를 수용할 수 있으며, 칵테일 리셉션과 극장식 회의형태 테이블배치는 비슷한 인원을 수용할 수 있다. 또한 리셉션형태나 극장식 형태는 원탁 테이블이나 교실형 테이블 배치형태의 약 1.5배 인원을 수용할 수 있다. 수용인원에 있어 연회장의 모양이 직사각형 형태가 아니거나 기둥 등이 있을 경우에는 수용인원의 산정에 차이가 있을 수 있음을 주지하여야 한다.

연회장 규격과 수용인원과의 관계를 이해하려면 서울 시내 특급호텔의 수용력을 표시한 〈표 6-1〉을 참조하면 도움이 될 수 있다.

〈표 6-1〉 Meeting Room Capacities and Dimensions

| Meeting Room | sq.m | Dimensions | Height | Banquet | Classroom | Reception Cocktal | Theatre | o-Shape | U-Shape | Buffet |
|---|---|---|---|---|---|---|---|---|---|---|
| 5th Floor | | | | | | | | | | |
| Grand Ballroom | 1,494 | 51.96×28.76 | 7.5 | 1,160 | 1,040 | 1,600 | 1,561 | - | - | 850 |
| section I | 481 | 16.72×28.76 | 7.5 | 350 | 347 | 530 | 520 | 130 | 110 | 250 |
| section II | 527 | 18.32×28.76 | 7.5 | 350 | 347 | 530 | 520 | 130 | 110 | 250 |
| section III | 481 | 1672×28.76 | 7.5 | 350 | 347 | 530 | 520 | 130 | 110 | 250 |
| 2th Floor | | | | | | | | | | |
| Orchid Room | 407 | 25.40×16.27 | 2.95 | 240 | 252 | 300 | 420 | 108 | 87 | 180 |
| section I | 203 | 12.70×16.27 | 2.95 | 120 | 126 | 150 | 210 | 72 | 57 | 90 |
| section II | 203 | 12.70×16.27 | 2.95 | 120 | 126 | 150 | 210 | 72 | 57 | 90 |
| Iris Room | 137 | 16.70×7.00 | 2.8 | 70 | 72 | 80 | 108 | 48 | 42 | 50 |
| Cosmos Room | 17 | 5.50×3.00 | 2.8 | 0 | - | - | - | 8 | - | - |
| Azalea Room | 62 | 4.80×9.30 | 2.8 | 20 | 30 | 30 | 41 | 24 | 21 | - |
| Camellia Room | 105 | 7.10×14.50 | 3.1 | 50 | 54 | 50 | 86 | 42 | 36 | 40 |
| Lotus Room | 78 | 7.00×11.30 | 2.8 | 40 | 36 | 40 | 53 | 30 | 24 | - |
| Wisteria Room | 63 | 5.20×12.62 | 3.1 | 30 | 30 | 30 | 46 | 30 | 27 | - |
| 3rd Floor | | | | | | | | | | |
| Forsythia Room | 90 | 7.14×12.50 | 3 | 50 | 54 | 50 | 86 | 36 | 30 | 40 |
| Water Lily Room | 41 | 7.10×5.80 | 3 | 20 | 20 | 20 | 30 | 21 | 18 | - |

## 02 연회용 테이블 및 의자

### 1) 연회용 테이블(Banquet Table)

연회장 테이블로는 보관과 이동이 편리한 다리가 접히는 테이블(folding table)을 사용한다. 이러한 테이블은 모양에 따라 원탁 테이블과 반달형 테이블 및 직사각형 테이블 등이 있는데, 우리나라에서는 대개 75cm 높이의 테이블을 사용한다. 다양한 형태의 연회장 테이블은 식사용도 외에도 커피 브레이크, 칵테일 리셉션, 뷔페음식 진열, 회의 테이블, 리셉션 테이블용 등 다목적용도로 활용하고 있다.

#### (1) 원탁 테이블(Round Table)

우리나라 호텔에서는 일반적으로 직경 42인치와 54인치 그리고 60인치 원탁 테이블을 보유하고 있는데, 42인치 테이블은 케이크를 세팅하거나 리셉션 행사시 음식 테이블로 활용되며, 연회장에서 식사제공용도로 사용될 때는 주로 54인치 테이블과 60인치 원탁 테이블을 사용한다.

일반적으로 54인치 원탁 테이블은 6~8명 정도의 좌석을 세팅하고, 60인치 테이블은 8~10명 정도의 좌석을 세팅한다. 어떤 경우에는 각 테이블의 최대 수용인원보다 1~2인 좌석을 추가하여 세팅하는 경우가 있는데, 이는 착석한 고객들이 식사하는 데 불편을 초래할 수 있기 때문에 지양하는 편이 바람직하다. 간혹 12~20인의 좌석을 세팅을 요구하는 특별한 행사의 경우에는 이러한 경우를 대비하여 특별 제작해놓은 상판을 60인치 원탁 테이블 위나 초승달형 테이블을 붙여 놓은 테이블 위에 올려놓고 사용하는 경우도 있다. 원탁테이블은 식탁용 테이블 용도 외에 뷔페 음식 테이블, 커피 테이블, 칵테일 리셉션 테이블 용도로도 활용한다.

### (2) 직사각형 테이블(Rectangular Table)

직사각형 테이블은 폭이 18인치와 30인치 테이블이 있다. 30인치 테이블은 일반적으로 U-shape, I-shape, Hollow Square 형태의 식탁과 회의용 테이블 세팅에 활용된다. 또한 뷔페음식 테이블 용도로도 활용되고 있으며, 아이스 카빙 설치 테이블, 리셉션 테이블로도 활용한다. 18인치 테이블은 주로 미팅 테이블로 사용되는데, 30인치 테이블과 긴 면을 붙여서 식사 테이블로 활용하며, 이러한 직사각형 테이블은 스탠딩 리셉션에서 테이블을 조합하여 다양한 테이블형태의 구성과 연출이 가능하다.

### (3) 반원형 테이블(Half Round Table)

반원형 테이블의 규격은 60인치(183cm)로 30인치 직사각형 테이블의 모서리를 자연스러운 곡선형태로 처리할 수 있어 뷔페 테이블의 스타트 라인에 붙여 음식용 접시를 올려놓을 때에나 연회장 벽면에 뷔페음식 테이블을 꾸밀 때 유용하게 활용할 수 있다.

### (4) 초승달형 테이블(Crescent Table)

초승달형 테이블은 76cm에 120인치의 특수한 형태의 테이블로, 단독으로는 사용하지 않고 30인치(76cm) 직사각형 테이블과 붙여서 멋스러운 형태를 연출할 수 있다. 스탠딩 뷔페에서는 여러 개의 초승달형 테이블로 기둥을 돌려서 음식용 테이블을 만들 때 활용할 수 있으며, 칵테일 리셉션에서 여러 개의 테이블을 이어 붙여서 음식 테이블로도 연출할 수 있다. 또한 직사각형 테이블과 이어 붙여 약혼식의 헤드 테이블이나 리셉션의 헤드 테이블로도 멋있게 연출할 수 있다.

### (5) 1/4 원형 테이블(Quarter Round Table)

쿼터라운드 테이블(30×30인치, 76×76cm)은 T자형 테이블 배치나 U자형 테이블 배치를 할 때 헤드 테이블의 직사각형 테이블 양 모서리부분을 둥근 모양으로 처리할 때 활용된다. 행사장이 좁을 경우 구석에 맞추어 넣어 물건을 올려놓는 용도로 사용된다.

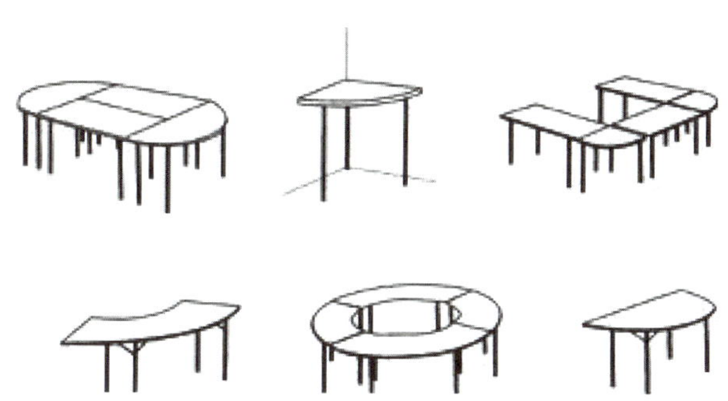

### (6) 정사각형 테이블(Square Table)

정사각형 테이블(30×30인치, 76×76cm)은 프로젝터가 천정에 부착되어 있지 않은 중·소 연회장에 이동용 프로젝터를 설치할 경우, 프로젝터를 올려놓는 설치 테이블로 사용되거나 기타 장비를 올려놓는 용도로 사용되기도 한다. 또한 1 대 1 미팅용이나 상담 테이블로도 사용된다. 테이블 길이가 긴 직사각형 테이블이 적합하지 않은 좁은 공간에서 활용가치가 높다.

## 2) 의자

연회용 의자는 사용목적에 따라 스태킹 체어, 암 체어, 이지 체어, 베이비 체어가 있다.

### (1) 스태킹 체어(Stacking Chair)

스태킹 체어는 일반적인 연회행사와 대규모 연회행사에 널리 사용되며, 의자를 포개서 보관할 수 있도록 만들어진 의자이다. 의자를 포개서 보관할 수 있기 때문에 운반이 용이하고, 창고에 적재하기가 용이하다. 스태킹 체어의 다리 끝에는 소리를 방지하고 쿠션을 좋게 하기 위해 플라스틱 패킹이 붙어 있다.

### (2) 암 체어(Arm Chair)

암 체어는 의자 양쪽에 팔걸이가 있어 VIP행사에 사용되거나 일반행사 시 헤드 테이블용으로 사용된다. 또한 무대 위에서 특별한 의식이 진행될 때, VIP 좌석으로도 사용된다. 암 체어는 대부분 고급의자로 보관할 때 장소를 많이 차지하고, 의자를 포개어 보관할 수 없기 때문에 이동과 관리에 어려움이 크다. 따라서 주로 연회장 앞의 리셉션 데스크에 활용하거나 연회장 주변의 휴식공간과 벽면에 비치를 해누어 관리를 한다.

### (3) 베이비 체어(Baby chair)

베이비 체어는 돌잔치나 가족연회가 개최될 때 동반한 아기들이 안전하게 앉을 수 있도록 준비한 특별의자이다. 아기의 몸이 빠지지 않도록 의자 중간에 지지대가 설치되어 있다.

### (4) 이지 체어(Easy Chair)

이지 체어는 소파형태로 티 테이블과 함께 세팅하여 VIP 대기실에 비치하거나 연회장 주변의 공용지역에 비치하여 연회참가자들이 잠시 쉬게 하거나 간단한 업무를 볼 수 있도록 배려하는데 쓰인다. 이지 체어는 가격이 비싸고 무거우며 파손의 위험이 크기 때문에 가능한 자주 이동하지 않는 것이 좋다.

### (5) 의자 취급요령

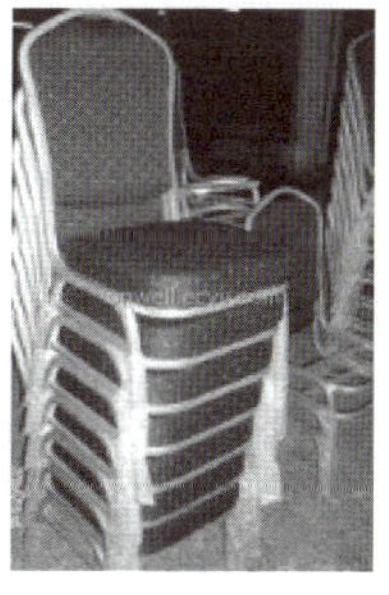

① 스태킹 체어를 옮길 때는 하나씩 들거나 의자운반용 카트를 사용해야 한다. 스태킹 체어는 10개씩 쌓아서 이동하고 보관을 하게 되면 의자의 개수를 쉽게 파악할 수 있어 편리하게 사용할 수 있다.

② 암 체어는 하나씩 운반하여 의자가 훼손되지 않도록 주의를 기울여야 한다.
③ 이지 체어는 특별한 경우가 아니면 정위치에 두고 관리한다.

## 03 연회장비

### 1) 조립식 무대와 댄싱 플로어

#### (1) 조립식 무대(Platform, Portable Stage)

연회장에서 사용되는 조립식 무대는 이동이 빈번하기 때문에 바퀴를 달아두어 이동이 용이하도록 제작되어 있고, 무대 높이를 안전핀을 이용해 조정할 수 있도록 되어 있다. 이동용 무대의 규격은 호텔별로 차이가 있을 수 있으나 일반적으로 이동용 무대 1개당 240×120cm 혹은 240×180cm의 크기를 사용하며, 높이조절은 20 cm·40cm·60 cm·80cm로 할 수 있다. 스테이지 설치시는 벽면으로부터 5cm 이상 떨어지지 않도록 하고, 여러 개의 무대를 연결하여 사용할 경우에는 연결부분의 높이가 수평이 되도록 하며, 흔들리지 않도록 고정하고 드레이프로 마감처리한다.

조립식 무대는 무대용 외에도 대형 얼음조각장식 테이블, 이벤트연출 시 믹서와 콘솔을 올려놓을 때에도 활용되는데, 무대설치 시에는 위치·인원·강단높이 등을 미리 알고 있어야 한다. 1인당 70 cm의 좌석 공간을 계산하여 스테이지를 세우고 연단과 마이크 등의 간격을 가산한다.

### (2) 댄싱 플로어(Dancing Floor)

무도회나 댄싱 파티를 할 때 카펫에서 춤추기가 부적당하기 때문에 바닥에 광택이 있는 목재로 제작된 이동식의 댄싱 플로어를 조합해서 설치한다. 댄싱 플로어의 규격은 보통 922×922×24mm로 되어 있으며, 행사장의 규모에 맞춰 여러 개를 연결해서 사용한다.

## 2) 음향 · 조명장치

### (1) 음향장비(Audio Equipment)

#### 가) 마이크(Microphone)

마이크는 선이 연결되어 있는 유선 마이크(wired mic.)와 무선 마이크(wireless mic.)로 나눌 수 있다. 가장 많이 사용되는 것은 Hand Mic.이다. 강연 시 연사들이 편리하게 옷깃에 부착하여 사용하는 소형 마이크를 핀 마이크라고 하는데, 정식 명칭은 Lavalicrc Mic.리고 한다.

화상회의 · 중역회의 · 국제회의 등에서 참석자 개개인이 국가나 단체를 대표해서 의견을 제시할 때 사용하는 송 · 수신이 가능한 델리게이트 마이크(delegate mic.)를 사용한다.

유선 마이크는 용도에 따라 포디움 마이크, 데스크 마이크, 플로어 마이크, 핸드 마이크 등으로 구분한다. 마이크 수량은 연회장 마다 음향 채널의 수가 다르기 때문에 유·무선 각각의 가용수량을 파악하고 있어야 하며, 행사주관자가 가용수량보다 초과하여 사용요청을 할 경우에는 고객에게 외부협력업체로부터 임차하는 방법을 제시해 주어야 한다.

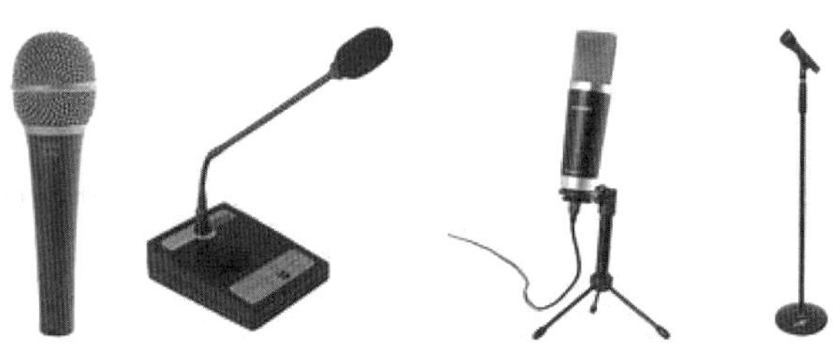

#### 나) 이벤트용 음향장비

일반적인 회의행사는 호텔에서 보유하고 있는 하우스 음향 시스템으로 행사진행을 하는데 별 어려움이 없으나, 콘서트나 디너쇼·패션쇼 및 신차발표회 등과 같은 이벤트성 행사에는 고출력의 스피커와 앰프·믹서 등이 필요로 하기 때문에 호텔의 부장비업체로부터 전문장비를 반입하여 외부전문팀들에 의해 장비를 운영하는 것이 일반적이다.

#### 다) 동시통역 시스템(Simultaneous Translation System)

여러 국가에서 참석한 청중들을 위해 발표자나 연사의 특정언어를 타 언어를 사용하는 참가자들이 자국의 언어로 전환해 들을 수 있도록 행사장 내에 별도의 통역 부스(booth)를 설치하여 리시버(receiver)를 착용한 청중에게 송출시키는 시스템이다.

### (2) 오디오 비주얼장비(Audio Visual Equipment)

#### 가) 프로젝터(Projector)

프로젝터의 밝기단위를 안시(ansi)로 표기하는데 안시가 높을수록 좋으며, 높은 화상도를 기대할 수 있고, 밝기에 따라 임대비용의 차이가 있다. 프로젝터는 스크린 앞에서 투영할 수 있는 프런트방식, 텔레비전과 같이 스크린 뒤에서 투영하는 리어(rear)방식이 있다. 장점으로는 스크린의 크기에 따라 화면의 밝기가 조절된다는 점을 들 수 있고, 단점으로는 실내조명의 밝기를 낮게 조절해야만 선명한 화질을 기대할 수 있는 점이다. 노트북과 연결하여 사용되는 용도 외에도 비디오나 DVD와 연결하여 홍보물을 상영할 수 있으며, 방송용(ENG) 카메라와 연결하여 생중계 및 녹화가 가능하다.

#### 나) 레코더(Recorder)

기업이나 단체의 이사회・총회 등에 법적 요건을 마련해두기 위하거나 중요한 행사의 기록을 남기기 위해 주최자의 요청이 있을 때에 녹음이 실행된다. 이전에는 카세트테이프에 회

의내용을 저장하였지만, 최근에는 MP3 파일로 저장한다.

### 다) VTR

회의와 관련된 영상을 참석자들에게 보여 주기 위해 사용되는 장비로서 TV 모니터나 프로젝터를 이용하여 스크린에 상영시킬 수 있는 기기이다. 일반적으로 회사의 홍보, 신상품 소개, 교육 세미나 등에 주로 사용되며, VHS 테이프방식과 베타(beta)방식이 있는데, 우리나라에서는 VHS 테이프방식을 채택하고 있다.

### 라) PDP · LED · LCD TV

이전의 텔레비전보다 크기와 화질이 우수한 고화질 텔레비전 모니터이다. 최근 대형 화면의 TV가 상용화되어 행사장에서 널리 사용되고 있다. 스크린 없이 바로 비디오테이프나 DVD, 노트북, ENG 카메라와 연결하여 홍보물 상영 또는 생중계를 할 수 있다.

### 마) 멀티큐브(Multi-Cube)

멀티큐브는 화질이 고화질 텔레비전만큼 선명하고, 큐브를 가로 · 세로로 여러 개를 쌓아 하나의 대형 화면을 만들 수 있기 때문에 대규모 행사에 주로 사용된다. 주로 행사를 생중계를 하거나 미리 제작한 영상물을 보여 주는 데 사용된다. 프로젝트와 비교하여 조명을 어둡게 하지 않고도 일반

고화질 텔레비전만큼이나 선명하다는 것이 장점이고, 여러 개의 큐브를 하나의 화면으로 영상을 실연함으로서 큐브와 큐브를 쌓는 부분에 선이 나타나는 것이 단점이다. 최근에는 LED 전광판으로 대체되는 추세에 있다.

#### 바) LED 전광판

무겁고 중간줄이 나타나는 멀티큐브의 단점을 보완하기 위해 개발된 고 화상 영상기기로 실내・외 어디에서나 사용이 가능하며, 실외에서는 주로 광고용으로 사용되고 있다.

### (3) 조명장치(Lighting)

고정무대가 설치되어 있는 호텔의 그랜드볼룸에는 파 라이트 등 기본적인 조명장치가 천정 바텐에 설치되어 있는데, 호텔 연회장 내에 설치되어 있는 조명장치를 하우스조명이라고 한다. 회의나 일반적인 연회행사에는 하우스조명만으로 진행이 가능하지만, 디너쇼・콘서트・패션쇼 등을 진행할 때에는 이들 조명시설만으로는 연출효과를 기대하기 어렵기 때문에 특수조명을 별도로 전문조명업체로부터 임차하여 설치하여야 한다. 이러한 조명장치로는 다음과 같은 종류가 있다.

#### 가) 엘립소이들 스폿(Ellipsoidal Spots)

관객이 가장 근접해 있는 무대 앞에 설치되어 있는 조명을 말하는 것으로, 무대의 앞부분을 천정으로부터 25도 각도에 500~1,000와트로 비춘다. 이들은 컬러 필

터를 사용해서 조명의 색깔을 바꿀 수 있도록 되어 있고, 셔터(shutter)라는 장치로 조명의 모양을 변화시킬 수 있는 기능도 갖추고 있다.

#### 나) 프레스넬 스폿(Fresnel Spots)

무대 전체를 비추는 배경조명으로, 컬러 필터의 사용이 가능하며, 조명의 크기를 렌즈를 사용하여 자유롭게 바꿀 수 있다는 것이 특징이다.

#### 다) 플러드라이트(Floodlights)

이 장치는 사람보다 물건을 비추는 데 사용하는 조명이다. 넓은 지역에 균등한 정도로 보내는 조명으로 어두운 그림자를 밝게 하는 데 사용된다.

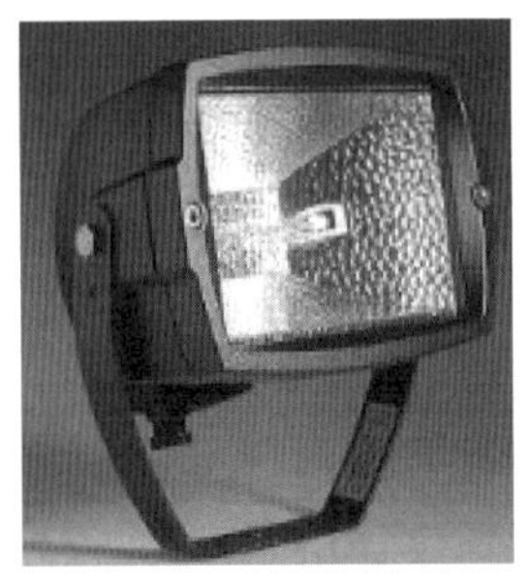

#### 라) 팔로우 스폿(Follow Spots)

이 조명은 결혼식 때 신랑의 입장이나 신부와 신부아버지가 입장할 때, 신랑·신부가 함께 퇴장할 때, 결혼식 축가나 축주가 이루어질 때 장내는 캄캄하게 암전

되면서 모든 시선을 집중시켜 주는 특수조명이다. 일반행사에서는 주빈이 입장할 때나 행사진행 시 발표자와 무대연기자에게도 활용된다. 이 기기는 밝기의 조정이 가능하며, 컬러 필터도 사용한다. 이 조명장치는 보통 행사장의 맨 뒷부분에 설치되어 있기 때문에 빛의 강도가 강하다.

#### 마) 조명조절장치(Light Control Box)

하우스 조명조절장치는 행사장이 잘 보이는 위치인 음향실이나 조명실 내에 설치되어 있으나, 외부에서 임대된 음향조절장치는 행사장 맨 뒤의 무대 위 콘솔에 설치하여 사용한다. 조도를 조절하는 디머 컨트롤(dimmer control)이나 무대조명의 밸런스 시스템의 작동이 주기능이다.

## 3) 기자재

### (1) 연단(Podium)

메인연단과 사회자연단이 있으며, 보통 연단의 높이는 120cm이고, 메인연단이 사회자연단보다 폭이 넓다. 호텔의 로고를 대신하여 주최자가 주최단체를 상징하는 로고물을 제작하여 사용하도록 배려할 수도 있다. 연단에는 마이크가 설치되고, 높낮이를 조절할 수 있어야 하며, 원고를 쉽게 볼 수 있는 공간과 각도가 요구된다. 연사를 위한 물과 컵을 올려놓을 공간도 필요하다.

### (2) 국기(Flag)

연회장에서 사용되는 국기는 벽부착용과 스탠딩용 및 바텐(batten)용이 있다. 벽부착용은 가로형과 세로형이 있고, 가로형은 보통의 국기를 가로로 게시한 것이며, 세로형은 연회 벽에 세로로 길게 부착한 것이다. 세로형은 국제적인 행사나 경축행사에 도로의 국기게양대에 부착된다. 스탠딩용은 연회장 바닥이나 단상 위에 삼각대나 봉을 이용하여 세울 수 있도록 제작된 것이다. 테이블용은 47 cm로 작은 깃대에 매어 회의 테이블 위에 올려놓고 사용한다. 바텐용은 연회장 천장에 매달아 사용하는 것으로, 보통 시상식 때 활용된다.

국기게양방법은 각 나라별로 약간의 차이가 있다. 우리나라는 행정안전부의 의전편람에서 태극기의 제작과 게양방법에 대해 규정하고 있다. 의전편람의 규정은 우리나라 안에서만 적용되기 때문에 외국국기의 경우 상대국과 사전에 협의를 거쳐 게양하게 된다.

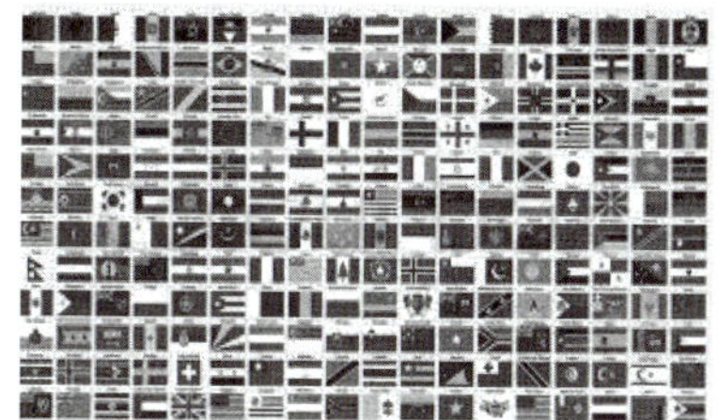

### (3) 플립차트(Flip Chart)

회의의 조별 과제를 발표할 때 혹은 기업체에서 새로운 아이디어 창출을 도출하기 위한 브레인스토밍 등에 사용하는 물품으로, 필기도구가 필요하다. 요즈음에는 전자식 플립차트(스마트보드)가 개발되어 사용되고 있다.

### (4) 화이트보드(White Board)

강사가 칠판에 필기를 하며 설명하려고 할 때 쓰이며, 지우개와 마카펜이 준비된다. 최근에는 플립차트와 겸용으로 할 수 있는 제품이 사용된다.

### (5) 스크린(Screen)

스크린은 설명회 용도로 많이 사용되지만, 화상도의 발달로 생중계용도로도 활용된다. 전동식 스크린이 설치되어 있지 않은 곳은 이동용 스크린을 설치하여 사용된다. 규격은 비교적 작은 80인치에서 초대형 500인치까지 다양하다.

### (6) 피아노(Piano)

호텔에 비치된 피아노는 그랜드 피아노와 업라이트 피아노(upright piano)가 있다. 피아노를 사용할 경우 행사 전에 조율이 되어야 한다. 특히 성악이나 피아노연주가 메인으로 사용되는 경우에는 필수적이다. 피아노를 이동할 경우에는 손상이 가지 않도록 조심스럽게 다루어야 한다.

### (7) 드라이아이스기계(Dry Ice Machine)

결혼식에서 신부가 입장할 때와 패션쇼를 진행할 때, 혹은 기업행사에서 신제품 출시회(발표회)를 할 때 신비로운 분위기 연출용으로 사용된다.

### (8) 병풍(Folding Screen)

병풍은 무대의 주빈석 뒷 배경으로 할 경우와 행사장내 일부 구간을 가리고자 할 경우, 행사장을 구분할 경우에도 다양하게 이용된다. 보통 회갑연이나 약혼식에는 학이나 봉황 그림이 새겨진 자수병풍이 이용된다. 산수화가 새겨진 병풍은 의전용으로 사용된다. 이외에 그림이 없는 무지병풍은 심플하면서도 가격도 저렴하여 최근에 인기 있는 품목이다. 병풍의 크기는 기본 8폭에서 최대 12폭까지 있으며, 높이는 160cm · 182cm · 203cm가 있다.

### (9) 테이블번호판(Table Number Stand)

연회행사 시의 테이블번호판은 대규모 연회행사 시 좌석배치도와 함께 쓰인다. 참석자가 앉을 테이블에 번호판을 올려놓아 쉽게 찾을 수 있도록 해놓은 표시판이다.

### (10) 행사안내문(Sign Board)

행사의 안내문은 행사장, 로비, 엘리베이터 홀 등 고객들이 쉽게 알아볼 수 있는 곳에 설치한다. 최근에는 빌트인 사인보드가 일반화되고 있다. 빌트인 사인보드에는 다양한 그림 파일을 사용하여 참가자들의 시선을 집중시킬 수 있게 하고 있다.

## 04 린넨류

연회용으로 쓰이는 린넨(linen)으로는 테이블 클로스, 언더 클로스, 톱 클로스, 냅킨 등이 있다. 린넨은 테이블당 6회전을 기준으로 하여 구매하여야 한다. 또한 행사 성격에 따라 다른 분위기를 연출해야 하므로 여러 색상의 린넨을 보유하는 것이 효과적이다.

### 1) 테이블 클로스(Table Cloth)

테이블 클로스는 식탁의 청결함을 나타낼 수 있도록 하는 것이 원칙이다. 재질로는 면직류나 마직류로 만든 흰색 테이블 클로스가 일반적이지만, 최근에는 품격 있는 연회를 위한 클로스의 연출이 요구되고 있다. 테이블 클로스는 호텔마다 약간

의 차이는 있지만, 테이블의 규격에 맞추어 제작하여야 하고, 테이블 클로스도 기본적으로는 테이블의 종류와 같이 직사각형·정사각형·원형 테이블용 3가지로 제작되며, 크기와 색상이 다른 것을 다양하게 준비하여 행사의 성격에 따라 활용한다.

### 2) 언더 클로스와 톱 클로스(Under Cloth, Top Cloth)

언더 클로스는 테이블 클로스의 수명연장과 식탁에 식기나 기물을 놓을 때 소리가 나지 않도록 테이블 클로스 밑에 깔아서 촉감을 부드럽게 하기 위해 사용되는데, 사일런스 클로스(silence cloth)라고도 한다. 또한 모양과 크기가 다른 테이블 클로스를 2겹으로 깔아 매우 화려하고 고급스러운 분위기를 연출하기도 한다. 테이블 클로스 위에 펴는 클로스를 톱 클로스라고 한다.

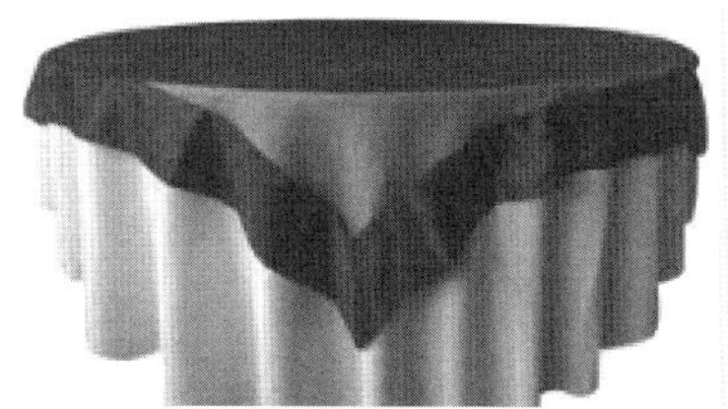

### 3) 냅킨(Napkin)

냅킨은 식사 중에 입가를 닦거나 옷이 음식으로 인해 더러워지는 것을 방지하기 위해 무릎 위에 놓고 사용하는 천으로, 주로 면이나 마로 제작한다. 규격은 세로 52~55cm의 정사각형 모양이 일반적이며, 흰색을 주로 사용하나 행사에 따라 여러 종류의 색깔을 사용한다.

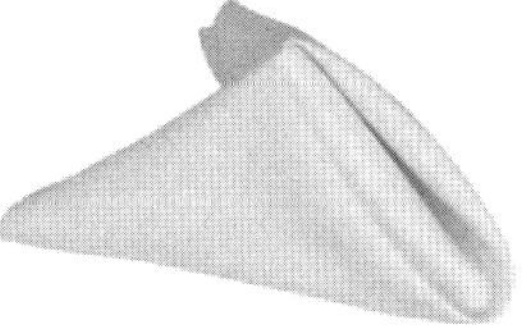

### 4) 암 타월(Arm Towel)

식음료를 서비스할 때 팔에 걸고 다니므로, 일명 웨이터 타월(waiter towel)이라고도 한다. 식음료를 서비스를 할 때 실수로 문제가 발생될 경우 재빠르게 조치할 수 있는 휴대용 타월이다. 호텔에 따라서는 냅킨을 혼용하여 사용한다.

### 5) 드레이프스(Drapes)

드레이프스는 테이블 테두리를 따라 두루는 주름진 천으로, 일명 테이블 스커트라고도 한다. 리셉션 데스크나 뷔페식 연회에서 음식 테이블을 돌려 치는 용도로, 다양한 색상으로 화려함과 청결함을 연출한다. 테이블용 테이블 높이와 같이 750cm가 기준이며, 이동식 스테이지(moveable stage)용으로는 높이에 따라 20cm · 40cm · 80cm의 드레이프스 종류가 있다.

### 6) 미팅 클로스(Meeting Cloth)

보통 그린 클로스라고 하며, 무늬가 없고 촉감이 부드러운 천(felt)으로 만든다. 회의 및 리셉션 등에 널리 사용되며, 최근에는 다양한 색상과 디자인의 미팅 클로스를 사용하고 있다.

### 7) 의자 커버(Chair Cover)

연회장의 스태킹 체어(stacking chair)는 사용빈도가 높아 빨리 닳고 쉽게 더러워지는데, 이를 방지하기 위해 사용해오다 다양한 컬러가 출시되면서 지금은 테이블 연출용으로 발전해왔다. 의자 커버의 선택은 테이블 린넨과 조화롭게 준비하는 것이 좋다.

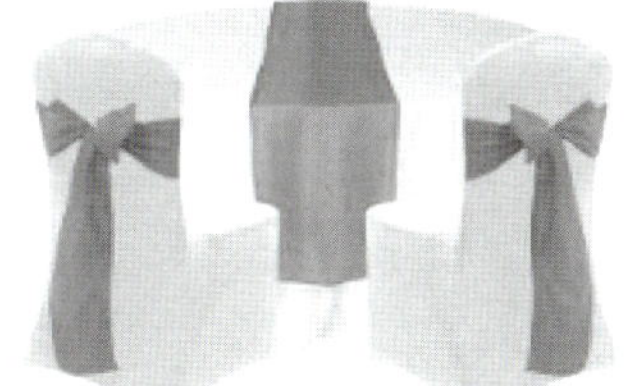
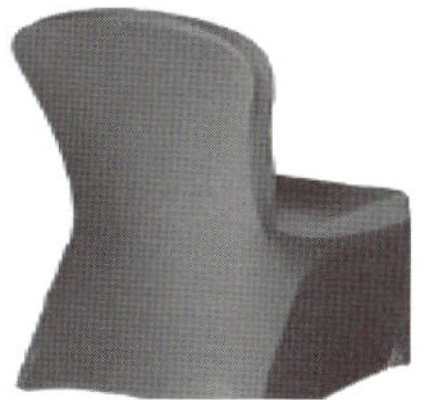

## 05 집기 · 비품

### 1) 연회식기용 집기

호텔의 연회장에서 사용되는 식기용 집기류에는 포크와 나이프 및 스푼과 같은 실버웨어(silverware)와 접시류의 차이나웨어(chinaware) 및 와인잔이나 워터 고블릿 등의 글라스웨어(glassware)가 있다. 이외에 음식을 서빙하기 위한 서빙 스푼과 서빙 포크 등이 있다.

[그림 6-1] **연회식기용 집기**

[실버류(Silverware)]

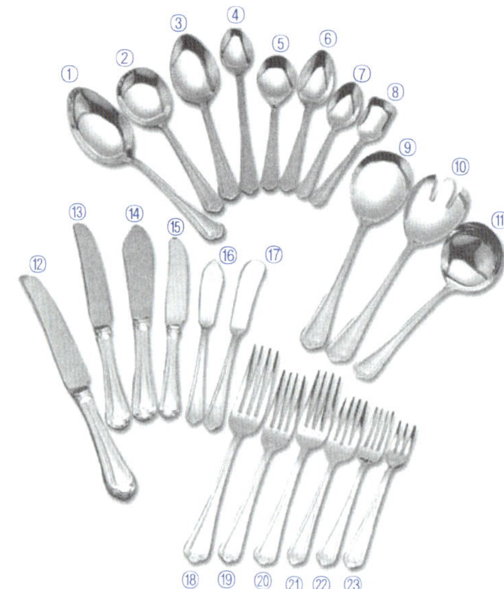

① Table Spoon
② Soup Spoon
③ Dessert Spoon
④ Ice Tea Spoon
⑤ Bouillon Spoon
⑥ Tea or Coffee Spoon
⑦ Demitasse Spoon
⑧ Ice Cream Spoon
⑨ Serving Spoon
⑩ Serving Fork
⑪ Sauce Laddle
⑫ Table Knife
⑬ Dessert Knife
⑭ Fish Knife
⑮ Fruit Knife
⑯ Butter Knife
⑰ Butter Spread
⑱ Table Fork
⑲ Fish Fork
⑳ Dessert Fork
㉑ Salad Fork
㉒ Fruit Fork
㉓ Cocktail Fork

[칵테일 기물(Cocktail Utensil)]

① Ice Pail
② Ice Bucket
③ Cocktail Strainer
④ Cocktail Shakek(L,S)
⑤ Zigger Cup
⑥ Bar Spoon

[수프 기물(Soup Tureen)]

10 Person
6 Person
4 Person

[소스 보트(Sauce Boat)]

[카스터 세트(Caster Set)]

[와인 쿨러(Wine Cooler)]

[피처(Pitcher)]

① Watter Pitcher
② Coffer Pot
③ Tea Pot
④ Suger Bowl
⑤ Milk Pitcher

[전기 수프용기(Electric Soup Urn)]

[알코올 수프용기(Soup Urn)]

[펀치볼(Punch Bowl)]

[사각 쉐핑디쉬(Chafing Dish Oblong)]

[원형 쉐핑디쉬(Chafing Dish Round)]

[케이크 스탠드(Cake Stand)]

[타원형 플래터(Oval Platter)]

[원형 플래터(Round Platter)]

[사각거울 트레이(Mirror Tray Oblong)]

[직사각형 플래터(Oblong Platter)]

[원형 플래터(Round Platter)]

[중국식 플래터(Chinese Platter)]

### 2) 행사장 입구의 집기

일반적으로 연회장 입구에는 참석자의 안내를 돕는 리셉션 데스크가 설치된다. 이곳에서는 참석자들을 맞이하고 행사참석 여부를 파악하며 행사장 내 좌석안내 등을 도와주는 역할을 하게 된다. 리셉션 데스크에는 주로 다음과 같은 준비물이 필요하지만, 대규모 세미나를 동반하는 행사에는 전용등록대가 마련되어 사전등록과 현장등록을 구분하여 준비된다.

#### (1) 방명록과 사인펜(Guest Book & Sign Pen)

행사참석자들의 사인을 받을 수 있도록 방명록과 펜을 준비한다.

### (2) 명함볼(Business Card Bowl)

행사 참석자들의 명함을 받는 도구로, 투명한 유리볼이 주로 사용된다.

### (3) 명찰(Name Card)

행사를 개최한 주최 측에서는 참석자를 위한 배려측면에서 참석자의 소속과 이름 및 직함을 기재한 명찰을 준비한다. 참석자들의 명찰을 쉽게 찾을 수 있도록 가나다 순 혹은 ABC순으로 배열하는 것이 좋다.

### (4) 추첨함(Lottery Box)

각종 행사의 능동적인 참여를 유도하고 분위기를 고조시키고자 주최자가 추첨함을 준비한다.

### (5) 레드 카펫(Red Carpet)

레드 카펫은 연회장 입구에서 의전용으로 사용되기도 하나, 조립식 무대 위를 장식하기도 한다. 입구용으로는 폭 1.5×6~8m 크기가 있다. 조립식 무대의 크기에 따라 카펫의 종류가 다르다.

CHAPTER 07

# 연회상품

연회행사의 주요 구성상품으로는 초청한 참석자들에게 제공하는 음식과 음료상품이 있으며, 화사한 행사장 분위기를 연출하는 꽃장식・얼음조각 등의 장식상품과 행사에 부수적으로 필요한 기자재・연출장비 등의 기타상품으로 구분할 수 있는데, 구체적인 내용은 다음과 같다.

## 01 식료상품

연회행사의 식사만족도 제고를 위해 사전에 메뉴를 선정하고, 메뉴선정 시 예산에 따라 2~3가지 가격대의 메뉴종류를 고객에게 제시한다. 고객이 특별메뉴 구성을 희망할 시는 주방장과 협의하여 선정하며, 메뉴는 식사인원 수를 고려하여 조리와 서빙이 원활한 메뉴를 선정하여 제시한다.

### 1) 연회 메뉴의 중요성

연회가 어떤 축하할 행사를 위하여 여러 사람들을 초대하여 격식을 갖춘 식사를 제공하며 함께 즐기는 일이라고 할 때, 연회메뉴는 그러한 연회에 제공되는 음식의 종류를 기술한 표라고 할 수 있다.

연회 서비스에 있어서는 음식과 음료의 구성이 필수적인데, 음식은 연회행사 성공 여부의 척도가 된다. 아무리 연출이 좋은 행사라도 연회에서 제공되는 음식의 질과 맛이 좋지 않다면 연회참석자들의 연회 전반에 대한 만족도가 떨어지게 될 것이며, 이로 인해 연회 주최자의 재이용과 신규고객 창출의 저해요인으로 작용하여 호텔에 대한 이미지를 손상케 하게 되고, 매출신장에도 부정적으로 작용하게 될 것이다. 메뉴기획을 할 때에는 음식의 조리방법·서비스방법에 대한 전반적인 지식이 요구되는 것으로 각종 음식에 대한 이해와 더불어 영양가에 대한 지식 및 디자인·색상감각 등의 예술적인 지식과 메뉴관리에 대한 지식을 필요로 한다.

### 2) 연회 메뉴의 종류

연회장에서 음식제공은 사전주문에 의해서 이루어지기 때문에 호텔 내 식음료영업장에서 취급하는 대부분의 메뉴를 판매를 할 수 있으나 주방 시스템과 조리사 및 채산성을 고려하여 연회행사에 사용되는 별도의 메뉴를 준비하고 있다. 연회 메뉴는 고객의 선택이 용이하도록 음식종류별로 등급화하 되어 있고, 대량인원에게 동일한 메뉴를 신속하게 제공하여야 하므로 세트화 하여 판매하고 있다. 연회 메뉴는 신축성이 강하여 고객과의 상담을 통하여 별도의 메뉴를 구성할 수 있으며, 사전주문에 의하여 종교적 금기음식이나 채식주의자들을 위한 음식도 준비할 수 있다. 연회에서 제공되는 메뉴의 종류를 시간에 따라 구분할 수 있다.

#### (1) 제공시간에 따른 연회 메뉴

##### 가) 조찬 메뉴(Breakfast Menu)

아침 메뉴의 특징은 아침식사와 함께 간단한 행사나 미팅 또는 세미나를 위한 것이다. 아침에 제공되는 메뉴는 한국식 조식, 일본식 조식, 서양식 조식, 그리고 조식 뷔페 등이 제공되며, 최근에는 가벼운 건강식 음식을 찾는 고객들을 위한 건강식 메뉴도 별도로 준비하기도 한다.

**콘티넨탈 조찬**(Continental Breakfast) 일명 대륙식 조찬으로 지중해 지역의 유럽국가들이 전통적으로 가볍게 먹는 아침식사로 주스, 토스트나 모닝패스트리, 그리고 커피로 구성되어 있는 가벼운 아침식사이다.

**미국식 조찬**(American Breakfast) 미국식 조찬요리로 주스, 토스트, 베이컨이나 햄 또는 소시지와 함께 제공되는 계란요리, 시리얼, 우유, 커피 등이 제공되며, 최근에는 요거트, 신선한 과일 등을 포함시키는 경우도 있다.

**한식조찬**(Korean Breakfast) 한식조찬 메뉴는 주로 한국인 단체고객들에게 제공되는데, 전복죽 정식, 밥과 국, 반찬을 중심으로 생선구이 등을 제공하는 조식정찬 메뉴가 있다.

**일식조찬**(Japanese Breakfast Menu) 일식조찬은 주로 호텔에 투숙한 일본인단체를 위해 제공되는 경우가 많다. 밥과 된장국을 중심으로 절임요리, 삶은 요리, 김, 구이요리, 조림요리, 과일 등이 제공된다. 특별한 경우가 아니면 한 쟁반에 음식을 모두 담아 개인별로 제공된다.

**조식 뷔페**(Breakfast Buffet) 조식 뷔페는 미국식 조찬에서 제공되는 다양한 음식을 뷔페 테이블에 진열해둔다. 그러나 우리나라를 포함한 아시아권에서는 자국의 음식을 포함시키고 있는데, 한국에서는 한식 외에도 중식과 일식 요리가 포함되어 요리종류가 다양하다는 특징을 가지고 있다. 주로 세미나에 참석하거나 컨벤션에 참석하는 40명 이상의 단체고객들에게 제공하고 있으며, 셀프서비스로 식사를 하게 된다.

### 나) 오찬과 만찬 메뉴(Luncheon, Dinner Menu)

오찬은 주로 세미나 · 간담회 · 회의 · 컨퍼런스 등에 참석하는 고객들을 위하여 제공하는 식사이므로 시간적 여유가 많이 없기 때문에 신속히 식사를 할 수 있도록 만찬보다는 코스가 짧은 3~4코스의 가벼운 세트 메뉴나 뷔페 메뉴가 주종을 이룬다. 대규모 단체행사에서 장소나 식사시간의 제약으로 인하여 일식 도시락(box lunch)을 제공하는 사례가 늘고 있으나, 특히 여름철에는 회와 초밥 등이 들어 있는 도시락은 위험에 노출되지 않도록 하는 각별한 위생관리가 필요하다. 따라서 200명 이상의 연회고객들에게 음식을 제공하는 행사인 경우에는 도시락을 사용하지 않는 것이 바람직할 것이다. 또한 일반적으로 200명 이상의 대형 행사에서는 음식의 질 유지와 신속한 서비스 제공을 위하여 중식・한식・일식의 세트 메뉴는 지양하고 양식의 세트 메뉴를 선택하는 것이 바람직할 것이다.

만찬행사는 VIP들이 참석하는 격식 있는 행사가 이루어지고 공연관람과 함께 식사할 수 있는 시간적 여유가 충분이 있으므로, 제공되는 메뉴 또한 격식을 갖추어 요리의 코스도 점심 메뉴보다 길며, 고급스러운 메뉴가 제공된다. 저녁 메뉴로는 한식・중식・일식・양식의 세트 메뉴 외 퓨전 세트 메뉴, 그리고 뷔페 메뉴가 제공된다. 저녁 세트메뉴의 코스로는 과거에는 9코스 이상의 음식이 제공되기도 하였으나 최근에는 7코스 정도의 세트 메뉴가 일반적이다.

### (2) 정찬 메뉴

정찬요리는 일반적으로 프랑스요리를 기반으로 구성되어 온 것이 일반적이다. 이러한 프랑스요리는 호텔산업의 발달과 함께 오늘에 이르게 되었다. 오늘날 전 세계적으로 메뉴를 프랑스어로 표기하는 이유는 프랑스요리가 세계적인 명성을 가지고 있기 때문이다. 일반적으로 국내 특급호텔에서 가장 많이 제공되는 정찬 메뉴는 양식의 세트 메뉴이고 가장 많이 제공되는 메뉴는 5~7코스의 메뉴가 일반적이다.

5코스 메뉴는 애피타이저(appetizer), 수프(soup), 주요리(main dish), 샐러드(salad), 디저트(dessert), 커피 또는 차(coffee or tea)로 구성되어 있으며, 7코스는 애피타이저(appetizer), 수프(soup), 생선요리(fish), 셔벗(sherbet), 주요리(main dish), 샐러드(salad), 치즈(cheese), 디저트(dessert), 커피 또는 차(coffee or tea), 생과자(praline)로 구성되어 있다. 코스별 메뉴 구성을 살펴보면 다음과 같다.

### 가) 전채요리(Appetizer: Hors d'Oeuvre)

전채요리는 식사순서에 제일 먼저 제공되는 요리로서 프랑스어로는 오드블(hors d'oeuvre)라고 하고, 영어로는 "Appetizer"라고 불리어진다. 이 요리는 본 요리를 더욱 맛있게 먹을 수 있도록 식욕을 돋워 주기 위한 목적으로 제공되는 요리이기 때문에 모양이 좋고 맛이 있어야 하며, 특히 자극적인 짠맛이나 신맛이 있어 위액의 분비를 왕성하게 해야 하고, 분량이 적어야 한다.

전채는 찬 전채요리와 더운 전채요리로 구분할 수 있다.

### 나) 수프(Soup: Potage)

수프는 일반적으로 육류・생선・닭 등의 고기나 뼈를 야채와 향료를 섞어서 장시간동안 끓여 낸 국물, 즉 스톡에 각종 재료를 가미하여 만든다.

수프의 종류는 뜨거운 수프(hot soup)와 찬 수프(cold soup)로 나누며, 농도에 따라 맑은 수프(clear soup)와 걸쭉한 수프(thick soup)로 나눈다. 맑은 수프에는 생선・비프・치킨 콘소메가 있고, 진한 수프에는 크림수프・퓨레스프・차우더・비스크종류가 있다.

### 다) 생선(Fish)

정식 메뉴를 서브할 때 생선요리는 육류요리를 서브하기 전에 소량이 제공되는데, 최근에는 생선요리가 주요리로 제공되기도 한다. 생선요리를 제공하기 전에 화이트 와인을 서브하고 난 후 생선을 제공한다. 생선은 육류보다 섬유질이 연하고 맛이 담백하며 열량이 적은데, 요리로 제공되는 생선요리는 바다생선・민물생선・조개류・갑각류・연체류 등이 있다. 연회에서 주로 사용하는 생선요리 중 바다생선은 대구・참치・장어・도미・광어・혀가자미・메로 등이 있으며, 민물생선으로는 농어・연어 및 개구리 다리, 갑각류로는 게・가재・바닷가재・새우 등이 있다. 패류는 굴・홍합・대합・관자・달팽이요리가 있다.

### 라) 셔벗

셔벗은 주요리를 먹기 전에 제공되는 얼음과자이다. 셔벗은 이전 코스까지 먹었던 음식들로 인해 입 안에 남아 있는 기름기를 깨끗하게 씻어 주어 주요리의 고유한 맛을 즐길 수 있도록 하기 위해 제공되는 것이다. 셔벗의 주재료는 과즙과 알코올·물·설탕 및 계란 흰자위 등이 사용되는데, 셔벗종류로는 레몬·오렌지·인삼·멜론·키위·딸기·라즈베리 셔벗 및 샴페인·페퍼민트 셔벗 등이 제공된다.

### 마) 주요리(Main dish)

우리나라에서는 일반적으로 연회장에서 주요리로 사용되는 육류는 대부분 쇠고기이며, 간혹 양 갈비구이가 제공되기도 한다. 쇠고기 중에서는 안심 스테이크가 가장 선호도가 높고, 립 아이나 스트립 로인과 같은 등심 스테이크가 제공된다. 대규모 연회인 경우, 스테이크 굽기 정도는 참가자 그룹의 특성에 따라 미디엄이나 미디엄 웰던으로 통일해서 서빙하는 것이 일반적이다.

### 바) 샐러드(Salad)

샐러드는 지방분이 많은 주요리의 소화를 돕고 비타민 A·C 등 필수 비타민과 미네랄이 함유되어 건강의 균형을 유지시켜 주는데 좋은 역할을 하고 있다. 샐러드는 산성의 육류와 함께 곁들여 먹음으로써 육류의 느끼함을 감소시켜 준다. 연회에서 제공되는 샐러드 종류로는 그린 샐러드 모둠(mixed green salad)이나 시저 샐러드(Caesar's salad) 또는 엔다이브 샐러드(endive salad) 등이 제공된다. 함께 제공되는 드레싱으로는 다우즌 아일랜드(1,000 Islands), 프렌치(French), 이탈리안(Italian) 드레싱 등이 있다.

### 사) 치즈(Cheese)

서양사람들의 만찬에서는 주요리를 마치면 치즈 코스를 즐기는데, 치즈의 질감에 따라 경질 치즈, 반경질 치즈, 연질 치즈 등으로 구분할 수 있다. 연질 치즈로는 까망베르 · 브리 · 크림 · 코타지 치즈, 반경질 치즈로는 문스터 · 콜비 · 블루(로크포트 · 스틸튼 · 고르곤졸라) 치즈가 유명하다. 경질 치즈에는 체다 · 파미산 · 고다 · 에담 치즈 등이 있다.

### 아) 디저트(Dessert)

디저트는 식사의 마지막을 장식하는 감미요리로서 시각적으로 구미가 당기게 화려한 모양으로 만들어지며, 지나치게 달거나 기름지지 않고 산뜻한 맛을 주는 것이 특징이다. 주요리를 먹고 난 후 그동안 먹었던 음식들의 소화작용을 촉진하고 입 안에 남아 있는 느끼한 맛의 지방을 제거하여 입맛을 개운하게 해주는 역할을 한다. 주요리까지 먹게 되면 포만감을 느끼기 때문에 디저트는 소량으로 준비하고 단맛의 과일류나 케이크류 등이 제공된다. 서양사람들은 정식을 구성할 때, 디저트에 큰 비중을 두고 있다.

### 자) 커피 또는 홍차(Coffee or Tea)

디저트가 제공되고 난 후 커피나 차를 제공하게 되는데, 일반적으로는 레귤러 커피를 제공하지만, 에스프레소나 디카페인 커피를 찾는 경우와 홍차 · 녹차 등을 원하는 고객이 있을 수 있으니, 사전에 준비해두는 것이 바람직하다.

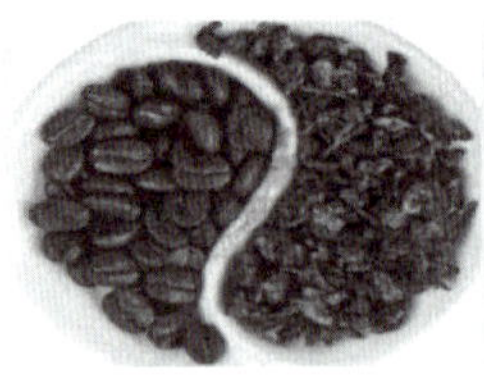

[그림 7-1] **정찬 메뉴 구성사례**

▮양식

Western Set Menu

Halibut Carpaccio, Baby Greens, Green Olive,
Cherry Tomato, Lemon Vinaigrette
광어 카르파치오, 어린 잎 샐러드, 그린 올리브, 체리 토마토, 레몬 비네그레트

*

Sweet Potato Cream Soup
고구마 크림 수프(육수: 국내산 닭뼈)

*

Oven Baked Fresh Oyster, Lemon, Béarnaise
오븐에서 구운 신선한 굴, 레몬, 베어네이즈

*

Mandarin Sorbet
귤 소르베

*

Australian Wagyu Beef, Tenderloin,
Seasonal Vegetables, Mushroom Cream Sauce
호주산 안심 스테이크, 계절야채, 버섯 크림 소스

*

Apple Strudel, Vanilla Ice Cream
사과 슈트루델, 바닐라 아이스크림

*

Coffee or Tea
커피 또는 차

▮ 중식

## Chinese Set Menu

특색 전채

特色前菜 / Special Assorted Cold Dishes

*

아보카도 해물 수프

油果海鮮羹 / Seafood and Avocado Soup

*

해삼 관자

海蔘干貝 / Braised Sea Cucumber and Scallop

*

X.O 소스 중새우

醬蝦救 / Fried Shrimp with X.O Sauce

*

탕수육(소고기: 국내산 한우)

糖醋韓牛肉 / Fried Beef with Sweet and Sour Sauce

*

계절야채 볶음

當天炒時菜 / Sauteed Seasonal Vegetable

*

진지(쌀: 국내산)

食事 / Chinese Noodles or Fried Rice

*

후식

甜品 / Special Desserts

**▮ 일식**

## Japanese Set Menu

우니를 곁들인 미소 소스의 부리 치즈
雲丹と味噌ソ\ースのブリーチーズ
Sea Urchin and Brie Cheese with Soybean Paste Sauce

*

복 껍질 샐러드 ふぐ皮のサラダ
Blowfish Skin Salad

*

프리미엄 모둠생선회 国内市場直送の刺身盛り合わせ
Assorted Premium Sashimi Fresh from Local Fish Markets

*

대구 시라꼬 춘권말이 たら白子の春巻き
Spring Roll with Cod Fish Milt

*

송로버섯과 가리비 스테이크 トリュフと帆立貝のステーキ
Truffle and Scallop Steak

*

금태 돌솥밥 金目鯛炊き込みご飯
Clay Pot Rice Cooked with Gold Fish

*

야끼 모찌 焼きもち
Grilled Rice Cake

■ 한식

Korean Set Menu

식전 먹거리
餐前小吃

*

궁중찬 3종과 육면
三种小菜和鲜肉面

*

여러 가지 해산물을 곁들인 바다의 맛
由各种海鲜组成的来自海洋的美味

*

석류탕과 해물장떡(쇠고기-국내산 한우)
韩式宫廷饺子汤和海鲜酱饼

*

표고아귀찜
香菇炖鮟鱇鱼

*

한우등심과 안심구이(쇠고기-국내산 한우)
烤韩牛外脊肉和烤里脊

*

진지와 생선구이, 순두부찌개 또는 잔치국수
米饭和烤鱼辣味嫩豆腐汤或宴会面

*

후식
饭后甜品

### (3) 뷔페 메뉴(Buffet Menu)

뷔페는 격식을 갖추는 정찬과 달리 편안하고 부담 없이 손님을 접대할 수 있는 방법이다. 초청하는 사람이나 초대받는 사람이 모두 가벼운 기분으로 식사를 즐길 수 있고, 자신이 직접 음식을 덜어다 먹기 때문에 자기가 선호하는 음식을 마음껏 가져다 먹을 수 있는 장점이 있다. 최근 호텔에서 개최되는 기업이나 단체행사 시나 가족모임 연회를 개최하는 경우 뷔페식으로 제공하는 경우가 많다. 뷔페는 형식에 따라 좌식 뷔페(sit-down buffet, seating buffet), 스탠딩 뷔페(standing buffet), 칵테일 뷔페(cocktail buffet)로 나뉜다.

뷔페음식을 가져다 먹을 때에는 정찬의 코스처럼 전채 · 수프 · 생선 · 육류 · 디저트 순으로 가져다 먹는 것이 음식의 맛을 즐길 수 있으며, 뷔페 테이블에서 음식을 접시에 담을 때에는 시계도는 방향으로 돌면서 차례대로 조금씩 접시에 담아 먹을 만큼만 덜어서 있게 먹는 것이 바람직하다.

#### 가) 좌식 뷔페

좌식 뷔페는 연회행사 주최 측에서 사전에 개런티 인원을 정해주고 그 인원에 맞는 양만큼 음식을 준비하여 제공하는 폐쇄형 뷔페와 상설 뷔페 레스토랑과 같이 먹는 인원수만큼 음식값을 지불하는 개방형 뷔페가 있다. 일반적으로 호텔 연회장에서는 폐쇄형 뷔페로 제공되는 것이 보통이지만, 미리 개런티 인원을 정해놓고 오픈 뷔페로 제공되는 경우가 종종 있다. 이는 일정한 개런티를 설정해놓고 추가로 지불하는 형태를 취하는 것으로, 참석고객 수를 정확하게 예측하기 어려운 결혼식 행사 등에서 주로 응용되고 있다.

이러한 좌식 뷔페는 먼저 참석한 고객이 모두 앉을 만한 테이블과 의자를 세팅해 놓아야 하고, 포크 · 나이프 · 스푼 · 음료잔 등을 테이블에 세팅해 놓아야 한다. 그리고 주방에서 조리사들이 솜씨를 다하여 화려하게 준비한 음식들을 뷔페 테이블에 장식한다. 또한 특별 메뉴나 카빙요리와 생선초밥을 만들어 제공하는 생선초

밥코너 등에 조리사들이 직접 나와 서비스를 제공한다.

#### 나) 입식 뷔페(Standing Buffet)

스탠딩 뷔페는 서서 먹기 때문에 식사 테이블을 필요로 하지 않는다. 따라서 서서 먹기에 편리한 음식과 포크를 준비하여야 한다. 메뉴의 구성은 좌식 뷔페와 비슷하지만 연회참가자들이 서로 담소를 나누며 음료와 함께 작은 접시에 음식을 덜어서 먹을 수 있도록 한 입에 먹을 수 있는 크기의 화려한 색상과 매력적인 형태의 음식으로 구성하는 것이 특징이다. 칵테일 리셉션이 안주 위주의 요리를 갖추었다면, 스탠딩 뷔페는 식사 위주의 음식으로 구성되어 있다.

### (4) 칵테일 리셉션

리셉션은 정찬을 앞두고 참석자끼리 담소를 나누며 가볍게 먹을 수 있는 음식과 음료로 구성된 만찬 전 리셉션(pre-dinner reception)과 리셉션 자체가 하나의 행사인 풀 리셉션(full reception)으로 구분된다.

#### 가) 만찬 전 리셉션

정찬에 앞서 리셉션을 개최하는 목적은 일정시간에 이르기까지 고객들이 서로 모여서 교제할 수 있도록 배려하는 데 있고, 이것은 다과와 같이 한 입에 먹을 수 있는 크기(bite size)의 간단한 음식을 제공하는 것이 통례이다.

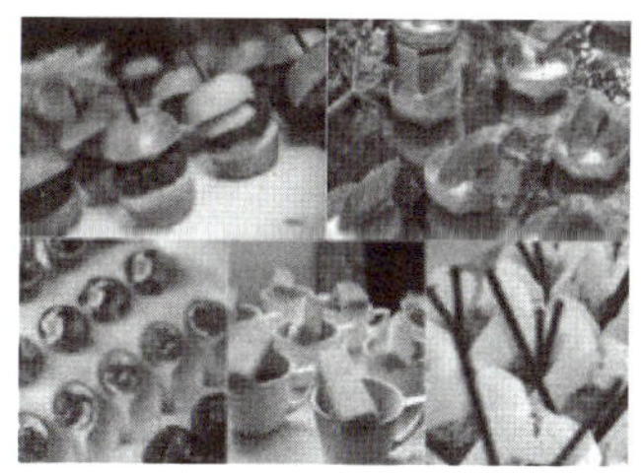

### 나) 풀 리셉션

대규모 신제품발표회나 후원회·창립식 등과 같은 경우 스탠딩으로 기념식과 식사를 하는 경우가 종종 있다. 이와 같은 경우에는 각계각층의 많은 주요 인사들을 만찬보다는 짧은 시간의 행사에 초대하고자 할 때 주로 이용한다. 풀 리셉션은 이러한 경우에 가장 적합한 행사 메뉴이다. 스탠딩 뷔페 형태를 취하고 담소를 나누면서 식사가 가능하도록 메뉴가 구성된다. 풀 리셉션은 말 그대로 리셉션만 베풀어지는 행사이므로 보통 2시간 정도 진행되며, 제공되는 음식은 대체적으로 카나페, 샌드위치, 커틀릿, 치즈, 약간의 육류 등의 한입거리 음식으로 준비하여 만찬 전 리셉션의 음식보다는 내용이 더 실속이 있어야 한다.

## 02 음료상품

각종 연회에서는 행사의 성격과 예산 및 참가자에 따라 적합한 음료가 추천된다. 이러한 연회행사에 제공될 수 있는 음료는 그 종류만도 수없이 다양하다. 그러나 한정된 시간 내에 많은 고객들에게 동시에 제공되어야 하기 때문에 식전에 제공되는 연회음료는 대체로 식욕을 촉진시킬 수 있는 칵테일과 와인 및 소프트음료를 포함한 10여 가지 종류 내에서 음료가 준비되어진다. 식사 중에는 식사코스와 어울리는 와인이 한 가지에서 많게는 세 가지 이상의 종류가 각 코스별로 준비된다. 그리고 식후에는 커피와 차 종류가 제공되지만, 경우에 따라서는 브랜디·리큐르 등 식후주가 제공된다. 건배주로는 주로 샴페인이 제공된다.

### 1) 바 운영형태 협의

연회행사의 성격 및 특성에 따라 음료의 종류와 수량을 협의한 후 주최자와 이동식 바운영형태를 협의한 후 바를 설치하는데, 음료대금 지불방식에 따라 오픈바 및 현금바와 쿠폰바로 구분한다.

#### (1) 오픈바 또는 호스트바(Open Bar or Hosted Bar)

연회음료 서비스에서 가장 전형적인 유형인 오픈바는 호스트바라고도 한다. 주최 측에서 참가자들에게 무료로 음료를 제공하는 방식으로, 고객이 자유롭게 음료를 마시고 난 후 행사가 종료하면 주최 측이 비용을 계산한다. 오픈바를 운영할 경우에는 프리미엄바 또는 스탠더드바 중 어느 것을 설치할 것인지를 주최 측과 협의하여 정해진 종류의 술과 무알코올음료를 바에 세팅을 하고 바텐더가 조주하여 고객에게 제공한다. 비용계산방식으로는 인원수당 · 잔당 · 병당 소비된 양에 따른 계산방식과 제한소비량 등의 방법이 있다. 일반 칵테일 파티에서 평균 한 시간 동안 1인당 2~2.5잔, 한 시간 반 정도의 시간에는 3~3.5잔 정도의 음료를 소비한다.

#### (2) 현금바(Cash Bar or No-host Bar)

호스트바 다음으로 보편화되어 있는 캐시바는 주최 측에서 참가자들에게 제공하지 않을 때의 선택사항으로 참가자 본인이 원하는 음료를 현금을 지불하고 구매하여 마시는 방법이다. 주로 서양사람들이 회비를 내고 운영되는 클럽행사나 클럽파티 등에 운영된다.

### (3) 쿠폰바 또는 티켓바(Coupon Bar or Ticket Bar)

쿠폰바의 판매관리는 운영담당자가 행사 이전에 미리 쿠폰이나 티켓을 발행하며, 참가자들이 이를 구입하여 술을 주문할 때마다 현금 대신 쿠폰을 바텐더에 주고 주문한 술을 교환하는 방식이다. 티켓은 알코올 종류에 관계없이 같은 금액이 사용될 수 있고, 경우에 따라서는 와인・맥주・증류주・탄산음료 등 종류와 가격에 따라 색깔이 다를 수 있다.

## 2) 연회용 음료

### (1) 식전음료

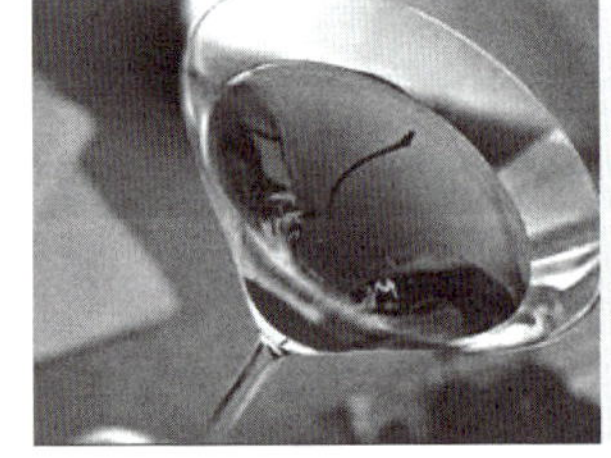

주로 식전 리셉션에 사용되는 음료로는 알코올함유량이 높지 않은 화이트 와인, 샴페인, 레드 와인, 맥주, 캄파리, 뒤보네, 버무스, 주스류, 청량음료, 미네랄 워터 등을 이동식 바에서 제공하거나, 직원들이 트레이에 담아 들고 다니면서 고객들에게 제공하기도 한다.

### (2) 식중음료

식사 시 함께 하는 음료로는 주로 와인을 선택하는 것이 일반적이다. 동문회 행사나 결혼식과 같은 대규모 행사시에는 주로 하우스 와인을 선택하는 경우가 많으나, 중·소규모 행사나 VIP 행사시에는 식사와 어울리는 고급와인을 주천에 의해 선택할 수도 있기 때문에 음료협의 시에는 와인에 대한 깊은 지식을 갖고 적극적으로 식사코스에 어울리는 와인을 추천을 함으로써 매출을 증진하는 데 기여할 수 있다.

일반적으로 건배제의를 할 때는 와인으로 하는 추세에 있으니 잘 활용할 필요가 있다. 중국음식을 할 때에는 고량주·공보가주·수정방 등의 중국술과 함께 하기도 하고, 한식이나 양식을 할 경우에도 스카치위스키나 국산 문배주·복분자주·안동소주 등을 원탁 테이블에 한 병씩 세팅해두고 마시기도 한다.

### (3) 식후음료

일반적으로 식사 시에는 와인이나 기타 중국술·양주·국산주 등으로 진행이 되지만, 체인(chaine des rotisseurs) 디너나 VIP들이 참석하는 특별한 행사인 경우에는 주로 남성들은 코냑이나 알마냑과 같은 향이 좋고 강렬한 식후주를 커피와 함께 즐기고, 여성들은 알코올도수가 조금 낮고 달콤하며 화려한 색상의 리큐르종류를 마시기도 한다.

## 03 장식상품

### 1) 꽃장식

연회장의 꽃장식은 연회의 목적과 성격에 맞게 꽃을 선택하고 장식되어야 하며, 온화하고 화사한 분위기를 조성할 수 있는 꽃을 사용하도록 한다. 꽃 장식은 테이블의 센터피스(centerpiece)로서 분위기를 창출할 뿐만 아니라, 연회장 내를 장식하는데 유용하게 쓰이는 소품이며, 꽃과 함께 사용되는 소품으로 초(candle) 등을 들 수 있는데, 촛불은 로맨틱한 분위기를 연출할 뿐만 아니라 잡냄새를 제거하는 역할을 하기도 한다. 꽃꽂이 외에 화분(plants)도 연회장의 공간을 장식하는 좋은 소품으로 사용되고 있다.

호텔의 연회장에서 사용하는 꽃은 조화를 사용하지 않고 대부분 생화를 사용하는데, 관리와 비용이 소요된다는 점에서 다소 어려운 점이 있다, 꽃꽂이는 연회장에서 신청하면 호텔 내의 플라워숍에서 만들어 제공되지만, 유지 · 관리는 연회장 직원이 담당한다. 꽃장식의 종류와 용도는 다음과 같다.

① 심플 플라워: 꽃병에 한 송이 정도의 꽃을 꼽는 것으로, 보통 식사 테이블에

사용한다.

② 수반원형: 헤드 테이블이나 고급식사 테이블에 사용한다.

③ 사방화: 약혼식 · 고희연 등 헤드 테이블에 사용한다.

④ 꽃바구니: 결혼식 등 무대 주변에 장식한다.

⑤ 특별장식: 결혼식이나 특별히 행사장 데코를 위하여 제작하는 꽃꽂이를 말한다.

#### (2) 꽃장식할 때 유의사항

① 테이블에 놓는 꽃은 테이블에 앉은 고객끼리 상대방을 바라보는 데 지장이 없을 정도의 높이여야 한다.

② 향기가 너무 강한 꽃이나 꽃가루가 떨어질 수 있는 것은 사용하지 않는다.

③ 시든 꽃이나 말린 꽃은 사용하지 않는다.

④ 연회장 직원 중에서 꽃관리담당자를 두어 주기적으로 관리하도록 한다.

### 2) 얼음조각장식

얼음조각(ice sculpture)은 연회장의 장식으로서 행사장의 쾌적한 분위기를 자아내기 위하여 행사를 상징하는 동물과 조류 또는 특별한 형태나 로고 모양을 얼음조각전문가(ice carver)가 조각하는 것으로 보통 행사장에 세팅한다. 주로 칵테일 파티의 진행 시 행사장 중앙이나 뷔페음식 테이블 중앙에 세팅하여 참가자들이 모두 볼 수 있도록 위치시키는 것이 좋다. 행사 제목이나 로고 등을 얼음조각에 넣어 장식하고, 행사의 성격이나 매출규모 등을 고려하여 얼음조각을 무료로 제공하거나 개당 10만 원에서 50만 원 정도 차지하는 경우도 있다.

#### (1) 얼음조각의 모양

일반적으로 연회장에 주로 사용하는 실물모양은 코끼리 · 사자 · 호랑이 · 닭 · 원앙 · 원숭이 · 천사 · 독수리 · 비둘기 · 항공기 · 배 모양 등이 있고, 행사를 상징하는 특별한 조각을 하는 경우도 있으며, 일반적인 얼음조각형태는 〈표 7-1〉과 같다.

〈표 7-1〉 **얼음조각의 형태**

| 행사종류 | 얼음조각형태 | 문구 예 |
|---|---|---|
| 돌잔치 | 천사 | 축 첫돌 |
| 약혼식 | 잉꼬, 봉황, 백조 등 | 축 약혼 |
| 결혼식 | 하트, 잉꼬, 백조 등 | 축 결혼 |
| 고희연 등 수연 | 봉황, 학, 거북이 등 | 축 고희 |
| 창립기념일, 동문회 등 | 독수리, 호랑이, 사자 등 | 축 창립 25주년 기념 |
| 각종 클럽파티 | 용, 말, 인어, 사자, 열대어 등 | 로타리클럽 주최 |

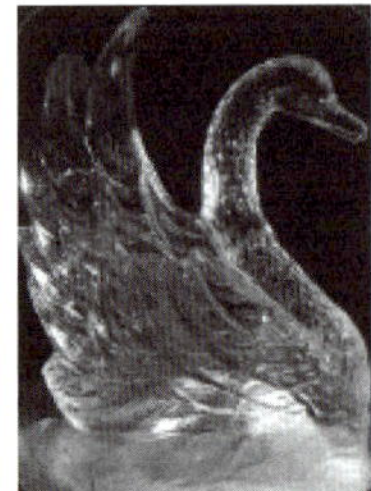

### (2) 행사장 설치 시 주의사항

① 아이스 카빙은 무게를 지탱할 수 있는 받침대를 사용하여 고정시키고, 받침대의 철제 겉면은 테이블 클로스 또는 드레이프스를 이용하여 보이지 않도록 장식한다.

② 설치 후 시간이 경과됨에 따라 아이스 카빙에서 녹아내리는 물이 바닥으로 흐르지 않도록 물받이를 설치한다.

③ 설치장소는 주최자의 요구에 따르고, 특별한 요구사항이 없으면 연회행사 서비스책임자가 가장 적당한 장소를 정한다.

④ 아이스 카빙의 장식효과를 극대화하고 참가자의 시선을 끌기 위하여 얼음조각 주위에 흰색 또는 칼라 스포트라이트를 이용하여 조명하기도 한다.

⑤ 얼음조각을 세팅하거나 철거시 안전사고가 발생하지 않도록 각별히 주의를 기울여야 한다.

### 3) 기타 상품

#### (1) 프로젝터(Projector)

프로젝터는 스크린 앞에서 투사하는 프런트(front)방식과 스크린 뒤쪽에서 투사하는 리어(real)방식이 있다. 프로젝트는 스크린 반대편 끝에서 투사하는 빔 프로젝터와 행사장의 중간이나 앞쪽에 위치해 투사하는 LCD 프로젝터가 분류할 수 있다.

프로젝터의 밝기는 안시(ansi)로 표시하는데, 일반적으로 작은 규모의 연회장에서는 5,000안시 정도의 LCD 프로젝터, 그랜드볼룸 행사장 끝에서 무대에 위치한 스크린에 투사할 때는 20,000안시 정도 급의 빔 프로젝터를 사용하여야만 선명한 화질을 기대할 수 있다. 프로젝터 임대비용은 밝기에 따라 차등 적용되는데, 3십만 원 정도부터 2~3백만 원의 임대비용을 받고 호텔 내·외부의 장비를 공급해주고 있다.

#### (2) 인터넷(Internet)

호텔 연회장에서의 행사에 필요한 유·무선 인터넷은 호텔 외부협력업체가 설치한 별도의 망을 사용하여 공급하고 있는데, 인터넷 사용비용으로 포트당 약 5만원 내외를 받고 있다.

#### (3) 동시통역 시스템(Simultaneous Translation System)

동시통역 시스템은 국제회의 진행이나 다국적인이 모이는 연회행사에서 연사가 말하는 언어를 희망하는 언어로 전환하여 청취할 수 있는 시스템이다. 동시통역 시스템은 행사장 내에 통역 부스와 시스템을 설치하고, 청중은 리시버를 통해 통역사가 송신하는 언어로 청취할 수 있는데, 여러 언어를 사용할 경우에는 그만큼 수의 동시통역사가 필요로 한다. 최근에는 FM방식의 시스템을 많이 사용하고 있으며, 통역사는 별도로 통역사협회에 수배하여 장비와 별도로 현금으로 인건비를 지불하여야 한다.

### (4) 상차림

아기 돌잔치나 고희연 · 희수연 · 산수연 등 수연을 개최할 때 과일과 한과 및 떡으로 장식한 고임상을 차려 놓는다. 돌상차림과 수연상차림의 내용은 약간 다른데, 돌상은 아기의 액운을 막아주고 장수를 기원하고, 수연상은 부모의 수연을 맞아 자식들이 보모의 은혜에 감사를 드리고 장수를 기원하는 뜻에서 차리는 상이다. 이러한 상차림은 일반적으로 외부협력업체에 의뢰하여 출장설치를 하도록 하고 있으며, 최근에는 돌상차림에 꽃장식과 풍선장식 및 기타 장식을 추가하여 점점 화려하게 장식하는 추세에 있다.

### (5) 현수막 · 배너 · 현판

현수막은 가로로 길게 붙이는 형태이고, 배너는 아래로 늘어뜨리는 것으로 주로 행사장 안에 거치하여 행사에 참석한 사람들에게 홍보목적과 기념사진 촬영목적으로 활용되고, 주로 천을 사용하며 제작한다.

현판은 목재 프레임에 천을 씌워 악천후에도 견딜 수 있을 정도로 튼튼하게 제작하여 호텔 외부의 특정장소에 부착함으로써 대내·외에 널리 알리고자 하는 국제 행사나 신제품발표회, 협회의 총회, 학술대회 등에서 많이 설치한다.

현수막과 현판의 내용은 행사제목, 주최조직, 로고, 행사 일시·장소 등이 표기된다. 최근에는 현수막 대신 백드롭 형태로 대형 통천으로 제작하거나 LED 등을 이용하여 고급화 추세에 있다.

현수막 비용은 행사장의 규정 사이즈에 따라 10만 원 정도부터 20만 원 정도이며, 현판비용은 크기에 따라 다르지만 외부설치비는 100만 원 이상 비용이 소요된다.

CHAPTER 08

# 연회행사 준비

연회행사는 연회예약실에서 연회행사지시서를 발행하여 관련부서에 배부함으로써 행사의 준비가 시작이 된다. 행사에 관한 주요 사항에 관해 관련부서와 회의를 하고, 대규모 행사나 특별주문사항과 관련하여 식음자재 구매요청을 하며, 호텔 외부협력업체에 준비를 의뢰할 품목을 발주를 하고, 연회기자재를 확인하고 행사 서비스에 관하여 리허설하는 순서로 행사를 준비하게 된다.

## 01 연회행사계약서 작성

### 1) 계약서 작성의 필요성

계약서는 모든 거래행위에 대한 법적인 근거가 되는 것으로, 작성에 대한 의미보다는 상호 간의 신뢰를 가지고 준수해야 할 권리와 의무를 확실하게 정의하기에 문제발생 시 해결할 수 있는 근거를 제시한다.

계약은 일반적으로 구두상으로도 성립되지만, 행사진행 후 분쟁 시 근거마련을 위해서라도 계약서는 꼭 필요하다.

## 연회계약서 사본(예시)

### 연회 계약서

(이하 "호텔"이라 한다) 와 (이하 "고객"이라 한다) 온 연회장 사용과 관련하여 아래와 같이 계약을 체결 한다.

**1. 총칙**

본 계약온 "호텔"이 "고객"에게 제공하는 연회에 관한 사항과 이에 따른 비용 등에 관한 세부사항을 정하고자 하며 아래의 각 조항을 상호 신의와 성실로 이행할 것을 확약한다.

**동의서**

아래의 서명란에 서명을 함으로써 호텔과 행사주최 회사간의 계약이 체결되며, 고객온 계약서가 제출된 뒤 **년 월 일 까지** 상호 서명날인 하여야 한다. 그렇지 아니한 경우에는 호텔은 본 계약서에 기재된 모든 관련 시설을 임의로 사용할 권리를 갖는다.

상기 계약내용을 증명하기 위하여 호텔과 고객온 본 계약서 2부를 작성하고 각각 1부씩 보관한다.

| 호텔 : | 고객 : |
|---|---|
| 서명 | 서명 : |
| 성명 : | 성명 : |
| 직책 : | 직책 : |
| 날짜 : | 날짜 : |

1

## 2. 연회세부 요청사항

"고객"의 연회장 사용 계획은 아래와 같다.

Food & Beverage (KRW) **Guaranteed : 32pax // Expected : 35pax** * 10% Service Charge (봉사료) & 10% Tax (세금) 포함 가격입니다.

| Date / 행사일 | Time / 시간 | Venue / 행사장 명 | Function Type/유형 | Menu / 식음료 | Unite Price / 단가 | Q'ty / 수량 | Total / 금액 |
|---|---|---|---|---|---|---|---|
| Jan. 21, 2014(화요일) | 07:30-09:00 | Jupiter(30층) | Breakfast | 한식 조찬 메뉴 | 49,000 | 35 | 1,715,000 |
| F&B Total(I) | | | | | | | 1,715,000 |

Banquet Room Rental (KRW) * 10% Tax (세금) 포함 가격입니다.

| Date / 행사일 | Time / 시간 | Venue / 행사장 명 | Size/크기 | Set up / 셋팅 타입 | Rack Rate / 정상 금액 | Special Rate / 특별 금액 |
|---|---|---|---|---|---|---|
| Jan. 21, 2014(화요일) | 07:30-09:00 | Jupiter(30층) | 85 SQM | Round Table | 2,750,000 | 무료제공 |
| Rental Total(II) | | | | | | - |

Others(KRW) * 10% Tax (세금) 포함 가격입니다.

| Date / 행사일 | Time / 시간 | Venue / 행사장 명 | Item/ 항목 | Details / 상세사항 | Unit Price / 단가 | Q'ty / 수량 | Total / 금액 |
|---|---|---|---|---|---|---|---|
| Jan. 21, 2014(화요일) | 07:30-09:00 | Apollo(30F) | STS | STS Booth & System | 550,000/ea | 1 | 추후협의 |
| | | | LCD Projector | 4,500ansi | 330,000/ea | 특별할인가격 | 110,000 |
| | | | Internet | Wired | 55,000/port | 1 | 추후협의 |
| | | | | ** KW 55,000 per port installation fees KW 11,000 for 8 or more ports | | | |
| | | | | Wireless | 44,000/port | 1 | 추후협의 |
| | | | Flower Deco | Flower Décor(협약식 table) | 110,000/ea | 1 | 추후협의 |
| | | | | Flower Décor(VIP Round) | 55,000/ea | 1 | 추후협의 |
| | | | | Flower Décor(Corsage) | 11,000/ea | 1 | 추후협의 |
| | | | Banner | 5M(정면 스크린뒤 거치) | 17,600/M | 1 | 추후협의 |
| | | | Parking Ticket | | W9,900/hour | | 무료제공 |
| Others Total(III) | | | | | | | 110,000 |
| Grand Total(I+II+III) | | | | | | | 1,825,000 |

2

<최소지불보증인원:>

'고객'은 본 계약을 체결함에 있어 최소지불보증인원을 호텔에 통보하여야 하며 연회 당일 실제 참석 인원이 지불보증인원보다 적을 경우에도 '고객'은 최소지불보증인원에 대한 금액을 지불한다. 인원 변경이 있을 경우 행사 참여 확정인원의 10%범위 내에서 행사일로부터 72 시간 이전에 호텔에 변동사항을 통보하여야 한다.

<예상 참석 인원:>

'호텔'은 고객의 요청에 따라 최소지불보증인원의 10% 범위 내에서 추가 음식을 준비할 수 있으며, '고객'은 추가로 제공된 음식에 대해서도 실제 제공 된 수량만큼 지불하여야 한다.

<행사 시간 준수:>

고객은 계약서에 명시된 폐회 시간까지 고객의 손님과 기타 참석자들이 행사장에서 퇴장하도록 하는데 동의한다. 만일, 폐회 시간을 지키지 않을 경우에는 고객은 호텔에서 청구하는 초과 비용에 대해서 지불하는데 동의한다.

3. 기타 세부 사항 및 조항

(1) 법정 준수

1.1 '고객'은 본 계약서에 명시된 합법적인 절차에 따라서 계약 이행에 신의와 성실을 다해서 책임을 지며, 만약 불이행 시에는 '호텔'은 본 계약을 일방적으로 해지 할 수 있다.

1.2 '호텔'은 본 계약서에 명시된 숙박업 허가 및 규정을 준수해서 시설운영, 소방장비, 장애인 서비스 시설조항, 및 주류제공 서비스를 갖추어야 한다.

1.3 '고객'이 본 계약상의 의무를 위반 하거나 이행하지 아니한 경우에는 '호텔'은 본 계약을 해지할 수 있으며, 또한 본 계약이 해지 됨에 따라 입은 손해에 대해서 "호텔"은 고객에게 손해배상 비용을 청구할 권리를 갖는다.

(2) 시설물 보호 및 안전

2.1 호텔 내부 객실과 연회장 그 밖의 시설물은 숙박업 안전규정과 기준에 적합해야 한다. '호텔'은 행사기간에 '고객'이 사용할 연회장 또는 타 시설물을 이용함에 있어서 불편함이 없도록 최선을 다한다. 만약 '고객' 행사기간 동안에 '호텔'의 시설물 공사 및 개, 보수 계획이 있을 경우에는 '호텔'은 신속히 '고객'에게 이를 고지한다.

2.2 고객'은 '호텔'에 사전 통보 또는 동의 없이 다음과 같은 행위를 할 수 없다.

- '호텔' 내 지정된 장소 이외에 행사 홍보용 안내판 또는 포스터 설치 및 사진 촬영

3

- '호텔' 외부에서 식음료 및 행사용 장비 및 고정물 반입

**2.3** 행사기간 동안 '고객, 참석자 및 대행사'에 의한 호텔 내외부 시설물의 훼손 및 손상, 재산 손실에 대해 '고객'은 '호텔'에게 손해배상에 대한 책임을 진다.

**2.4** 행사기간 동안에 '호텔'의 부주의로 인하여 '고객'에게 손해를 끼칠 경우에는 '호텔'은 고객에게 합당한 손해배상을 한다.

**2.5** '호텔'은 '고객'이 행사장에서 머무는 동안 '고객' 또는 행사 참석자에게 발생된 손실, 손해, 상해에 대해서 그 책임을 지지 않는다.

**(3) 요금 지불**

**3.1** 구체적인 지불방법이 사전 협의 되지 않았을 경우, '고객'은 발생된 비용 전액을 행사 종료와 함께 당일 지불하는 것에 동의한다.

**3.2** '고객'은 모든 행사 비용을 원화로 지불하여야 하며, 만약 타 통화로 지불을 원할 경우, 당일 호텔 환율로 적용한다.

**3.3** '고객'은 발생된 비용 전액을 행사 종료와 함께 당일 지불하는 것에 동의한다.

**3.4** 당일 행사비 결제가 완납되지 않을 경우에는, '고객'의 행사비 미납금은 사전 통보 없이 매월 1%의 복리 이자가 발생하며 복리이자의 효력은 청구 금액이 모두 호텔에 수령 되어질 날짜까지 계속 된다.

**(4) 계약 보증금**

**4.1** '고객'은 본 계약을 체결함과 동시에 행사 총 예상 금액의 20%를 계약 보증금으로 지불하여야 하며, 이 금액은 반환, 대체할 수 없으며 이자가 붙지 않는다.

A. 은행으로 입금 하시는 경우

예금주:

은행명:

계좌번호:

B. 신용카드로 결재를 하시는 경우:

** 계약서 하단의 신용카드지불 확약서(별첨#1)를 작성하시고 신용카드 앞 뒷면을 복사하시어 서명 또는 날인된 계약서와 함께 보내주시기 바랍니다.

**(5) 취소규정**

**5.1** 행사 취소

'고객'이 연회 사용을 취소할 경우, '호텔'에 서면으로 통보하여야 하며 이에 따른 손해에 대해서 '호텔'은 '고객'에게 아래와 같이 위약금을 청구한다. 위약금은 취소 통보일로부터 14일 이내에 완납되어야 한다.

4

**5.2** 연회 위약금 기준

| 계약체결 이후 ~ 90 일 이전 | 행사 총 예상 금액의 20% |
|---|---|
| 행사 시작일로부터 89 일 ~ 60 일 사이 | 행사 총 예상 금액의 30 % |
| 행사 시작일로부터 59 일 ~ 30 일 사이 | 행사 총 예상 금액의 50 % |
| 행사 시작일로부터 29 일 ~ 15 일 사이 | 행사 총 예상 금액의 70 % |
| 행사 시작일로부터 14 일 이내 | 행사 총 예상 금액의 90 % |
| 행사 시작일로부터 7 일 이내 | 행사 총 예상 금액 전액 |

**(6) 계약의 해지**

**6.1** 호텔'과 '고객'이 본 계약서에 서명날인을 한 후에는 상호 계약이행에 책임을 지며, 쌍방간의 특정한 사전 협의 없이 본 계약의 일방 해지를 할 수 없다.

**6.2** '고객' 또는 '호텔'이 본 계약상의 의무를 위반하거나 이행하지 아니한 경우에는 고객은 본 계약을 해지할 수 있으며, 또한 본 계약이 해지됨에 따라 입은 손해에 대해서는 의무를 위반하거나 이행하지 아니한 자에게 손해배상을 청구할 권리를 갖는다.

**6.3** 불가항력 또는 기타 호텔에서 합당하게 조정할 수 없는 원인으로 인하여 예정된 행사 장소를 사용할 수 없게 된 경우에는 호텔에서 고객에게 다른 장소를 원하지 않는 경우, 고객은 예약을 취소할 수 있으며, 이때 이미 지불된 예약금은 고객에게 전액 환불한다.

**(7) 분쟁해결**

**7.1** 본 계약상의 해석에 이견이 있거나 본 계약내용에 명시되지 아니한 기타사항은 상호합의에 의하여 결정하며, 합의가 되지 아니하여 분쟁이 발생하는 경우에는 대한상사중재원의 중재판정에 의거하여 처리한다.

**7.2** 본 계약상의 내용에 추가 또는 부분적 변경사항은 상호 합의하에 별도 합의서에 추가 규정한다.

5

● 별첨 1

## 신용카드 지불 확약서

수신:

참조:

1. 고객이름:
2. 행사일자:

본인(본사)은 귀 호텔에서 진행되거나 혹은 진행키로 한 행사의 예약금( ) 및 행사대금(W )을 아래의 신용카드로 지불하겠으며, (지불일자: 월 일) 본 확약서에 의한 승인에 대해 일체의 법적 이의를 제기하지 않겠습니다.

3.참 고: 신용카드 앞면과 뒷면을 복사해서 보내드립니다.

*** 아 래 ***

* 신용카드종류 : ______________________

* 신용카드번호 : ______________________

* 신용카드유효기간: ______________________

* 신용카드소지자성명: ______________________

* 신용카드소지자서명: ______________________

*** 개인정보 보호를 위하여 신용카드 정보는 결제가 완료된 이후 폐기합니다**

년 월 일
성 명 :
전화번호 :

* 우편물 수령지 *
주 소:
수령인:

6

### 2) 계약서 작성 시 유의점

일반적으로 계약서를 구성하는 내용에는 표제・전문・본문・후문・성실조항 등으로 구성이 된다. 표제는 일반적으로 계약서라는 명칭을 사용한다. 전문은 계약의 목적과 기본원칙을 작성하며, 전문은 계약서상에 필수항목은 아니지만 계약상의 본문해석기준 등 계약서상의 중요한 내용으로 구성되어진다. 본문은 계약서의 핵심내용을 기재하고, 통상적으로 조문형식을 구성한다. 계약서상의 일반적인 내용으로는 특징, 가격, 인도 방법 및 장소, 대금지급방법, 결함 시 조치사항, 대금지급 지연 시 조치사항, 계약기간 및 해제요건으로 구성되어진다. 후문에는 계약서의 결론부분을 의미하고, 후문 또는 말문이라고 한다. 성실조항은 계약내용을 마무리하면 계약서 말미에 일반적으로 본 조항에 대한 의무를 확인하는 의미로 작성되어진다.

### 3) 연회행사계약서의 작성

회사명(단체명), 행사담당자, 담당자 연락처, 담당자 이메일주소, 행사명, 행사일자, 행사 최종결정일자, 최소보증지불인원, 예상참석인원은 필수항목이고, 추가항목으로 식음료 서비스부문은 식사의 구분 및 시간・연회명・연회메뉴・인원수를, 회의진행부문에서는 회의진행을 위한 연회장・사용시간・회의장비 등을, 그 외 부문으로는 정산방법・지불주체・지불방법 등을 작성한다.

## 연회행사지시서(BEO: Banquet Reservation Order)

연회행사에 관련된 부분을 행사주최자와의 모든 협의된 내용을 바탕으로 연회예약과 계약체결이 완료되면 연회행사 1주일 전에 연회행사지시서(BEO)가 작성된다.

연회행사지시서를 Event Order, Function Sheet 등 호텔마다 표현하는 방법은 상이할 수 있다. 연회행사지시서 작성 후 연회 서비스부서를 비롯한 행사진행과 유기적인 관계에 있는 부서들에게 사내공문을 통하여 사전준비에 차질이 없도록 해야 한다. 연회행사부서의 가장 어려운 부분도 타 부서의 도움을 필요로 하기에 원만한 협조를 위해서는 사내에서 내부고객과의 관계유지 또한 중요하다. 특히 연회부서의 참석대상에 따라 의전부분도 중요하다. 중요행사의 경우는 'VVIP,' 'VIP'라는 스탬프를 날인하여 관련부서에 배부하여야 한다.

연회행사지시서의 구성내용은 다음과 같다.

**연회행사의 전반적인 개요부문**

- 연회행사지시서의 발행번호
- 연회행사 개최일시
- 연회장 장소명칭
- 연회장별 · 행사별 스케줄
- 연회행사의 성격 및 연회형태(이벤트 포함)
- 연회행사 주최자 명칭, 담당자이름, 비상연락처
- 연회행사 유치판촉담당자 이름 · 전화번호

**연회 식음료부문**

- 연회행사 참석예상인원 수
- 연회행사장 대여 시 대여료(식사포함 여부 시 무료 등 상의내용)
- 고객이 주문한 식사구분별 연회 메뉴
- 커피 브레이크 단가
- 연회 서비스 테이블 배치, 기자재 위치, 각종 연회 및 회의용 도구 준비내용, 필요할 경우 테이블배치도
- 무내설치, 포니엄 사용
- 사인 보드, 배너 문안(유 · 무료 여부 명기)

**시설 · 장치 장식부문**

- 마이크 종류별 수량

- 특수조명 사용 여부
- 특수음향 사용 여부
- 특수시청각 기자재
- 꽃장식, 엔터테인먼트, 사진, 비디오 또는 DVD 제작, 얼음장식, 케이크 등 고객의 특별요구 및 옵션사항(외부업체부분을 특별히 명시해야 함)

**<u>연회행사 정산부문</u>**

- 1인당 식사 및 음료 단가(부가세 및 봉사료 포함 유무 명기)
- 식사 및 음료 정산기준인원: 고객과 합의된 지불보증인원(guaranteed) 수 명기
- 행사종료 즉시 현장 직불 또는 행사종료 후 후불관계 명기
- 직불일 경우: 현금 · 신용카드 여부 명기
- 예약 · 선수금(deposit)을 선수령하였을 경우 그 금액을 명기

### 1) 행사 일자 및 요일(Date & Day)

행사가 진행되는 당일 날짜와 요일을 함께 표기하여 착오가 없도록 한다.

행사장 시간계획표에는 행사준비 시작시간, 본 행사 진행시간, 식사시간 등을 별도로 표기하는 것이 바람직하다. 무대 세팅작업과 같이 비교적 많은 시간이 필요로 하는 행사의 경우 준비작업시간과 시작시간을 별도로 표기해야 행사를 준비하는 연회 서비스부서에서 직원근무 스케줄을 계획하는 데 도움을 주게 된다. VIP 대기실이 필요할 경우 VIP 룸과 사용시간을 표기한다.

회의와 식사를 하는 경우와 행사장을 여러 곳을 사용하는 경우, 행사장별 스케줄을 표기하여야 하며, 본 행사 외에 준비하는 시간이 별도로 필요하여 행사장 예약을 한 경우, 본 행사 외에 사용시간은 Setup으로 표시하여 별도로 기록한다.

행사장 사용시간이 빠른 순서로 기재가 되는데, 먼저 사용시간, 행사장 명, 행사형태, 테이블 배치형태, 최대 예상참석인원, 최소 지불보증인원, 행사장사용료 순으로 표기한다.

### 2) 행사장소(Venue)

행사가 개최되는 연회장명을 기재한다. 행사장과 마찬가지로 VIP 대기실이 필요할 경우 다른 행사와 겹치지 않는지 사전에 확인해야 한다. 특히 그 다음에 바로 이어지는 행사 간에 충분한 준비시간이 필요함을 인지하고 예약을 해야 한다. 컨벤션이나 학술회의 등과 같이 여러 소규모 행사장(PDR: Private Dining Room)을 필요로 하는 경우 행사용도에 맞게 사용하는 행사장 룸(function room)은 모두 기재한다.

### 3) 주최와 주최자(Organization, Organizer)

주최는 주관보다 상위개념으로 사용된다. 그리고 주최와 주최자는 사용되는 목적의 개념에 따라 다르게 적용되지만, 일반적으로 연회행사지시서에 의한 주최는 행사를 예약하는 소속기관을 의미하며, 주최자는 그 행사를 담당하는 사람을 일컫는다. 간혹 주최(organization)에 주최와 주최자를 표기할 경우 주최자란에 주관 또는 주관자를 기재하는 경우도 있다. 즉 문화체육관광부가 주최이면, 주관은 하위개념인 행사를 주관하는 문화체육관광부의 산하기관인 한국관광공사가 좋은 예이다.

### 4) 행사관련자 정보(Address, Telephone, Fax, e-Mail 등)

고객에게 연락가능한 정보를 기입하는 것으로 대표전화번호・개인전화번호・주소・팩스번호・이메일주소 등을 기재한다. 이는 연회 서비스팀에서 그 행사의 담당자가 누구인지를 행사사전에 알게 하여 고객대응력을 높이고, 행사 후에는 호텔고객관리의 중요한 수단이 된다. 최근에는 이메일과 휴대폰을 통한 고객의 정보가 데이터베이스화되어 그 호텔의 홍보와 감사인사 등 다양한 마케팅의 수단으로 확대되고 있다.

### (1) 주최자 정보

BEO 좌측 상단에 고객회사명 및 주최자이름과 전화번호를 기재한다.

### (2) 대행사 정보

우측 상단은 대행사가 행사를 대행할 경우 대행사명과 담당자이름 및 원활한 행사 커뮤니케이션을 위하여 모바일폰번호를 기재한다.

### (3) 호텔 행사담당자(판촉지배인 또는 예약담당자) 정보

BEO를 발행한 호텔직원이 누군지 기록하여 필요시 신속히 연락할 수 있도록 한다.

## 5) 행사명과 행사형태(Type of Function)

행사성격을 알면 그 행사에 적합한 연회 스타일을 알 수 있다. 정찬인지, 뷔페인지, 스탠딩 파티인지, 칵테일 파티인지 알 수 있다. 보통 행사의 성격은 행사명으로 요약되어 나타난다. 행사명만으로도 그 행사의 가장 바람직한 연회 타입(function type)을 제안한다. 연회기획가는 그 행사의 성격을 미리 파악하고 행사명을 작명할 수 있어야 하며, 가장 적합한 연회 스타일을 제안할 수 있어야 한다.

일반적으로 고객의 요청에 의해 행사의 타입이 결정되겠지만, 고객의 요청에 앞서 그 호텔의 전반적인 연회 서비스수준에 의해 서비스방식이 달라질 가능성이 높다. 예를 들면, 특급호텔의 결혼식행사의 경우 대부분이 정찬으로 제공되기 때문에 그곳에서의 행사명이 '결혼식'이라 할 경우 으레 행사의 타입이 정찬으로 결정된다. 그리고 연회행사 전문시설의 경우에는 결혼식과 피로연을 분리하여 뷔페식으로 제공하며, 돌잔치는 대다수의 연회시설이 뷔페식이기 때문에 행사 타입이 뷔페식으로 결정되는 경우가 일반적이다.

하지만 특급호텔이나 고급연회시설의 경우에는 고객의 취향에 따라 요구되는 사항이 바뀔 수 있기 때문에 모든 행사에 동일하게 적용되는 것은 바람직하지 않다. 연회기획가는 고객의 욕구를 충족시킬 수 있도록 같은 행사라 할지라도 다양한 연회 스타일을 응용할 수 있는 기획력이 필요하다. 이외에 행사에 도시락으로 제공되는 경우도 있는데, 이는 행사의 시간이 제약을 받거나 장소가 한정될 수밖에 없을 경우 일반적으로 고객에게 제안하게 된다.

### 6) 예상참석인원과 보증된 인원(Expected & Guaranteed)

행사의 계약인원이 잘못 설정되어 보증된 인원보다 훨씬 많은 인원이 참석한 경우 연회 서비스를 제공하는 호텔 측에서는 서비스제공에 혼란현상이 일어날 수밖에 없다. 행사담당자는 예기치 못한 불필요한 수고를 감당할 수밖에 없으며, 참석한 고객의 불평을 예약한 고객의 탓으로 돌릴 수도 없는 상황이 벌어지게 된다. 연회예약을 상담하는 담당자는 이러한 일이 발생할 수 있음을 고객에게 미리 알려 주어야 함은 물론이며, 사전에 이러한 상황에 대처할 수 있는 안목을 가지고 대응해야 한다.

보통 행사의 성격과 고객의 특성에 따라 계약인원과 실제 참석인원과의 차이가 크게 날 수밖에 없는 경우가 많다. 계약인원을 잘못 판단할 경우 행사에 참석한 고객들의 불평이 발생할 수 있기 때문에 예약상담담당자는 예약하는 고객에게 적절하고 합리적인 인원을 계약하도록 유도해야만 한다. 계약인원에 대비하여 실제 준비해야 할 좌석 수는 10%를 넘지 않는 범위에서 설정해야 하는 것이 일반적이나, 계약인원이 수백 명을 초월할 경우에는 5% 이내로 추가 세팅을 하향하여 설정함으로써 계약자 쌍방 간에 부담을 줄일 수가 있다. 또한 음식을 준비하는 조리부와 연회 서비스팀에서 충분히 대응할 수 있는 범위에서 설정하는 것이 무엇보다도 중요하다.

### 7) 음식(Food)

호텔연회 매출에 가장 큰 영향을 미치는 요소는 당일 행사에 제공되는 음식 메뉴에 따른 음식가격이다. 물론 메뉴의 종류와 제공되는 음식가격이 행사 전체의 비용에서 가장 큰 비중을 차지하지만, 일반적으로 메뉴의 종류가 결정되면 음식에서는 더 이상의 추가매출을 기대할 수 없다.

특히 메뉴가격은 그 호텔의 연회상품의 수준을 가늠할 수 있고 연회예약상담담당자의 능력으로 평가된다. 단위별 객단가도 중요하지만 행사 전체의 매출액과 행사의 성격 그리고 운영환경과 능력 등을 고려하여 그에 가장 적합한 메뉴를 제안하고, 행사 후 고객의 만족도를 높이는 전략이 최상의 방법이라고 본다. 연회행사지시서에 식사제공시간을 기재하여 주방에서는 행사시간에 맞추어 음식을 준비할 수 있도록 한다. 또한 특이사항으로 행사에 참석하는 고객들의 성향에 따른 기호음식 등에 대한 내용을 기록하는 센스도 필요하다. 이외에도 식전행사의 진행 여부와 행사의 종류 그리고 미팅행사에 제공되는 커피 브레이크(coffee break)에 다과류의 주문 여부와 종류 등을 확인하는 것도 중요하다.

메뉴는 사전에 준비된 견본 메뉴에 의하여 결정한다. 특별한 메뉴를 주문받았을 경우에는 Food란 상단에 상세히 기록한다. Buffet Style로 예약 시는 Standing 또는 Table Buffet인지를 명시하고, 확정된 최종 인원은 행사 2일 전까지 통보받아야 한다. 지정된 가격의 메뉴 이외에 특정한 가격의 메뉴, 특정인의 메뉴는 "Up to chef's Discretion"이라 기록한 후에 메뉴는 주방장으로부터 통보받는다. 인원이 100명 이상의 중식 · 한식 · 일식 등 특별한 경우의 메뉴는 주방에 사전 연락하여 식자재관계를 체크하고 확정통보를 행사 2일 전까지 확정하여야 한다. 행사참석인원이 대규모일 경우는 서비스방법 등 세부계획은 지배인과 상의한다.

커피 브레이크나 식사 메뉴를 표기하는데, 식사는 정찬 · 뷔페 등 등급과 가격을 표기히고, 행사장명, 서비스시간, 음식내용, 1인당 봉사료와 부가세 포함한 금액 표기, 지불보증인원 수와 봉사료 및 부가세 부과 전의 순수음식가격 순으로 표기한다.

### 8) 음료(Beverage)

음료는 추가매출을 올릴 수 있는 중요한 요인이다. 식음료원가에 비해 비교적 저렴하고 보관이 용이하기 때문에 호텔 연회매출의 이익률에 대한 기여도가 비교적 높다. 예를 들면, 제공되는 음료를 맥주에서 와인으로 판매할 경우 음료의 매출이 상당히 높아지게 된다. 많은 인원이 참석하는 대규모 연회행사에서는 그 효과가 더욱 크게 작용하게 된다. 이렇듯 음료는 연회매출에 미치는 영향이 대단히 크므로 예약담당자는 행사를 주최하는 고객을 잘 설득하여 제공되는 메뉴와 잘 어울리는 주류를 추천하여 판매할 수 있도록 노력해야 할 것이다.

때때로 일부 고객들은 음료를 외부에서 직접 반입하는 조건으로 계약을 성사시키고자 하는 경우도 있다. 이럴 경우 가급적 음료반입을 지양하도록 노력해야 하겠으나, 연회 서비스지배인과 사전협의한 뒤 고객과의 적절한 합의점을 이끌어내어야 한다.

음료반입이 결정된 경우에는 음료반입료(corkage charge)를 부과해야 하며, 음료반입료는 해당 음료를 호텔판매요금의 30% 정도로 부과하는 것이 일반적이다. 반입료의 근거로는 주류잔 준비와 사용료 및 서비스하는 인건비로 이해시키는 것이 가장 합리적이다.

행사장명, 서비스시간, 음료내용, 총가격, 지불보증인원 수, 음료 네트금액을 표기한다.

### 9) 기타 준비사항(Miscellaneous Items)

행사준비를 위한 식음료항목이 완료되면 행사와 관련된 중요한 품목들이 있다. 이러한 품목은 연회의 성격에 따라 고객과 협의하여 요청되고 준비된다. 대표적인 것으로는 룸사용료(room charge), 꽃장식(flower decoration), 음료반입비(corkage), 얼음조각(ice carving), 현수막(banner), 방명록(guest book), 사회자(MC), 실내악 또는 밴드(musician & band), 사진사(photograph), 출장비(catering charge), 기타 장치장식물 등이 해당된다.

### (1) 룸 사용료(Room Charge)

호텔이나 전문연회시설에서는 수용 가능한 룸이나 홀을 예약하고, 적절한 매출이 기대되는 행사에 한하여 식음료비용만으로도 룸 사용료 없이 이용이 가능하다. 보통 룸 사용료가 부과되는 경우는 해당되는 룸이 판매기준에 맞지 않을 때인데, 특히 식사장소와 세미나장소가 달라서 식사장소 외에 추가로 사용하는 룸에 대하여 부과된다. 또 식사시간을 포함하여 4시간 이상 사용할 경우에 호텔이 정하는 사용료에 의거하여 부과된다. 식음료매출 없이 행사장만 이용할 경우에는 행사장이용료(rental charge)만 부과하면 된다.

행사장사용료는 이용시간과 연회장의 규모에 따라 호텔이 정하는 규정에 따라 요금이 적용된다. 또한 호텔의 영업상황과 성수기・비수기에 따른 계절성에 따라 적용되는 가격이 영업정책에 따라 변경될 수 있는 가변성을 가지고 있다.

### (2) 얼음조각(Ice Carving)과 꽃장식

대형 호텔에서는 얼음조각사가 주로 메인주방에 소속되어 호텔 내에서 제공되는 차가운 요리(cold dish)를 장식하는 데 도움을 주는 역할 외에도 각종 연회행사의 성격에 맞는 얼음조각을 장식하여 행사장 분위기를 연출해 행사에 참석한 고객에게 좋은 이미지를 제공한다. 얼음조각은 특히 칵테일 리셉션이나 스탠딩 뷔페의 행사에서 큰 역할을 한다. 보통 행사장의 중앙에 설치되며, 화려한 조명과 함께 연회행사 분위기를 한층 더 높인다.

최근에는 호텔마다 인건비 부담으로 얼음조각사를 직영에서 외부업체에 위탁하는 사례가 늘어나고 있다. 과거에는 가족행사 파티에 무료로 제공되는 경우가 많았었는데, 최근에는 별도의 비용을 청구하여 고객들로부터 선택적으로 주문할 수 있도록 하고 있다. 대규모 행사의 경우나 특별히 고객이 특이한 모양의 형상을 요구할 경우에는 그 비용이 부과될 수 있다. 그리고 얼음조각을 설치할 경우에는 조명과 꽃장식이 뒤따르는 것이 효과적이다.

연회에서 화사한 분위기를 연출하기 위하여 꽃을 사용하는데, 약혼식이나 결혼식과 같이 화려함을 나타내는 행사에는 꽃의 연출력으로 연회행사의 격을 평가받기도 하며, 일반적으로 테이블 수반, 무대장식, 포디움 장식, 연회장내 공간장식, 코사지 등과 같은 것이 있는데, 행사특성에 따라 고객과 협의하여 꽃꽂이 형태나 가격을 결정하여 BEO에 표기한다.

### (3) 현수막(Banner)

결혼식과 같은 일부 가족모임을 제외하고 거의 모든 행사에는 공식 행사명이 기재된 현수막이 무대 위에 설치된다. 이러한 현수막은 행사장내 무대 외에도 행사장 입구, 행사장 내의 장식, 행사장 밖의 호텔 외벽, 행사장 안내(거치대)용으로 그 활용의 범위와 세련미가 변화되고 있다. 현수막의 문안은 크게 그 행사의 타이틀명과 주최(자) · 주관(자) · 후원 · 협찬 · 일시 · 장소가 주요 구성요소이며, 행사명을 중심으로 보통 2배열 또는 3배열로 표기한다. 또한 2배열로 할 경우 행사명을 1배열로 하고, 2배열에는 주최(자) · 주관(자) · 후원 · 협찬 · 일시 · 장소 순으로 표기한다.

### (4) 등록대(Reception)와 방명록(Guest Book)

등록대는 일명 접수대라고 한다. 행사장 입구에 설치되며, 그 행사에 참석하는 분들을 맞이하는 곳에서 등록절차를 밟는 곳이다. 등록대는 보통 접이식 테이블(holding table)이 사용되며, 그린 클로스(green felt)로 장식한다. 최근 호텔들은 리셉션 전용 테이블을 만들거나 다목적으로 활용할 수 있는 테이블을 제작하여 다양한 리셉션 및 사이드 테이블로도 사용할 수 있도록 하고 있다.

등록대에 제공되는 방명록은 보통 권당 100명 이상 기록될 수 있도록 제작되어 있다. 고객은 필요한 수량을 행사의 규모에 맞추어 요구한다. 하지만 필요 이상의 수량을 무리하게 요구되는 경우에는 비용을 청구함으로써 적정수량을 협의한다.

방명록은 사인펜이나 붓펜이 함께 제공된다. 등록대에는 방명록 외에도 네임카드(name card), 기념품, 코사지(corsage), 명함볼 등이 함께 놓인다.

### (5) 사회자(MC)와 엔터테인먼트

호텔에서 이루어지는 규모가 큰 연회행사의 경우 인기 방송연예인이 공식행사의 사회자로 종종 섭외되어 진행을 맡는다. 방송연예인은 많은 사람에게 이미 알려진 공인으로 참석자들에게 기대감과 안정감을 주는 효과가 있다.

연회행사는 공식적인 행사와 식사 그리고 여흥 순으로 구성된다. 1부 사회는 비교적 무게가 있는 사회자가 행사의 경건함을 주는 효과가 있다. 3부 여흥은 다 함께 즐기기 위한 시간으로 유쾌한 사회자가 일반적이다. 주로 여흥사회자로는 개그맨이나 전문 레크리에이션 강사가 맡게 된다. 이렇게 호텔의 연회에서는 행사별로 요구되는 사회자와 여흥진행자를 요구할 때가 많기 때문에 연회담당자는 추가매출을 올릴 수 있는 상품이면서 고객만족을 높일 수 있는 다양한 연예기획사와 협력관계를 유지하는 것이 좋다.

최근 특급호텔을 포함한 전문연회시설에서는 이와 같은 오락 프로그램의 사회를 보는 연회직원을 자체적으로 양성하여 고객 서비스의 질을 높이는 곳도 있다. 이외에도 일부 고객들은 마술연출이나 저명인사의 건강특강과 같은 새로운 형태의 여흥문화를 요구하고 있다. 이에 호텔의 연회기획가는 다양한 채널을 통해 호텔의 부가적인 서비스를 판매할 수 있는 상품들을 개발하여야 한다.

### (6) 실내악과 밴드(Musician & Band)

공식 행사를 포함한 정찬 파티와 칵테일 파티에 음악연출이 중요한 부분을 차지한다. 보통 실내악이 무대의 한 공간에서 자리를 잡고 그 행사의 성격에 맞추어 배경음악을 구성하여 연출한다. 실내악의 경우는 보통 피아노와 현악이 어울려 3중주에서 5중주를 준비하는 경우가 보통이다. 하지만 행사의 성격에 맞는 다양한 밴드가 분위기 연출을 한다. 피아노가 준비되어 있지 않은 경우 현악 혹은 관악으로도 분위기 연출이 가능하다. 밴드는 장수연과 같은 가족모임 및 송년회와 같은 모임에서 여흥을 즐기기 위해 준비되는 경우가 보통이다. 회갑연의 경우 밴드와 함께 종종 국악인이 그 행사의 주인공을 위해 창을 부르고 헌주를 도와주며 여흥을 이끈다.

### (7) 프로젝터(Projector)

최근 기술의 발달로 크기는 작아지고 밝기는 더 뛰어난 기능을 갖춘 제품이 지속적으로 출시되고 있다. 보통 호텔의 경우 연회장에 기본적으로 설치되어 있는 경우도 있지만, 계속적인 신형 모델제품의 출현으로 외부전문업체에 그 설비용역을 주어 그 새로운 성능을 활용하기도 한다.

이러한 프로젝터는 다양한 용도로 쓰이며, 가장 많이 활용되는 것은 설명회를 할 때 노트북과 연결하여 현장에서 자료를 발표할 때이다. 필요에 따라고 설명회의 스크린과 중계 스크린이 함께 연출되기도 한다.

### (8) 동시통역 부스와 리시버(Simultaneous Interpretation Booth & Receiver)

국제회의와 같이 외국인 초청인사가 강연을 할 때 혹은 내국인이 외국인에게 설명을 동시에 하려 할 때 참석자 모두의 이해를 돕기 위해 준비된 기구가 동시통역 장치이다. 통역사가 통역에만 집중할 수 있도록 만들어 놓은 일시적인 공간을 통역 부스라 하고, 리시버는 통역사에 의해 송신된 언어를 자국어로 번역하여 들을 수 있도록 하는 장치로 귀에 걸어 사용하게 되어 있다.

### (9) 음향 · 영상장비(Audio & Visual Equipment)

보통 마이크(microphone)는 호텔 음향실의 직원에 의해 강연자 · 사회자 · 질의응답자용으로 준비된다. 그리고 때에 따라 포럼이나 심포지엄과 같이 발언자가 많을 경우 연회장 내에 음향 채널이 가능한 수량만큼 준비한다. 필요에 따라 특수한 목적을 갖고 준비되는 화상회의나 국제회의와 같이 호텔의 마이크 설비로는 준비가 어려울 경우에는 전문용역사의 장비기기를 이용하는 것도 한 방법이다. 이때 준비되는 기기로는 델리케이트 마이크(delicate microphone)로 발언자가 질의할 때 버튼을 이용하여 본인의 말이 정확하게 전달되도록 하는 기능을 가지고 있다.

마이크는 주로 사회자용과 강연자용으로 구분되어 사용되고, 그 외는 연주용 마이크, 공연용 마이크, 유선 마이크, 콘덴서 마이크가 사용된다. 특히 마이크를 많이 사용하는 국제회의의 경우 사용가능한 수량을 파악하는 것은 중요한 체크사항이라고 한다.

보통 녹취를 필요로 하는 행사는 이사회나 정기총회처럼 회의록을 작성하는 행사로 매우 중요시되는 부분이다. 보통 고객의 주문에 의해 음향실에서 준비한다.

호텔내부에서 준비하는 음향장비와 영상장비의 준비를 표기한다. 일반적으로 호텔에서 가용할 수 있는 마이크는 무료로 제공하고, 프로젝트는 비용을 받고 판매한다.

### (10) 사진(Photo Graph)

사진의 주문은 원판(cut)과 스냅(snap)으로 나뉘고, 결혼식이나 약혼식 · 회갑연의 경우는 앨범으로 제작을 의뢰받기도 한다. 주로 고객이 외부에서 직접 섭외하기가 곤란하기 때문에 호텔이 위탁하고 있는 곳에서 준비하는 경우가 많다. 원판은 보통 1컷에 3매를 제공하고, 디지털 스냅은 롤을 기준으로 20장을 기본으로 하고 있다. 사진은 행사를 주체하는 고객이 오랫동안 기념하기 위한 기록물이다. 이에 중요성을 갖고 고객이 가장 평안하고 여유 있는 시간 때인 행사 전에 촬영을 유도하는 것이 좋다. 간혹 행사종료시점에 중요한 사진이 고객이 피곤한 상태로 찍혀 사후 고객불평이 생기는 경우도 있기 때문이다.

### (11) 안내문(Signage)

행사명 · 행사시간 · 행사장명을 표기하여 행사에 참석하는 고객들이 행사장에 쉽게 찾아올 수 있도록 호텔 로비나 지하주차장 엘리베이터 앞 및 행사장 입구에 설치된다. 일반적으로 행사안내표지판은 Today's Event라는 용어로 전자 모니터나 행사장 입구 벽에 설치된 프레임 안에 표기된다.

연회 서비스책임자와 연회 코디네이터는 안내문 문안이 잘못 표기된 것이 없는지 항상 확인・점검하여야 한다.

### (12) 네임카드(Name Card)

네임카드는 명찰・정찬・회의용으로 구분된다. 행사의 성격에 따라 리셉션은 가슴에 부착하는 명찰로 쓰이며, 상대방의 이름을 쉽게 인지할 수 있는 크기로 제작한다. 정찬용은 작은 종이명패로 제작하여 식사하는 동안 상대방의 소속과 이름을 인지할 수 있도록 제작한다.

회의용 명패는 참석자 모두를 알아볼 수 있도록 큰 글씨의 명패로 준비한다. 명패를 준비할 때 주의할 점은 주최고객으로부터 제작해야 할 명패명단을 미리 받아 행사 이전까지 네임카드 작성을 완료하는 것이다. 이때 고객의 이름이 잘못 쓰여 있는지의 여부를 주최자와 최종적으로 점검해야 한다. 하지만 필요 이상의 시간과 비용이 소요될 경우에는 일정한 비용이 부과됨을 고객에게 고지시켜 행사진행에 불필요시간이 소요되지 않도록 하는 융통성이 요구된다. 왜냐하면 참석자의 이름이나 직함이 잘못 기재되어 고객으로부터 큰 불평을 불러 올 수도 있고, 행사준비로 가장 바쁜 시간에 여러 사안들을 점검할 것이 너무나 많은데, 이 시간에 명패문안을 수정하고 새로 제작하는데 많은 시간을 빼앗기다 보면 다른 큰일들을 빠트릴 수 있기 때문이다. 이에 가급적이면 적은 수량을 제외한 많은 수량은 고객이 직접 준비할 수 있도록 유도하거나 전문용역업체의 도움을 받아 비용을 청구하는 것이 효율적이라는 견해도 있다.

### (13) 메뉴 카드(Menu Card)

정찬연회에 초청된 고객은 그 연회에서 제공되는 메뉴에 대해 궁금함을 가지고 있다. 따라서 참석고객이 쉽게 알 수 있도록 정찬 테이블이나 쇼 플레이트(show plate) 앞에 올려놓는 것이 메뉴 카드이다. 인쇄를 의뢰하는 경우 일정한 비용을 받고 제공되며, 메뉴 카드에는 준비되는 메뉴 외에도 공식 행사명과 참석객에 대한 환영문구 및 행사 프로그램이 표기되면 좋다.

### (14) 기타(Others)

연회행사지시서(event order)의 주요 항목은 식음료품목과 기타 품목으로 구성되며, 이외에도 호텔에서 준비하기 어려운 장비품목들이 발주항목으로 되어 있다. 호텔의 규모와 영업정책에 따라 차이가 있겠지만, 이러한 품목들은 빈번하게 사용되는지와 추가적인 매출이 발생할 수 있는지의 여부에 따라 호텔과 외부용역관계가 요구될 수 있다. 이러한 용도에 따라 연회행사지시서의 항목에 별도로 구성하여 기입할 수도 있고, 그렇지 않을 수도 있다. 대표적인 것으로는 무대장식, 음향장비 · 조명장비 특수효과 시스템, 기타 장치장식물 등이 있다.

### (15) 프로그램(Program)

행사진행에 필요한 전달사항으로, 그 행사의 진행 프로그램이다. 각 프로그램에 따른 준비사항과 주의사항은 행사의 완성도에 영향을 미칠 수밖에 없다. 주로 연회장 책임자에게 전달되는 내용으로 그 행사를 준비하는 데 꼭 숙지해야 할 것들이다. 예를 들면, 전시를 겸하는 학술대회는 호텔의 식음료상품 외에도 별도의 전시공간에 대한 연회장 판매가 이루어지기 때문이다. 때에 따라서는 행사를 주관하는 고객이 야근을 해서 시간 내에 완성해야 할 무대작업 등이 있다면 프로그램 항목에 협조사항을 기입하여 야근당직과 협조사항을 전달하여야 한다. 연회 서비스팀 외에 다른 지원부서의 협조가 필요한 경우도 이곳에 기재함으로써 원활한 협조를 얻을 수가 있다.

### (16) 테이블 플랜(Table Plan)

행사의 성격에 따른 테이블 플랜은 디너식(dinner type), 뷔페식(buffet type), 극장식(theater type), 교실식(class type), 리셉션식(reception type)으로 구분된다.

테이블 플랜은 연회 서비스팀에서 행사를 준비해야 하기 때문에 자세하고 정확한 배치도가 요구된다. 예를 들면, 테이블당 인원, 테이블 레이아웃, 강연대와 사회자석의 위치 및 등록대의 위치 등이다.

행사장별로 셋업할 사항을 표기하는데, 테이블 배치의 구체적 형태를 표기하고, 문구로 표시할 수 없는 테이블 배치 및 준비사항은 별도 도면을 작성하여 첨부한다. 기타 준비사항을 표기한다. 리셉션 테이블 크기와 리셉션 테이블에 필요한 준비사항을 표기한다.

### (17) 결재라인(Approval)

최근 호텔들은 결재라인 시스템을 활용하고 있다. 연회행사지시서에는 담당자의 전자서명 후 연회팀장의 결재, 총지배인의 결재 순으로 이어진다. 결재된 연회행사지시서는 각 부서로 전달되어 해당부서의 실무담당자가 접수했다는 수신확인이 가능하도록 시스템화되어 있다. 또한 일부 호텔에서는 자체전산 프로그램을 개발하여 전자결재와 함께 관련부서에서 열람과 출력은 물론, 고객관리 시스템과 연계되어 그 자료를 보전할 수 있도록 하고 있다.

### (18) 대금지불방법(Payment)

대금지불방법으로는 현금, 신용카드, 객실 룸 사인방법, 계약회사와 후불처리하는 방법을 표기한다.

사전에 고객과 협의한 내용으로 연회행사에 관한 총비용 계산방법에 관한 사항이다. 현금 지불과 신용카드 지불, 그리고 거래처인 경우 계약에 의한 후불처리하는 방법, 객실손님인 경우 객실투숙객 서명을 하는 방법으로 비용을 지불할 수 있다. 행사가 종료될 무렵 연회행사지시서에 제시된 내용들을 근거로 실제 계산서가 작성된다.

계산은 예약금이 있는 경우 예약금을 차감한 나머지 진액을 행사담당지배인이 고객에게 청구된 비용을 확인시킨 후 수납을 한다. 세금계산서를 요구할 때에는 세법의 규정에 따라 발행해 주어야 한다. 혹 서면계약에 의한 후불이 발생될 경우에는 여신보고서의 양식에 의한 후불명세서를 작성하여 고객으로부터 납일기일과 서명을 받아 놓아야 한다. 후불명세서에는 고객에 대한 소속·성명·연락처·납일기일·연체약정·확인서명 등이 표기된다.

### (19) 예약금(Deposit)

모든 행사는 가예약이라는 과정을 통해 예약 차트에 부킹(booking)이 된다. 그리고 예약금과 계약서에 의해 가예약이 확정예약으로 전환된다.

예약금은 고객이 계약을 하고자 하는 의지를 금전적으로 표시하는 행위로써 행사의 규모에 따라 다르게 책정된다. 보통 행사금액의 10~20%가 일반적이다. 고객의 신용등급이 불확실할 때에는 행사 전에 예약금·중도금·잔금을 계산서에 설정하여 미수금이 발생되지 않도록 해야 할 경우도 있다. 이럴 경우에는 주로 처음 거래하지만 잘 알려지지 않은 고객들에게만 적용하고 있다. 예약금 영수증은 보통 3매로 구성되어 있고, 고객용·예약실보관용·경리담당자용으로 사용되며, 영수증의 일련번호는 대금결제 시 자동으로 공제될 수 있는 기능을 한다.

따라서 입력된 예약금은 연회행사지시서에 선수금(예약금)에 대한 금액과 번호로 기재된다. 간혹 행사담당지배인은 선수금을 공제하지 않고 대금을 모두 수납하여 이중으로 고객의 수고를 요구하는 경우가 있다.

### (20) VIP 참가자(VIPs)

행사에 참석하는 VIP 명단은 그 행사의 규모와 격을 알 수 있게 한다. VIP 명단을 기재함으로써 행사를 준비하는 연회 서비스팀이나 기타 협력부서의 협조를 구하는 데 도움이 된다. 또한 VIP 참석은 별도의 보고양식에 의해 총지배인·영업이사·연회부장·식음부장·당직지배인 등 관련부서장에게 보고가 이루어져 고객을 맞이할 준비를 하게 한다. 이에 담당지배인은 주최고객으로부터 VIP 참석 여부를 확인하고 확정된 명단을 보고서에 작성하여 관련부서로 전달한다. 보통 이 보고서는 행사시간이 9시 이전이면 전일 18시까지는 보고하는 것이 바람직하다.

이렇듯 연회행사지시서는 행사진행을 원활하게 하기 위한 관계부서 간의 협력이 잘 이루어지도록 하기 위한 메커니즘의 시발이다. 전산 시스템으로 이루어지는 연회행사지시서는 관련부서에 확인했다는 것을 증명하기 위한 서명이 있어야 하고, 연회행사지시서를 전달할 수 있는 박스 파일을 설치하여야 한다. 연회행사지시서는 연회행사 진행에 필요한 중요한 정보지시서로 행사를 차질 없이 준비하기 위해서 여러 번에 걸쳐 점검되어야 한다.

### (21) 주목사항(Remark)

BEO에 표기하지 못한 전달사항이나 주의사항과 자세한 스케줄 등을 표기한다.

## 03 연회행사지시서 배부

연회행사의 개요부분 · 식음료 · 시설장식 · 정산 등을 포함한 연회행사지시서는 각 부서에 연회행사지시서가 작성되는 즉시 배부된다. 연회행사지시서가 배부되는 부서 및 관계부서에 협조를 받아야 할 주요 업무는 〈표 8-1〉과 같다.

〈표 8-1〉 **연회행사지시서 관련부서별 업무**

| 부서명 | 주요 관련업무 |
|---|---|
| 총지배인(GM: General Manager) | 총괄업무 및 의전, VIP 파악 |
| 당직지배인(duty manager) | VIP 파악 및 의전, 현관인사 |
| 식음료부서장 | 해당 부서장으로 업무파악 및 진행 총괄 |
| 총주방장 | 음식계획 및 주방 간의 업무분장 및 총괄 |

| 연회장 주방 | 행사연회음식 준비 |
|---|---|
| 베이커리 | 케이크 및 디저트 준비 |
| 스튜어드 | 행사기물 지원 및 처리 |
| 객실부서 | 객실관련 업무지원 |
| 하우스키핑 | 연회장 청소 및 꽃꽂이 |
| 교환실 | 각 행사장 전화연결 |
| 판촉부서 | 담당행사 파악 및 고객관리 |
| 아트 & 디자인실 | 배너·사인보드·명찰·명패 제작, 행사장 내 제반 장식 |
| 경리부서 | 정산관계 및 후불처리, 원가관리 |
| 연회서비스 | 연회장 행사준비 및 식음료 서비스 |

자료: 이정학, 2013.

〈표 8-2〉 Sample BEO

Page: 1 or 1
Printed on 12/18/2014

BANQUET EVENT ORDER BEO #: 12, 082
KCA Korea

| Account: KCA Korea | Agency: Aritaum |
|---|---|
| Contact: Ms. Kim Mi Ra | Agent: Ms. Kim Mi Mi |
| Phone: | Phone: 010-0001-1000 |
| PM#: | Sales/Cat Mgr: Mr. Hong Gil Dong |

Wednesday, July 09, 2014

| Time | Room | Function | Setup | Exp | Gtd | Rental |
|---|---|---|---|---|---|---|
| 08 : 00~16 : 00 | Pine | Meeting | Rounds | 65 | 60 | 8,000,000 |
| 12 : 30~14 : 00 | Rose | Lunch-Buffet | Rounds | 65 | 60 | comp |

| MENU | SET UP |
|---|---|
| Room: Pine Time: 09 : 40 to 10 : 00<br>*coffee with Cockies(2pcs) /W12,000*<br><br>60 people @ KRW9,917 Per person<br><br>Room: Rose Time: 13 : 00 to 14 : 00<br>*Buffet 3 / W85,000*<br><br>60 People @ KRW70,248 Per person<br><br>**BEVERAGE**<br><br>**SIGNAGE**<br>Room: Pine Event: 08 : 00 to 16 : 00<br>KCA Korea 포럼 2014<br>Pine /08:00<br><br>**BILLING INSTRUCTIONS**<br>-2 Weeks after Invoice<br>KCA 김미라 이사 후불입금 예정입니다.<br><br>**REMARKS**<br>전날(7/8일) 오후 15시에 세팅 들어오니 현장 Staff 준비 부탁드립니다. | Room: Pine Event: 08 : 00 to 16 : 00<br>-(10)Round table×(6)seats - 스크린 등지지 않게 세팅<br>-Reception table setup, 명함볼<br>-LCD Table Setup<br>-Stage(2.4m×9m×40cm)<br>-Parking Ticket (9)Hours<br>-LCD projector by Host<br>-Banner by Host<br>-(1)~(10) Numbering with Stand<br>-통역사 자리 (4) "Reserved" tag 준비(도면 참조)<br>-무대 위 (3) 하이체어 by 주최 측<br>-라운드 테이블 밑에 멀티탭 전기작업 있습니다. by 시아이 비젼<br><br>Room: Rose Event: 12 : 30 to 14 : 00<br>-(8)Round table×(8)seats -3/2/3<br>-Water Station Setup at back<br>-Cutlery full setting<br><br>**AUDIO VISUAL**<br>Room: Pine Event: 08 : 00 to 16 : 00<br>-(1) Podium Mic<br>-(2) Wireless Mic<br>-(2) Wired Mic<br>-(1) Audio line & Beam cable at Podium<br>-Muti tap by CI Vision<br><br>**DECORATION**<br>Room: Rose Event: 12 : 30 to 14 : 00<br>-(8) Flower Bowl(MD)<br><br>**VENDORS**<br>Room: Pine Event: 08 : 00 to 16 : 00<br>-Internet Lan - Wireless/INTERCOM<br>-A/V CI VISION<br>-Internet on consumption basis @ KW 50,000 Per port |

## 04 행사변경통보서(Change Log)

연회행사지시서를 작성하여 이미 배부를 한 후 해당 행사와 관련한 일정과 준비사항의 변동사항이 있을 경우 사용되는 통보서로서, 일반적인 변경내용으로는 일정 · 참석인원 · 테이블배치 · 식수인원 · 기자재사용 등과 금액변동 · 행사취소 등에 관한 사항들이 기재된다.

〈표 8-3〉 **행사변경통보서**

Change Log

2014-10-13
12 : 14 : 05

Event Dates From: 2014-10-15~2014-10-15 Sort By: BEO#
BEO Numbers From: 12717-12717
Change Log Times From: 08 : 00~23 : 55
Change Log Dates From: 2014-10-13~2014-10-13

Account Name: Life Technologies Inc
Sec Acct Name: 라이프테크놀로지스코리아(유)
Post as: Life Technologies Inc Dinner
Sec Post as: 라이프테크놀로지스 만찬
BEO Name: Life Technologies Inc Dinner BEO# 12717
Sec BEO Name: 라이프테크놀로지스 만찬

| Event Dat | Event Time | Event Name | Room |
|---|---|---|---|
| 2014-10-15 | 18:30 | Welcome reception | Vivace |
| 2014-10-15 | 19:00 | Dinner | Vivace |

| Change Date | Change Time | Change Made By | Change |
|---|---|---|---|
| 2014-10-13 | 09:21 | | 1. 식사 인원 변경:<br>[개런티 총 70인분]<br>10인분 할랄 메뉴(할랄 고기 이용 부탁드립니다. 10,000원 추가 비용 받고 진행합니다. 105,000원)<br>60인분 일반 메뉴(9,5000원)<br>[예상 77인분]<br>개런티 70인분 제외한 나머지 7인분은 일반 메뉴로 준비 부탁드립니다.<br>2. 레이아웃변경: 레이아웃 첨부<br>원형데이블 10개+8석식+뒤편 가운데 30인지 한 개 칵테일 리셉션은 모데라토 룸 앞쪽에 세팅해 주세요<br>3. 마이크 스탠드 여분 하나만 추가 준비해 놓아 주세요. 가야금 연주 시 무선 하나 스탠드에 꽂아 총 3개 이용 예정입니다. |

## 05 연회행사 관련부서 회의하기

호텔에선 일반적으로 주 1회 정도 연회부장 주재 하에 연회판촉, 연회 서비스, 연회주방, 시설, 플로리스트, 얼음조각 디자이너, 여신담당자 등과 연회관련부서 직원들이 연회운영 미팅을 진행한다. 이때 주요 행사에 대해 브리핑을 하고, 특별준비사항이나 신경을 써야 할 내용에 대해 협조요청을 하게 되며, 국제회의나 대규모 행사, VIP행사 등에는 해당 연회판촉지배인이 관련부서 직원들과 함께 별도 미팅을 개최하여 자세한 준비사항에 대해 협의를 한다. 연회행사지시서를 연회 회의시간에 공지하고, 연회만족도 제고를 위해 조리부서와 메뉴를 협의한다. 연회행사와 관련된 비용결재를 위해 경리부서와 수납에 대해 협의한다.

## 06 연회행사의 식음자재 구매요청

연회행사를 위해 재고상황을 파악하고 구매계획을 수립한다. 그리고 연회행사지시서에 근거하여 식자재와 음료구매를 요청하고 구매부서에 구매물품을 비교·확인한 후 수령한다.

① 연회 식음료자재의 재고관리업무 흐름을 확인한다.

ⓐ 정기적으로 연회장의 식재료 재고점검을 한다.

ⓑ 인벤토리 장부와 실제의 차이가 크면 원인조사를 하고 월말에 장부에 작성한다.

ⓒ 식음료재료의 입출고는 대부분이 전산업무로 처리가 가능하다. 이를 위해 식재료를 규격과 가공·저장기간별 및 품목별로 목록화하고, 업무의 흐름을 시스템화한다.

② 연회 식음료자재와 구매관리업무를 확인한다.

ⓐ 정기적으로 상세한 시장조사를 통해 구매물품이 용도에 적합한가를 확인한다.

ⓑ 식자재 관련업체의 주기적 평가에 참여하여 우량업체를 선정을 통해 우수한 품질의 식자재가 사입될 수 있도록 한다.

ⓒ 개별식자재 보존특성을 잘 파악하여 저장기간과 구매시점을 관리하고 재활용과 불량품의 반품대책 등 총괄적인 활동이 필요하다.

③ 연회 식음료자재의 단계별(1단계 확인조사, 2단계 확인조사, 송장확인조사, 검수일지 작성, 입고확인조사) 검수절차를 확인한다.

## 07 연회행사의 외부업체 발주

### 1) 연회행사지시서에 따른 외부업체 발주

연회의 외주업무란 호텔 자체적으로 준비하기 어려운 사항을 외부업자에게 대행하도록 의뢰하는 것이다.

외부업자는 호텔 구매부서를 통해 공식적인 계약에 거래하는 것이 효과적이며, 업체선정 시 능력을 갖추고 호텔업무를 적극적으로 대응할 수 있는 업체를 선정하여 호텔의 이미지가 손상되지 않도록 하여야 한다. 연회행사지시서에 따라 외부업체에 발주하고, 발주내용을 외부업체와 확인한다. 그리고 행사를 위해 필요한 상황에 따라 외부업체와 협의하며, 그와 관련하여 외부업체와 가격을 협의한다. 연회행사에 따라 발주담당자를 선정한다. 일반적으로 외부에 발주하는 품목들은 다음과 같다.

#### (1) 현수막 · 배너 · 현판

연회장 규모에 맞게 Size를 정하여 발주하며, Banner나 Placard는 제작에 필요한 시간이 있어야 하므로 보통 3일 이상의 시간을 요한다.

현수막이나 현판 등에 표기하는 내용으로는 행사제목, 주최조직, 로고, 행사일시 · 장소 등이며, 이러한 내용이 정확한지 주문 시부터 철저하게 확인하고 재확인하여 행사에 지장을 주지 않도록 각별히 주의를 기울여야 한다.

#### (2) 연주인 · 연예인

주로 가족모임이나 축하 및 식전행사, 특히 결혼식에 많이 사용하기에 계약된 외부업체에 발주하고 있다.

① 결혼식・약혼식 등 각종 식전행사시: 피아노 3중주・4중주

② 회갑연・고희연 등 여흥 시: 밴드(1인조・2인조 등), 국악, 사회자 등

고객의 요청에 따라 호텔 협력업체를 통해 피아니스트 솔로, 피아노(또는 현악 트리오), 현악 5중주 및 오케스트라와 가수, 코미디언, 국악인, 무용단, 사회자, 레크레인션 지도자 등을 섭외할 수 있다.

### (3) 사진・비디오 촬영

① 외부 스튜디오와 계약하여 진행하고 있다.

② 특히 결혼식에는 사진의 주문양이 많을 수 있으므로 정확히 주문해야 한다.

고객의 요청에 따라 스냅사진과 원판사진의 촬영이 가능하며, 비디오촬영이 가능하다.

### (4) 상차림

아기 돌잔치나 부모님의 고희연・희수연・산수연 등 장수연을 개최할 때 과일・다과・떡으로 장식한 고임상을 놓고 기념촬영을 한다. 외부에서 대여하고 있다.

### (5) 음향・영상장비

호텔에서 보유하고 있지 않은 대형 프로젝터나 델리게이트 마이크 등은 외부에 의뢰해 행사에 차질 없도록 준비한다.

### (6) 동시통역

국제행사 진행시 연사가 하는 말을 다른 외국어로 동시통역을 할 수 있는 시스템과 통역사를 준비하어야 한다.

### 2) 연회행사지시서(BEO)에 따른 외부업체 발주협의

연회행사의 유치가 확정되면 행사주최 측과 행사진행을 위해 많은 협의가 진행된다. 연회행사의 성공을 위해서는 다양한 집기·비품과 기자재 및 시설 등을 필요로 한다. 이런 사항들을 주최 측에서 다 보유하고 있을 수 없기에 이를 각 부문별로 업무협약을 체결한 외부거래업체에 업무협조 및 지원요청을 하게 된다. 행사를 진행하는 주최 측 못지않게 중요한 부분이 협조 및 지원에 나서는 외부업체의 입장과 자세이다.

외부업체와의 협의는 정기적인 협의와 비정기적인 업무협의가 있다. 일반적으로 정기적인 협의는 어느 쪽의 사무실에서 모여 긴급한 업무협조 외에 연회행사의 개최에 대한 회의가 진행된다. 비정기적 업무협의는 일반적으로 주최 측의 요청에 의해 주최 측 연회사무실이나 지원부서 회의실에 진행된다.

## 08 연회 기자재 확인

연회행사지시서에 근거하여 연회행사의 내부기자재와 외부기자재를 확인한다. 또한 연회행사지시서에 근거하여 특수기자재를 확인하며, 기자재 사용 및 작동 여부와 사용방법을 숙지한다.

연회행사지시서(BEO)에 근거하여 내부보유 기자재와 외부발주 기자재, 음향·조명기기 등의 보유기종과 수량 등을 확인한다. 기자재 점검은 연회행사 개최 선후로 반드시 실시한다.

## 09 연회행사 리허설

연회행사에 따라 리허설계획을 수립하고 관련된 기자재를 시연한 후 문제점을 파악한다. 그리고 행사에 따라 관련된 특수음향·조명기기의 조작방법을 숙지하고 완벽한 연회행사를 위해 서비스동선을 확인한 후 문제점을 파악한다. 또한 연회행사 리허설을 종료한 후에는 문제점을 확인하고 변경 및 개선한다.

CHAPTER 09

# 연회 서비스 진행

## 01 연회 서비스의 이해

### 1) 연회 서비스의 개요

연회 서비스는 연회예약에서 발행한 연회행사지시서의 내용을 현장에서 집행하는 부서이다. 연회 서비스는 식사행사 혹은 회의 및 전시회 등 행사성격에 따라 적합하게 연회장을 꾸며야 하고, 식사행사는 사전에 테이블 세팅을 하고 고객이 착석하면 식음료 서비스를 해야 한다. 행사가 끝나면 다시 연회장을 깨끗이 치워야 하는 등 많은 시간과 노력이 필요한 부서이다.

또한 연회 서비스직원은 연회장에서 제공하는 양식・한식・일식・중식 등의 테이블 세팅 및 서비스를 할 수 있는 능력을 가지고 있어야 하며, 연회장에 사용되는 각종 장비 및 기물도 다룰 줄 알아야 되는 무에서 유를 창조하는 토털 서비스전문가가 되어야 한다.

연회예약과 연회판촉에서 유치한 행사를 당일 서비스하는데 문제가 발생하여 행사가 원만하게 진행되지 못하면 고객불만족이 발생하여 재구매와 신규고객 창출에 어려움을 겪게 된다. 반면 정중하고 친절한 시비스를 제공하게 되면 주최자뿐만 아니라 참석자들도 만족하여 행사계획 시 해당호텔을 이용하게 된다. 따라서 매 행사

마다 고객만족을 실현하여 연회매출액 증대에 기여한다는 사명감을 가지고 업무에 임해야 한다.

### 2) 연회 서비스의 직무

#### (1) 연회 서비스 지배인(Banquet Service Manager)

① 연회장의 대고객 서비스를 총책임진다.
② 연회예약 및 연회판촉과 유기적으로 연락 및 회의를 통하여 행사준비 및 진행에 만전을 기한다.
③ 연회 주간·월간 행사요약표와 연회행사지시서를 토대로 주간·월간 준비계획을 수립하고, 직원들의 근무 스케줄 작성 및 업무분장을 한다.
④ 연회장의 캡틴·웨이터·웨이트리스·실습생 등의 부하직원을 관리·감독하고 교육·훈련을 시킨다.
⑤ 고객 영접 및 환송을 하고 고객불편사항을 처리한다.
⑥ 주방과 연회장의 직원 사이에 업무협조가 원활히 이루어지도록 조정역할을 한다.
⑦ 청소·수선 등 관련부서와 협조가 잘 이루어지도록 조정역할을 한다.
⑧ 연회장을 유지·관리한다.

#### (2) 연회 캡틴(Banquet Captain)

① 연회 서비스 지배인을 보좌하고 부하직원을 지휘한다.
② 연회지배인 부재 시 업무를 대행한다.
③ 행사진행 파악과 준비업무를 수행한다.
④ 테이블 배치 및 세팅을 한다.
⑤ 연회 서비스직원들의 개인위생상태를 점검한다.
⑥ 행사준비 및 서비스를 주도하고 만전을 기한다.

⑦ 음료 및 기물의 재고조사를 담당한다.

### (3) 연회 웨이터나 웨이트리스

① 지배인이나 캡틴의 지시에 의하여 행사를 준비한다.
② 행사지시서에 따라 테이블 배치 및 세팅을 한다.
③ 행사장 청결상태를 유지한다.
④ 행사관련사항들을 상세히 숙지하고 식음료 서비스를 제공한다.
⑤ 기물 · 비품상태 점검 및 유지 · 관리한다.
⑥ 린넨 수령 및 반납 업무를 수행한다.
⑦ 각종 소모품 및 비품을 수령 · 정리한다.

## 02 연회 서비스의 유형

서비스품질은 음식의 질만큼 중요하다. 잘 준비된 식사라 하더라도 서비스가 좋지 않을 경우 행사 전체를 망칠 수도 있다. 따라서 각 연회행사의 특성에 따라 적합한 서비스형태를 선택하여 전문적인 서비스가 제공될 수 있도록 준비하여야 한다. 서비스의 종류에 대해서 살펴보면 다음과 같다.

### 1) 아메리칸 서비스(American Service)

아메리칸 서비스는 플레이트 서비스라고도 하며, 모든 음식이 주방에서 조리하여 개별접시에 담아 고객에게 제공되는 서비스이다. 아메리칸 서비스는 가장 보편적이고 실용적이며 경제적이고 관리가 용이하며 효율적인 서비스방법이다.

### 2) 프랑스식 연회 서비스(French Banquet Service)

주방에서 음식을 담은 큰 접시를 테이블로 가져와 고객 왼쪽 편에서 고객의 개인 접시에 음식을 제공한다. 연회직원의 오랜 경험과 숙련된 기술이 요구되고, 임무를 수행할 수 있는 노련한 직원이 있어야 하며, 충분한 식사시간과 충분한 공간을 필요로 한다.

### 3) 러시아식 연회 서비스(Russian Banquet Service)

모든 코스의 요리가 주방에서 담기어진 요리를 은제품이나 큰 접시에 담아서 테이블 시계방향으로 돌면서 고객에게 제공한 개인접시에 고객들이 각자 덜어 먹을 수 있도록 고객 왼쪽 편에서 자세를 낮추어 시중을 든다.

### 4) 잉글리시 서비스(English Service)

일명 패밀리 서비스라고도 하는데, 주방에서 만들어진 모든 음식을 큰 플래터에 담아서 테이블에 올려놓으면 고객 스스로가 음식을 덜고 접시를 옆으로 돌리면서 각자가 덜어 먹는 방식이다.

### 5) 버틀러 서비스(Butler Service)

트레이 서비스라고 하는 버틀러 서비스는 보통 리셉션에서 사용되고, 직원이 뜨겁거나 찬 종류의 음식을 큰 접시나 쟁반에 들고서 고객들에게 제공한다.

### 6) 프리셋 서비스(Preset Service)

고객이 도착될 때 미리 코스를 테이블에 준비해놓은 서비스로 물·버터·빵·샐러드 및 찬 애피타이저 등을 미리 테이블에 준비해놓은 서비스이다. 약식 오찬 같은 경우 디저트나 따뜻하게 제공하지 않는 음식도 미리 테이블에 올려놓을 수 있다.

### 7) 뷔페 서비스(Buffet Service)

뷔페 테이블에 차려 놓은 음식을 고객들이 스스로 음식을 접시에 담아와 식탁에 가져가서 먹는 셀프서비스 형태이다. 음료는 연회직원이 서비스할 수 있다.

## 03 연회 서비스의 진행절차

연회 서비스는 연회예약실에서 발행한 BEO(연회행사지시서)를 전달받아 BEO의 내용대로 연회장 세팅을 하고 연회고객들에게 식음료 및 기타 부가적인 서비스를 제공하는 부서이다. 고객과 연회예약실의 담당자가 협의한 내용을 상세히 기록한 BEO 내용대로 사전에 테이블 배치와 테이블 세팅을 하여야 하며, 행사가 시작되면 고객들에게 식음료를 제공하거나 회의나 다른 행사가 성공적으로 이루어지도록 도움을 주어야 한다. 또한 모든 행사가 종료되면 연회장에 세팅되었던 테이블과 의자를 다음 행사에 맞추어 재배열하거나, 다음 행사가 없을 경우에는 연회장 안에 있는 모든 장비 및 집기·비품을 모두 치우고 말끔하고 청결한 상태로 유지시켜 두어야 한다.

연회 서비스절차는 연회장을 청결하게 유지하고 BEO의 내용에 따라 사전준비단계, 고객 서비스단계, 사후단계로 구분할 수 있다. 사전단계는 행사 준비를 시작하는 시점부터 행사시작 약 1시간 전, 즉 주최자나 주관자가 도착하기 전까지 행사장을 고객과 연회예약담당자가 협의한 내용대로 완벽하게 준비를 해놓은 단계를 의미한다. 고객 서비스단계는 주최자나 주관자가 행사장에 도착해서부터 고객을 영접하고 식음료 서비스 제공과 행사 중 고객의 요구사항에 응대하는 단계이다. 사후단계는 행사가 종료되어 행사대금을 받고 고객을 환송하는 단계로, 각 단계별 절차를 살펴보면 다음과 같다.

### 1) 사전준비단계

#### (1) 연회장 사전점검

행사준비를 위한 청결도 확인을 하여야 하는데, 그 내용은 다음과 같다.

① 테이블 규격에 맞는 클로스를 사용한다.
② 세탁된 린넨은 종류별로 구분하여 정해진 위치에 보관되어야 하고, 먼지가 묻지 않는 곳에 보관한다.
③ 흠집・얼룩・손상된 린넨은 사용하지 않는다.
④ 린넨은 사용 후 반드시 린넨 카트로 수거한다.
⑤ 연회용 기물(은기물・도기류・글라스류), 안내데스크, 카펫관리 등도 사전점검항목으로 위생상태의 관리가 철저해야 한다.

#### (2) 현장인원 당일교육

매니저를 통해 현장인원 교육계획서의 내용을 확인하고, 연회행사를 위해 현장인원의 용모와 복장을 점검한다. 또한 연회행사교육 매뉴얼내용에 따라 교육을 실시하고, 연회장 VIP 테이블 서비스교육을 시행하며, 연회행사 교육계획에 따라 당일 현장인원을 교육한다.

### (3) 행사인원 배치

연회행사를 위한 전체 서비스인원을 산정하고, 연회행사 만족도를 높이기 위해 숙련된 서비스인원을 구분하여 배치한다. 연회담당직원에게 연회장 서비스인원 배치도에 따라 자신의 서비스 테이블을 확인하게 한다. 연회장의 안내 데스크에 인원을 배치하여 고객응대를 신속하게 처리하고, 연회행사의 총책임자를 선임한다. 사전에 작성한 스케줄에 따라 담당직원들은 연회행사의 성격과 메뉴종류 및 테이블배치에 따라 서비스인원을 적절하게 확보함으로써 좋은 서비스 제공과 인원을 효율적으로 활용할 수 있다. 일반적으로 각 메뉴별로 인원배치는 다음과 같다.

① 양식: 고객 30명당 서비스요원 2명
② 중식・한식: 고객 10명당 서비스요원 1명
③ 착석 뷔페: 고객 15명당 서비스인원 1명
④ 입식 뷔페: 고객 30명당 서비스인원 1명
⑤ 커피 브레이크: 고객 40명당 서비스인원 1명

### (4) 테이블 배치

연회예약에서 고객과 협의한 사항을 토대로 작성한 BEO 내용대로 테이블을 배치한다. 원탁 테이블, U-자형, 할로우 스퀘어형 등의 형태로 배치한다. 행사장 크기와 인원수에 따라 테이블의 앞・뒤・옆의 간격을 조정한다.

### (5) 테이블 세팅

연회행사배치도에 따라 테이블 세팅을 하고, 연회행사지시서 요청사항에 따라 린넨과 기물 및 글라스를 세팅한다. 그리고 연회행사장소에 따라 세팅된 테이블을 재확인하고 변경한다.

① 테이블과 의자를 BEO의 요구대로 배치하고 파손되거나 흔들림이 없는지 점검한다.

② 테이블 위에 언더 클로스와 테이블 클로스를 중앙에 맞추어 덮는다.
③ 쇼 플레이트(show plate)를 놓고, 냅킨을 접은 상태로 올려 둔다.
④ 센터피스를 놓는다.
⑤ 메인 나이프와 포크를 놓는다.
⑥ 생선 나이프와 포크를 놓는다.
⑦ 수프 스푼과 샐러드 포크를 놓는다.
⑧ 애피타이저 나이프와 포크를 놓는다.
⑨ 빵접시(B & B plate)를 놓는다.
⑩ 버터 스프레드(나이프)를 놓는다.
⑪ 디저트 스푼과 포크를 쇼 플레이트 위쪽에 놓는다.
⑫ 워터 고블렛(water goblet)과 와인잔을 놓는다.
⑬ 소금통 · 후추통은 3인에 1세트를 세팅한다.
⑭ 접은 냅킨의 형태에 따라 세우거나 눕혀서 가지런히 정돈해둔다.
⑮ 전체적인 테이블 세팅의 조화와 균형을 점검한다.

### 2) 고객 서비스단계

#### (1) 직원의 행사장 대기

연회장에서는 행사시작 1시간 전에는 모든 세팅을 완료하고, 행사 주최자나 주관자가 도착하면 인사를 하고 담당지배인임을 밝히며, 협의한 내용과 준비사항이 상이한 점이 없는지 확인을 하고, 혹시라도 상이한 점이 있으면 빠른 조치를 취하여야 한다. 연회행사가 시작 30분 전에 담당직원들은 자신의 위치에 스탠바이하여 고객 맞이할 준비를 하여야 한다. 연회장 지배인 또는 캡틴은 입구에 서서 고객을 영접하고, 서비스직원들은 각자 맡은 테이블에서 대기하고 있는다. 고객이 담당 테이블에 오게 되면 반갑게 인사하고 착석보조를 해드린다.

#### (2) 식음료 서비스제공

식음료 서비스 매뉴얼에 따라 생수와 음료 및 식사를 제공하고, 연회장 서비스일정에 따라 식음료 서비스 제공시간을 조절하며, 연회행사 전에 요청된 확정 메뉴 서비스를 제공한다.

연회장에서 제공하는 식사종류로는 연회 주최자의 사전 메뉴결정에 따라 코스 메뉴(한・양・일・중식)와 뷔페 스타일 음식(스탠딩 뷔페와 칵테일 뷔페)이 제공될 수 있다. 대규모 행사나 연회가 많을 경우에는 자체 인력으로만 부족하기 때문에 다른 영업장 또는 지원부서(back office) 직원들의 지원을 받거나 파트 타이머를 충원받아서 대고객 서비스에 차질이 없도록 한다.

##### 가) 정식 서비스

① 연회 서비스 지배인은 서비스요원들의 담당 테이블을 사전에 할당한다.
② 첫 번째 코스의 음식은 전체 인원에게 동시에 제공될 수 있도록 하고, 헤드 테이블에 서비스가 되는 기점으로 일제히 담당 테이블에 서브되어야 한다.

③ 헤드 테이블은 경험이 많고 숙련된 캡틴이 서비스를 담당한다.
④ 지배인은 코스가 진행되는 상황을 파악하여 원활한 서비스가 제공될 수 있도록 지휘 및 통솔을 한다.

#### 나) 뷔페 서비스

① 따듯한 음식을 위한 고체연료는 식사시간 1시간 전에 불을 붙인다.
② 찬 음식을 덮은 랩은 식사시작 20분 전에 벗긴다.
③ 뷔페접시는 식수인원의 3배를 준비한다.
④ 고객이 사용한 접시는 즉시 치운다.
⑤ 부족한 음식은 주방장과 연락하여 즉시 채운다.
⑥ 고객 테이블의 물은 1/3 이하가 되면 즉시 채워드린다.

#### 다) 고객응대

연회행사 중 발생하는 고객의 요구사항을 처리하고, 식음료 서비스 매뉴얼과 교육지침에 따라 미소로 고객을 응대한다. 그리고 고객응대 시 메뉴와 주요 특이사항 및 연회행사내용 등을 이해하여 불평·불만고객의 요구사항에 대응하며, 연회행사 진행시 대처할 수 없는 고객의 요구사항은 지배인에게 보고한다. 또한 식음료 서비스 매뉴얼과 교육지침에 따라 고객을 환송한다.

## 04 연회행사 정산 및 사후관리

연회행사가 종료되면 연회행사지시서에 기재된 내용을 토대로 행사비용내역서를 작성하여 사전에 고객과 연회예약직원 간 지불방법에 대한 협의내용을 토대로 고객으로부터 계산을 받는다. 연회행사 매출관리부를 작성하고 미수금관리 등에 관한 구체적인 내용은 다음과 같다.

## 1) 연회행사비용 정산

### (1) 연회행사 현금유동성 확인

대부분의 특급호텔에서 행사대금 결재는 프런트 데스크에서 정산처리를 하게 되며, 결재방법으로는 신용카드, 룸사인, 현금지불, 계약사인 경우 후불로 처리하는 방법이 있다. 대부분의 행사대금은 신용카드로 지불하는 것이 일반적이며, 결혼식 행사인 경우 접수된 축의금 금액을 카운트할 수 있는 계수기를 준비하여 조용하고 안전한 연회예약실로 고객을 안내하여 접수금액을 확인할 수 있도록 도움을 준다.

호텔 연회장 및 부대시설은 일반적으로 회계업무처리를 POS(Point of Sale) 시스템을 활용해 객실회계 프로그램과 연결하여 고객의 회계업무를 처리하고 있다.

POS 시스템의 장점은 다음과 같다.

① 모든 업장의 온라인 회계처리가 가능하다.

② 상품의 가격변동 및 신메뉴 추가 시 간단하게 변경이 가능하고, 특히 호텔회계에서는 객실고객 정보확인 후 후불처리가 가능하다.

③ 메인 컴퓨터와의 연동으로 실시간 온라인 전송이 가능하다.

회계원은 모든 식음료매출에 대한 계산서(bill) 작성, 현금 및 후불정산 매출액 회계처리, 현금 및 시제금(house fund) 관리, 일일영업보고서 작성, 완료된 계산서 또는 미사용계산서 관리, 매출액 할인보고서 작성의 업무를 담당한다. 회계원은 당일 영업을 위해 영업장의 시제금을 프런트 회계원으로부터 수령하고 영업장 오픈 30분 전에 도착하여 고유 ID를 입력한 다음 시스템을 연 후 POS 시스템을 통해 당일 외환환율을 확인한 후 고지해야 한다. 특히 중요한 것은 전일 사용한 POS 시스템의 정상마감을 확인한 후 영업을 준비한다. 최근 특급호텔 연회장에서는 시제금을 수령하지 않고 행시종료 후 회계업무를 프런트데스크에서 처리하고 있다.

### (2) 행사비용내역서 작성

연회행사지시서 내역에 따라 연회행사내역서를 작성하고, 연회행사 후 추가내역서를 작성한다. 그리고 연회행사와 관련하여 계약금액을 확인하고, 고객에게 연회행사비용을 설명하며, 연회행사비용 내역서를 복사하여 보관한다.

연회행사에 대한 행사비용내역서 작성과 비용정산은 해당행사를 담당한 연회 서비스책임자가 하며, 계약된 행사 총비용을 확인하고, 추가된 음식과 음료가 있는지 확인하고 누락되지 않도록 정확하게 식사・음료 순으로 작성한 다음, 행사장사용료와 장비사용료 및 장치물비용 등 기타 품목을 기재하고 총액을 산출한다. 작성된 연회비용내역서를 근거로 POS를 통해 빌 포스팅을 한다.

### (3) 연회행사 지불결제 처리하기

고객과 의견조율을 통해 연회행사 결재방법을 조정하고, 연회행사계약금 영수증을 확인한다. 그리고 연회행사 현금영수증과 세금계산서 처리방법을 이해하여 결재 및 확인하고, 연회행사와 관련된 외부업체와의 거래내역을 확인하고 비용을 정산한다.

기재된 연회명세서와 빌(bill) 내역을 고객에게 확인해 드리고, 총매출액에서 계약금 납부금액을 차감하며, BEO(연회행사지시서)상에 표기된 지불방법대로 결재를 받고, 즉각 프런트 캐셔에게 입금을 하며, 연회 폴리오를 받아 고객에게 전달하도록 한다. 그리고 연회행사와 관련된 외부업체와의 거래내역을 확인하고 비용을 정산한다.

연회행사의 지불 및 결제처리에 대해 고객의 지불유형에 따라 회계원의 역할은 달라진다.

첫째, 고객이 현금정산을 요구할 경우 고객에게 발생된 금액을 알려주고, POS 시스템을 통해 계산서를 마감한 다음, 영수증을 발급한 후 회계를 마감한다. 특히 현금에는 수표와 외화도 포함되어 있기 때문에 수표는 POS를 통해 분실수표 및 위조수표인지 확인한 후 뒷면에 고객의 서명을 요청한다. 외화지불일 경우는 해당 환율을 적용하여 위조 여부 확인 후 정산한다. 외화종류 중 여행자수표는 수표에 고객의 서명을 받고 재차 확인이 필요하다.

둘째, 투숙객 후불은 식음료업장을 이용한 고객의 경우 회계원은 객실 키를 확인한 후 객실번호와 고객서명을 계산서에 받아 투숙객 후불로 처리한다. 서명받은 계산서는 프런트에 전달하여 고객이 체크아웃 시 직접 객실영수증과 함께 결제 처리한다.

셋째, 신용카드의 경우는 POS 시스템에 한국신용정보회사와의 인터페이스를 통해 본인확인과 한도조회를 하여 승인번호를 득하고 카드 패드에 고객서명을 받아 회계처리한다. 연회장에서는 결재금액이 크기 때문에 한도조회가 필요하다.

넷째, 외상매출금을 처리할 수 있는 고객은 호텔에서 승인한 거래처를 POS로 조회한 후 계산서를 출력하여 거래처명 · 연락처 · 담당자서명을 받아 처리하면 된다.

#### (4) 일일 연회행사 매출관리부 작성

일일 연회행사 종료 후 매출관리장부를 작성하여 보고하고, 관련부서와 자료를 공유하며, 영수증을 해당부서로 전달한다. 또한 고객의 만족도를 분석하고 보고서를 작성한다.

#### (5) 연회행사 미수금 관리하기

연회행사 종료 후 후불고객에게 지불각서 작성을 요청하고, 연회행사 정산을 위해 고객의 신용카드 한도액을 확인한다. 그리고 담당자와 협의하여 미수처리하고, 연회행사 미수고객명단을 작성하여 미수금 관리대상으로 선정한다. 연회행사 미수금관리는 회사규정에 따라 처리한다.

### 2) 연회행사 사후관리

연회행사 종료 후 고객만족도 확인, 불평 · 불만 처리, 분실물관리, 시설물 파손점검, 연회행사 업무보고서를 작성하며, 구체적인 업무는 다음과 같다.

### (1) 고객만족도 확인

해당 연회책임자는 연회가 종료되면 연회 주최자나 주관자에게 행사 중 불편한 점이 없었는지 구두로 확인하고 행사에 대한 전반적인 고객반응을 메모하여 판촉지배인이나 예약담당에게 전달해 만족도를 공유함으로써 재이용과 긍정적인 구전이 되도록 하여야 한다. 감사전화 또는 감사편지를 송부하고, 만족도조사 설문지를 고객에게 보내 드려 고객의 만족도를 확인하여야 한다.

### (2) 고객불평 · 불만처리

고객의 불만족사항이 접수되면 고객에게 정중히 사과드리고, 부서장에게 보고하여 신속하게 적절한 조치를 취하게 하여 불만족을 해소할 수 있도록 하여야 한다. 향후 유사한 사례가 재발되지 않도록 관련부서와 내용을 공유하여 대책을 강구하여야 된다.

### (3) 분실물관리

연회행사 시 고객의 분실물 여부를 파악하고, 분실물 처리규정에 따라 습득물로 처리한다. 분실물 발생 시에는 분실물관리대장을 작성하고, 습득물보관실에 이동하여 보관한다.

### (4) 시설물 파손 유무의 점검

연회행사 후 시설물이 훼손되거나 파손된 것이 없는지 행사담당자와 함께 점검하고, 연회행사 파손물규정에 따라 확인하여 문제가 있는 부분은 주최자나 주관자에 연락을 하여 배상을 받을 수 있도록 하여야 한다.

### (5) 연회행사 업무보고서 작성

연회행사 종료 후 매출보고서를 작성하고, 연회행사를 통해 발생된 고객 불평·불만 처리사항을 기록한다. 그리고 연회행사 시 발생한 고객의 분실물에 대한 분실물관리보고서를 작성하며, 연회장 시설물관리보고서를 작성한다. 연화행사 종료 후 해당 연회에 대한 고객불평사항이나 코멘트·특이사항 등을 기록하여 모두가 공유할 수 있도록 하여야 한다.

## 05 연회장 관리 및 운영

### 1) 연회장 관리

#### (1) 벽의 보호

① 안내문 또는 홍보용 포스터를 임의로 부착하여 벽지가 훼손되지 않도록 한다(스카치 테이프, 양면 테이프, 접착 테이프, 압정 사용금지).
② 화환·화분·장식물 등을 설치하기 위해 문을 막아서는 안 된다.
③ 장비류를 비치할 때는 벽과의 간격을 30cm 이상 띄우도록 한다.
④ 카트(cart)류를 사용할 때 벽이나 문짝을 훼손하지 않도록 한다.
⑤ 방화문은 항상 닫혀 있어야 한다.

#### (2) 바닥의 보호

① 장비류의 이동 시 끌거나 밀어서 카펫(carpet)이 손상되지 않도록 한다.
② 전시회 때 카펫 마모와 물 흡수를 방지하기 위하여 비닐을 깐 후 작업한다.

③ 무대작업 시 카펫 위에 보호천을 깔아야 한다.
④ 페인트 작업 시에도 필히 보호천을 깔아야 한다.

#### (3) 천장의 보호

① 유압사다리 사용 전에 안전상태, 배터리 충전상태 등을 확인한 후 작업한다.
② 모든 작업진행시 사전에 지배인의 허락을 받는다.

### 2) 연회장 운영

#### (1) 행사 준비

장비이동 시 문의 파손을 막기 위해 행사가 없을 때는 문을 완전히 오픈(open)한 후 장비를 이동한다. 행사가 있을 때는 다른 행사에 지장을 주지 않도록 세심히 배려한다(정숙).

#### (2) 행사 중

벽과 카펫에 오물이 묻지 않도록 주의한다.

#### (3) 행사 종료

① 카펫에 오물이 묻지 않도록 주의한다.
② 행사장의 테이블은 명일의 행사에 대비하여 정리 · 정돈을 철저히 한다. 명일 행사준비는 당일 행사가 없을 때에는 오전조가 셋업, 행사가 있을 때에는 오후조가 셋업한다.

### 3) 연회 안전관리

#### (1) 개인 안전관리

① 장비운반 전에 반드시 작업용 장갑을 착용한다.
② 장비이동 시에는 장비안전수칙을 숙지한 후 시행한다.
③ 무거운 장비를 들거나 이동 시에는 사전에 확인하여 무리하게 들지 않도록 한다.
④ 현수막을 달 때 사다리 등은 안전한지 확인한다.
⑤ 행사 중에 뛰어서는 안 된다.
⑥ 장비운반 시 장애물 등 방해물이 있는지 확인한 후 운반한다.
⑦ 글라스 및 차이나웨어(chinaware)류가 깨진 것을 다룰 때는 맨손으로 잡지 않도록 한다.

#### (2) 화재예방

① 뷔페연회(buffet party) 시 사용하는 알코올은 행사 전, 행사 중, 행사 후 담당자가 철저히 점검을 해야 한다.
② 외부 비디오 촬영, 조명기기 설치, 전시회 등 전기를 쓰는 행사에는 호텔의 규격전선을 사용하고 전압을 꼭 확인한다.
③ 휴지와 담배꽁초 및 가열성 물질을 분리해서 처리하도록 한다.
④ 불을 이용한 행사는 가급적 지양하며, 꼭 사용할 때는 방화담당자가 입회하여 하도록 한다.

CHAPTER 10

# 웨딩

## 01 웨딩의 개념

일반적으로 인간은 일정한 시기에 이르면 배우자를 선택하고 결혼의 과정을 통하여 가족을 형성한다. 결혼(wedding)은 사회적으로 인정된 두 사람의 결합이며, 그 결합의 영속적 관계를 유지하는 것을 뜻한다.

결혼이란 호적법에 정한 바에 의하여 남녀 간의 결합을 일정한 의식을 거쳐 사회적으로 공인받는 것이다. 오늘날 행하여지는 결혼식은 본래 우리의 결혼문화가 아니라 서구에서 들어온 결혼문화이다. 결혼식의 절차는 선진국일수록 그 제도와 절차가 매우 간결하다. 특히 유럽이나 미국의 경우는 우리나라와 같은 복잡하고 형식화된 절차를 탈피하여 당사자가 합의한 날 교회나 특별히 지정된 장소에서 목사나 신부님의 주례로 간단히 결혼식을 올림으로써 부부가 되는 것이다.

## 02 결혼식 문화의 변화

한국사회가 정보화시대로 빠르게 진입함에 따라 우리나라 제도에도 특별한 웨딩을 꿈꾸는 예비신랑 · 신부들이 늘어나면서 개인의 취향과 감성에 맞춘 웨딩문화가 등장하게 되었다. 바쁜 현대인에 맞춘 웨딩 플래너의 등장은 물론, 가격과 한가로운 분위기의 저녁 웨딩과 이벤트성 파티 웨딩이 틈새시장으로 떠오르고 있다.

파티 웨딩은 기존의 딱딱한 예식의 형태를 벗어나 웨딩과 파티를 동시에 진행할 수 있게 프로그래밍 된 새로운 형태의 예식문화로 결혼 당사자 및 하객들이 자유로운 분위기 속에서 예식을 축하하고 즐길 수 있게 구성할 수 있다는 장점이 있다. 이렇듯 산업화와 도시화로 전통혼례에서 현대식 웨딩으로 근대의 정보화와 문화의 발달로 개개인의 개성을 살린 이벤트성 웨딩으로 사회적 변화와 함께 우리나라의 웨딩문화 또한 변화되었다.

〈표 10-1〉 **결혼식 문화의 변화**

| 구분 | 내용 |
|---|---|
| 1950년 이전 | • 전통사회<br>• 가문과 가문을 결합시키는 기능<br>• 친족 및 동네 행사 |
| 1950년 이후<br>(도시화 · 산업화) | • 1970년 급속한 산업화로 상업적 결혼시설 증가<br>• 1970년 이후 전통혼례는 사라지고 예식장 결혼식의 보편화<br>• 1999년 특1급 호텔의 합법적 경쟁시장 돌입<br>• 전문 웨딩홀 · 호텔로 한정된 장소 |
| 2000~2010년<br>(감성사회 및 정보화사회) | • 문화의 발달, 감성사회<br>• 획일화된 것을 탈피한 개성 있고 차별화된 결혼식 발달<br>• 웨딩 컨설팅의 발전<br>• 이벤트성 파티 웨딩<br>• 하우스 웨딩, 야외 웨딩, 채플 웨딩 등 장소의 다양화 |

현재 국내에서는 전통식 웨딩, 종교적 웨딩, 현대식 웨딩, 채플 웨딩, 하우스 웨딩, 야외 웨딩 등 대부분 외국식 웨딩문화가 확산되어 있다. 또한 근대에 감성사회와 함께 내추럴리즘에 의한 친환경적인 요소들에 대한 관심의 증대로 친환경결혼식이 등장하였으며, 결혼에 대한 가치관은 사회적 변화와 함께 지속적으로 변화하고 있다.

## 03 웨딩의 유형

### 1) 전통식 웨딩

우리 고유의 전통혼례는 중국의 주자가례의 사상에 따라 전해져 왔으며, 조선 후기 숙종 때 '4례'에 관하여 편찬한 책인 『사례편람』에 따르면 결혼은 서로 결혼의 사를 타진하는 의혼, 결혼날짜를 정하는 납채, 예물을 보내는 납폐, 결혼식을 올리는 친영의 4가지 의례순으로 이루어졌는데, 간편화되어 지금까지 이어져오고 있다.

현대의 전통혼례는 보통 예단과 혼서지를 신부집으로 보내는 '함'과 신부집에서 혼례식을 올리는 정도의 '예식'으로 진행된다. 우리 전통혼례는 19세기 말 서양문물이 들어오면서 가장 크게 변화하였다. 요즈음은 고궁이나 민속촌에서 외국인을 위한 이벤트성 행사로 찾아볼 수 있는 볼거리로 머물러 있다.

### 2) 현대식 웨딩

요즘 가장 대중적으로 치러지는 방식으로 예식장 · 관공서 · 호텔 등에서 행하는 웨딩이다. 구한말 이후 개화기를 거쳐 서구식으로 치르는 결혼이 번창했고, 예복 역시 웨딩 드레스와 턱시도로 보편화되었다. 그러나 결혼식 후 전통결혼에서 차용한 절차로 혼재되어 있다.

근대에는 서양식 현대 웨딩의 보편화로 결혼식이 지나치게 상업적으로 이용되면서 결혼식이 가져야 할 강건함과 신선함이 사라진다는 지적이 나오고 있으며, 쫓기듯 찍어내기 식의 결혼식에 거부감을 가지는 목소리가 높아지고 있다. 이러한 이유로 평일 저녁에 느긋하게 치러지는 야간 웨딩이 등장하게 되었고, 가격 또한 저렴하여 주목받고 있으며, 가까운 친지와 지인들을 중심으로 한 테마 웨딩과 프라이빗 웨딩이 확산되고 있다.

### 3) 종교식 웨딩

크리스트교식 웨딩은 부부가 모두 신도일 때 교회에서 거행하는 것이 가능하고, 식의 순서는 결혼예배를 별도로 가지며, 결혼식과 예배를 혼합하여 진행한다. 가톨릭교식 웨딩은 크리스트교 웨딩과 마찬가지로 부부가 모두 신도일 때 성당에서 거행하는 것이 가능하다.

식의 순서는 크게 혼인식과 혼인미사의 두 부분으로 나눌 수 있고, 혼인식 부분은 가톨릭교에서 권장하는 고유의식 순이 있긴 하지만 그 나라의 풍습을 인정하는 바, 혼인식부분의 순서는 일반혼인식과 크게 다른 점이 없다. 다만 미사부분이 포함되어 있어 신 앞에서 부부의 혼인을 맹세하고 축복받는 것이 특징이다.

불교식 웨딩은 식의 순서가 일반결혼식과 크게 다른 점이 없다. 종교적인 혼인식이므로 식의 중간에 불전을 향한 신랑・신부의 경배나 고유문 낭독 등이 있으며, 신랑・신부의 예물은 반지가 아닌 홍백색 단주를 권장한다. 다만 혼인식이 끝난 후에 부처님의 과거사에 의해 불전에서 화혼식을 거행함으로써 부처님의 행적을 본받음을 기원하는 것이 특징이며, 식의 순서가 일반혼인식과 크게 다른 점이 없다.

### 4) 하우스 웨딩

획일화된 결혼식 문화에서 벗어나 좀 더 자유로운 분위기의 웨딩을 꿈꾸는 신세대 예비신랑・신부들의 트렌드에 발맞춘 새로운 결혼문화이다. 하우스 웨딩은 마치

자신의 저택으로 귀빈들을 초대하듯 여유롭고 독립된 분위기에서 이루어지는 웨딩이다.

하우스 웨딩은 소규모의 친지나 지인들을 초대해 기존의 딱딱한 예식의 형태를 벗어나 아늑한 야외나 프라이빗한 공간에서 웨딩과 파티를 동시에 진행한다. 또한 사회자주도형 예식이 아닌 신부와 하객 위주 중심의 파티 웨딩 스타일로 좀 더 자유로운 분위기 속에서 여유를 가지고 이루어진다. 파티문화의 확산과 활성화로 근대에는 야외나 도심 한복판에서도 하우스 웨딩을 할 수 있는 웨딩 컨설턴트나 장소들이 늘어나고 있으며, 앞으로 가능성이 크다 할 수 있다.

### 5) 채플 웨딩

최근에 주목받고 있는 형태로 채플 웨딩이 있다. 이는 본래 기독교식의 웨딩을 말하는데, 기독교신자의 신랑·신부가 100명 미만의 하객을 초청해 교회의 정원이나 자신들의 집에서 치르는 것을 의미했었다. 하지만 요즘은 리조트나 호텔 안의 교회처럼 꾸며진 웨딩공간에서 치루는 방식으로 웨딩과 허니문을 겸하는 것을 의미한다. 정신없는 결혼식과 형식적으로 참여한 하객들 대신 진심으로 축하해주는 소수정예 멤버와 함께 하는 채플 예식은 웨딩의 경건함 및 로맨스와 더불어 감동까지 선사하는 웨딩이다.

채플 웨딩의 주례는 목사가 맡는데, 종교적인 의미는 없어 교인이 아니어도 교회에서 결혼식을 진행할 수 있으며, 주례도 친한 친구나 은사가 진행할 수 있다. 이런 채플 웨딩은 한국의 결혼관으로는 너무 쓸쓸하며 야박하고 또 사치스럽다는 선입견을 불러일으키기도 하지만, 스타들과 상류층에서 영화 같은 채플 웨딩의 화제로 관심이 급증하고 있으며, 이에 맞춰 국내에서도 일부 휴양지를 중심으로 웨딩장소가 생겨나고 있다. 인기 있는 장소로는 발리·괌·사이판 등이 있으며, 모든 웨딩 패키지들이 여행과 포함되어 있다.

### 6) 친환경 웨딩

친환경 웨딩은 감성사회의 도래와 내추럴리즘(naturalism)에 의한 친환경적인 요소들에 대한 소비자들의 관심증대로 생겨난 웨딩이다. 근대에 급속한 상업화로 인한 환경파괴로 친환경소비에 대한 소비자의 인식이 높아지고 있다.

2007년을 기준으로 결혼식을 통한 한 사람의 $CO_2$ 발생량은 14톤에 달하고 있으며, 결혼식의 거품소비와 환경파괴는 계속 증가하고 있다. 과다한 $CO_2$의 발생은 오늘날 지구온난화의 주된 원인이 되고 있으며, 이로 인한 기상이변・생태계파괴 등의 문제는 이제 전 세계적인 이슈가 되고 있다.

이렇듯 본연의 결혼식의 의미를 잃어 가고 있는 결혼식 대신 친환경적인 소비를 하는 부부들이 2005년을 시작으로 점차 증가하고 있다.

친환경 웨딩의 특징으로는 재생용지로 만든 청첩장, 화려한 꽃장식 대신 화분식을 마치고 바로 땅에 심을 수 있는 부케, 옥수수전분・한지・쐐기풀 등으로 만든 친환경 웨딩 드레스가 있으며, 그 밖에 일회용품을 사용하지 않거나 지구를 위해 친환경소비를 하는 모든 방법이 이에 포함된다. 적은 비용으로 좋은 이미지와 큰 효과를 거둘 수 있으므로 앞으로 주목받고 있는 웨딩이다.

이밖에 신랑・신부가 연출하는 주례 없는 웨딩, 친구들과 함께 하는 들러리 웨딩, 하객들과 함께 하는 엔터테인먼트식 웨딩, 선상 웨딩, 갤러리 웨딩, 수중 웨딩 등 다양한 장소의 웨딩들이 있다.

이처럼 웨딩문화는 사회변화와 함께 개개인의 개성과 감성에 맞춘 여러 가지 웨딩들이 계속해서 늘어나고 있다.

## 04 웨딩의 관리업무

1999년 8월에 가정의례에 관한 법률이 폐지되면서 특1급 호텔에서도 결혼식을 치를 수 있도록 허용되면서 대규모 시설과 편리한 교통 및 주차, 고품격 음식 · 서비스 등을 제공받을 수 있고 쾌적한 시설에서 시간적 여유를 가질 수 있기 때문에 부유층에서 결혼식 장소로 선호하게 되었다. 그러나 지나친 호화결혼식으로 일반인들에게 위화감을 조성하고, 허례허식과 낭비와 사치를 조장한다는 비판을 받기도 한다. 꽃장식 등 옵션상품의 강매, 부당한 요금징수 등이 사회적 이슈가 되고 있어서 적정한 가격유지 등 호텔의 자정 노력도 필요하다

결혼식 및 결혼식 피로연을 진행하기 위해서는 웨딩 프로그램 협의, 신부대기실 및 폐백실 준비, 웨딩장식 확인, 꽃관리, 웨딩 플래너와 정보를 공유한다. 구체적인 웨딩관리업무는 다음과 같다.

### 1) 웨딩 프로그램 협의하기

웨딩산업 동향분석을 통해 웨딩시장정보를 파악하고, 고객과 사전협의를 통하여

웨딩 프로그램을 작성한다. 웨딩 프로그램은 웨딩리허설부터 예식진행, 피로연, 폐백까지 진행되는 모든 순서를 시간대별로 기록한 것이다.

웨딩이 성공적으로 진행되기 위해서는 웨딩 프로그램을 관련부서에 정확히 전달하고 협의한다. 그리고 고객의 요구사항이나 웨딩 트렌드를 반영한 특별 이벤트와 피로연을 기획한다.

### 2) 웨딩 플래너와 정보 공유하기

웨딩 플래너는 결혼을 앞둔 예비 신랑 · 신부를 위해 결혼식과 관련된 스케줄과 절차 · 예산 · 장소선정 등을 기획하고 대행해주는 웨딩전문가이다. 웨딩행사 유치를 위해 웨딩 플래너와 관계를 구축하고, 잠재고객 확보를 위해 정보를 공유한다. 그리고 웨딩 플래너와 고객과의 미팅 시간을 조정하며, 웨딩행사 유치를 위해 웨딩 플래너의 정보를 활용한다.

일반적으로 웨딩 플래너의 역할은 다음과 같다.

#### (1) 웨딩장소 섭외 및 선정

다년간의 웨딩진행 노하우로 서울시내 웨딩장소의 위치 · 환경 · 음식맛 등의 경험을 토대로 신랑 · 신부의 수요에 맞춘 추천이 가능하며, 결혼 날짜와 시간에 예약 가능한 장소를 알아보고 정보를 제공한다.

#### (2) 예산에 따른 품목별 분배

신랑과 신부가 책정한 예산에 맞춰서 결혼품목별로 예산을 어떻게 분배할지를 조언해준다.

#### (3) 결혼준비 일정관리

개인의 라이프스타일에 맞춘 결혼준비를 제안하고 진행을 도와준다.

### (4) 웨딩 패키지 구성

웨딩 패키지는 신랑・신부가 단독으로 선택하기에는 어려움이 있다. 각 업체별 장・단점을 정확히 파악하고 있는 플래너가 신랑・신부의 이미지에 맞춰서 적절한 가격으로 완성도 높은 웨딩 진행을 위한 조합으로 추천해준다.

### (5) 허니문 추천

신혼여행지로 적합한 장소와 여행사를 미리 섭외하거나 예약을 해주고 예산책정과 견적조율 서비스를 해준다.

### (6) 촬영 드레스 가봉의 동행 서비스

플래너의 동행 서비스를 통하여 웨딩사진에 잘 어울리면서 신부가 돋보일 수 있는 드레스를 선택할 수 있도록 조언을 해준다.

### (7) 촬영일 메이크업에서부터 스튜디오까지 동행 서비스

메이크업이 잘되었는지 신부의 만족도를 체크하며, 촬영시간에 늦지 않도록 출발시간을 체크하고, 잘못된 부분이 있으면 빨리 수정해서 진행에 차질이 없도록 전반적인 진행을 리드한다. 촬영을 시작할 때 긴장하지 않고 빨리 적응할 수 있도록 촬영자와 충분한 협의를 함으로써 편안한 분위기를 만들도록 노력한다.

### (8) 한복・침구・가구・가전 등 혼수준비 정보제공 및 동행 서비스

예산초과가 가장 많이 되는 품목이 혼수품인 만큼 사전정보를 꼼꼼히 파악하는 것이 관건인데, 각 업체별로 추천 예산대 및 디자인・인기상품 등을 미리 파악할 수 있도록 정보를 주며, 필요할 시에는 동행 서비스를 통해서 충동구매나 예산초과 등을 방지할 수 있도록 도와준다.

### (9) 본식 드레스 가봉의 동행 서비스

최신상품의 드레스 위주로 식장 분위기와 신부체형에 잘 맞는 드레스 선정에 조언해준다.

### (10) 예식 당일 진행 서비스

사전에 계약된 업체의 스케줄을 미리 알리고, 그 외의 준비사항을 확인하며, 예식 당일에도 부케・액자・폐백음식, 본식진행업체 등의 도착・출발 진행을 일일이 체크해서 신랑・신부가 신경쓰지 못하는 디테일한 부분까지 완벽하게 챙긴다.

## 05 웨딩상품 선정

### 1) 음식

일반적으로 호텔에서 진행되는 300명 이상의 대규모 결혼식 피로연에서는 원활한 서비스진행과 음식의 품질유지 및 결혼식 참가하객들에게 품격 높은 서비스 제공을 위하여 대개 양식 세트 메뉴를 선호한다. 200명 미만인 웨딩의 경우에는 양식 세트 메뉴 외에 중식이나 한식의 세트 메뉴와 뷔페식으로도 진행하기도 한다. 결혼식 음식으로는 식사 외에 결혼식의 의미를 살릴 수 있는 잔치국수와 혼주들이 준비하는 수고를 덜기 위한 모둠떡이 제공되기도 한다.

### 2) 음료

식사가 제공될 때 와인이나 맥주 또는 청량음료 등이 테이블에 세팅하여 고객들이 직접 따라 마시게도 하지만, 품격 높은 예식에서는 와인을 연회직원들에 의해서 서비스가 제공되고 실제 소모량에 따라 계산을 하는 것으로 한다. 대규모 결혼식인 경우에 사용되는 와인의 종류는 대부분 하우스 와인이 제공되고 있는데, 호텔에서는 화이트 와인과 레드 와인을 가격대별로 2~3종류씩 선정을 하여 고객들의 선택의 폭을 넓혀 주고 있다.

### 3) 꽃장식

웨딩 프로그램과 일정을 기준으로 사전에 고객과 꽃장식을 협의하고, 웨딩장식 체크리스트에 따라 웨딩장소의 테이블과 무대 및 실내 공간 그리고 신부대기실의 꽃장식을 확인한다. 또한 웨딩진행 전과 진행 후의 화환을 관리한다.

### 4) 기타

결혼식 진행에 필요한 부가적인 사항으로는 연주인 · 성악가 · 비디오촬영 등이 협의 · 결정되어 결혼식 진행에 차질 없도록 준비가 되어야 한다.

## 테이블 배치 및 세팅

### 1) 테이블 배치

행사장 입구에서 주례단상을 바라볼 때 오른편에는 신부 측의 하객들 자리를 세팅하고, 왼쪽 편에는 신랑 측 하객들을 위한 자리를 준비한다. 양측의 부모님 의자 각 2석을 준비를 한다.

[그림 10-1] **결혼식의 테이블 배치**(예)

(60)테이블 × 10명씩 = 600석

주례단상

4.8

3.6

음악

2.4

신랑측

신부측

사회자

혼주석

혼주석

행진로

신랑측 접수대

신부측 접수대

### 2) 테이블 세팅

결혼식의 테이블 세팅은 기본적으로 결혼식장 장식의 칼라 등과 어울리는 컬러로 테이블 클로스, 의자 카버, 냅킨 등의 컬러를 선정하고, 흰색 또는 핑크빛 계열의 꽃장식과 어울리는 테이블 클로스를 선정한다. 테이블 중앙에 미로를 세팅하고, 꽃장식을 하며, 포크, 나이프, 글라스, 쇼 플레이트를 두고 떡을 행사 전에 세팅을 하기도 한다.

## 07 신부대기실 및 폐백실 준비

### 1) 신부대기실 준비

결혼예식의 주인공인 신부가 드레스를 입고 대기하는 공간이기 때문에 청결상태 체크리스트에 따라 신부대기실 청결도를 확인하고, 웨딩행사 전에 신부대기실용 의자와 거울 및 꽃장식의 준비상태를 확인한다. 그리고 대기실용 다과 및 음료를 준비하고, 청결상태 점검절차에 따라 신부전용 화장실을 확인한다.

### 2) 폐백실 준비

폐백실 체크리스트에 따라 교자상과 병풍 및 방석을 준비한다. 그리고 돗자리, 원앙, 술잔 세트, 활옷, 사모관대를 준비한다. 웨딩일정에 따라 수모를 섭외하고, 준비된 폐백음식을 확인한다.

CHAPTER 11

# 가족연회

호텔연회장에서 개최되는 가족연회로는 약혼식, 돌잔치, 수연 및 결혼기념 연회 등이 있다. 과거 회갑연 중심의 가족모임에서 핵가족화로 인한 돌잔치 행사가 급증하는 현상은 새로운 기회요인으로 작용하고 있다.

## 01 약혼식

약혼식은 혼인을 할 당사자들이 양가의 합의 하에 길일을 받아 양가 부모님들과 친척·친지를 모시고 두 사람이 정혼하기로 약속하는 것을 알리는 의식으로, 약혼식을 마치고 참석자들이 함께 모여 음식을 먹으며 두 사람의 약혼을 축하하는 행사를 개최한다. 약혼식의 비용은 일반적으로 신부 측에서 부담하기 때문에 신부측의 경제적 사정을 고려하여 음식·음료·꽃장식 등을 준비할 수 있도록 하여야 한다.

## 1) 테이블 배치

약혼식의 테이블배치는 참석자가 30명 미만일 경우는 U-shape 형태로 세팅을 하고, 이보다 인원이 많을 경우 메인석 외의 하객석은 메인 테이블로부터 너무 멀리 떨어지지 않도록 원형 테이블을 선택하는 것이 바람직하다. 직사각형의 헤드 테이블에는 예비신랑・신부와 양가 부모님의 좌석을 만들고, 나머지 양쪽에는 신랑측・신부측 가족들과 친지가 나누어서 앉고, 원형 테이블도 양가 참석인원을 적절히 나누어 테이블을 배치한다.

착석배치상으로는 예비신랑・신부와 양가 부모님들은 헤드 테이블에 앉고, 나머지 하객들은 서로 마주 볼 수 있도록 한다. 신랑은 식장에서 마주 보아 왼쪽, 신부는 오른쪽에 앉고, 옆자리에는 양가 어머니, 그 다음 아버지・가족・친지・친구 순서로 앉는다.

## 2) 식음료

약혼식의 메뉴로는 주로 정찬이 제공된다. 약혼식에서는 대부분 양가 상견례를 겸하기 때문에 음식을 가지러 가기 위해 자리에서 일어나 음식을 들고 다니는 것은 우리나라 정서로는 조금 불편할 것으로 보인다. 정찬의 종류로는 양식 · 한식 · 중식 · 일식 음식코스 메뉴가 주로 제공된다.

Caviar Topped Lobster, Panzanella Salad, Aromatic Oil
캐비어를 올린 랍스터와 판자넬라 샐러드, 아로마틱 오일

French Onion Soup with Emmental Cheese Crouton
프렌치 어니언 수프, 치즈 크루통

Pan Fried Mero Fish with Creamed Leek, Basil Tomato Coulis
대파 크림을 곁들인 메로구이, 바질 토마토

Coconut, Lime Sherbet
코코넛, 라임 셔벗

Grilled Korean Beef Tenderloin with Chestnut Mousse, Duck Liver Sauce
국내 산 한우 안심 구이, 밤 무스, 오리간 소스

Romaine Salad with Parmigiano Reggiano
파르미지나노 레지아노 치즈를 곁들인 로메인 샐러드

Viennese Sacher, Calvados Apple
화이트 초콜렛 자허, 카라멜 사과

Coffee or Tea
커피 또는 차

### 3) 준비사항

음식 메뉴 외에 음료 · 케이크 · 샴페인 · 꽃장식 · 약혼캔들 · 사진촬영 · VTR촬영 · 연주 등이 있다.

### 4) 약혼식 진행순서

① 개식사
② 예비신랑 · 신부 입장
③ 신랑 · 신부 약력소개
④ 사주전달
⑤ 예물교환
⑥ 예비신랑 · 신부 내빈께 감사인사
⑦ 양가대표인사
⑧ 양가 가족 및 친지 소개
⑧ 축하 케이크 커팅
⑩ 축배
⑪ 축가 및 축주
⑫ 식사
⑬ 폐식

## 약혼식 진행의 실제 사례

**신랑 · 신부 소개** 학력 · 직업 등을 사전에 준비하고, 연애과정을 소개하는 것도 좋은 방법이다. 약혼식장의 좌석배치는 예비신랑 · 신부와 양가 부모들이 앞 테이블에 앉고, 나머지 하객들은 서로 마주보고 앉을 수 있도록 하는게 보통이다. 하객들의 앉는 순서는 앞 테이블을 기준으로 가족 · 친척 · 친지 · 친구의 순서로 하고, 내외가 함께 온 경우라면 함께 앉도록 배려한다. 사회자가 신랑 · 신부의 약혼을 알리고 하객들에게 일어서서 인사를 하게 한다. 하객들은 박수로 두 사람의 앞날을 축복해준다.

**가족하객 소개** 양가 부모님들과 가족들을 소개한다. 소개받은 가족들은 일어나 정중하게 인사한다. 신랑 · 신부의 아버지는 두 사람의 앞을 축복하는 인사를 곁들이면 분위기는 더욱 좋을 것이다.

**약혼서약** 신랑 · 신부가 두 사람의 사랑의미와 약혼에 대한 마음가짐을 이야기한 후 참석해주신 가족 친지분들께 감사하다는 인사를 드린다.

**사주와 택일단자 교환** 신랑어머니가 사주를 신부어머니에게 건네주고, 신부어머니는 결혼택일단자를 신랑어머니에게 건네준다. 약혼이 사주단자에서 유래되었다는 것으로 볼 때 그 나름대로의 의미는 있다.

**예물교환** 준비한 예물을 사회자가 소개한 후 신랑이 먼저 신부에게, 그 다음 신부가 신랑에게 약혼반지나 시계 등의 예물을 끼워 준다.

**약혼 케이크 절단** 준비된 약혼 케이크를 신랑 · 신부가 먼저 촛불을 함께 끈 후 가볍게 한 번 자른다. 사회자의 인도에 따라 신랑 · 신부가 잔을 부딪쳐 축배를 들면, 하객들도 축배를 교환한다. 신랑 · 신부가 하객에게 돌아가며 인사의 잔을 올린다.

**식사 및 기념사진 촬영** 자연스럽게 담소를 나누며 식사한다. 식사 중 신랑 · 신부는 자리를 돌면서 음식도 권하고 인사를 한다. 신랑 · 신부의 노래를 들으면서 여흥을 즐기는 것도 좋으니 노래 한 곡쯤 준비해두는 것도 좋다. 사회자는 적절한 시간에 약혼식을 끝내겠다는 말을 하고 기념촬영을 할 수 있도록 한다.

## 02 돌잔치

아기가 태어나 한 살이 되면 자축과 축복을 겸한 잔치를 베푸는 것을 말한다. 최근 낮은 출산율로 인하여 돌잔치가 질적으로 고급화되고 있는 실정이며, 호텔에서 개최되는 돌잔치가 증가하고 있는 추세에 있다. 과거에는 상차림과 사진촬영 및 하객들을 위한 음식에 중점을 두었다면, 화려해진 꽃장식과 풍선장식, 아이가 태어나 현재까지 자라난 영상상영, 입구 리셉션 테이블장식 등 아이에게 기억될 만한 잔치를 마련하기 위하여 많은 정성을 기울이고 있다.

### 1) 테이블 배치

돌잔치에 참석자는 아이의 친가와 외가 일가친척들과 아이 엄마·아빠 친구·회사동료들로 메인석을 제외하고는 일반적으로 원형 테이블로 세팅한다.

## 2) 식음료

엄마·아빠의 경제적 사정과 참가자 특성상 주로 뷔페음식을 제공하고 있으며, 35명 이하 소규모 돌잔치에서는 코스메뉴를 제공한다.

## 3) 준비사항

① 돌잔치 날짜 및 시간
② 예상참석인원
③ 돌잔치장소
④ 돌상
⑤ 답례품
⑥ 성장동영상
⑦ 스냅사진
⑧ 헤어 및 메이크업
⑨ 돌잔치의상

⑩ 이벤트 및 선물
⑪ 돌잔치 초대장

### 4) 돌잔치 식순

① 개식사
② 성장동영상 관람
③ 주인공 가족입장
④ 촛불점화 및 생일축하노래
⑤ 건배제의
⑥ 돌잡이
⑦ 이벤트순서
⑧ 아빠 · 엄마 감사인사

**돌잔치 진행 실제**

**개식사** 손님들을 주목시키고 돌잔치를 알리는 멘트를 한다.

**성장동영상 관람** 돌잔치 시작 전 정성껏 준비해온 성장동영상을 1년 동안 우리 아가의 사랑스런 모습이 담긴 영상을 관람하는 순서이다.

**주인공 가족입장** 아기와 함께 부부가 앞으로 나오는 순서라고 생각하면 된다.

**촛불점화 및 생일축하 노래** 우리 주인공인 아기의 첫 생일을 축하하기 위한 순서로 촛불점화 및 생일축하노래를 불러 우리 아기의 첫 생일을 축복해준다.

**건배제의** 아기의 건강과 행복을 빌어 건배를 제의하는 순서이다. 사회자의 멘트에 맞게 부모님과 손님들께서는 멋지게 건배제의를 해주면 된다.

**돌잡이** 부모님께서 제일 궁금해하는 것이 돌잡이순서인데, 돌잡이 또한 하나하나 뜻이 다양하다. 좋은 뜻으로 풀이되어 우리 아기가 미래에 어떤 위인이 될 것인지 보는 순서이다.

**이벤트순서** 귀한 시간 내주셔서 먼길 오신 손님분들께 퀴즈를 통하여 선물을 증정하는 순서이다. 이벤트 순서에는 집중적인 분위기가 될 수 있으며, 화기애애하고 즐거운 분위기를 연출할 수 있다.

**아빠 · 엄마 감사인사** 소중한 자리에 참석해주신 분들께 아빠 · 엄마께서는 감사의 인사를 드리는 시간으로 정성껏 준비했던 시간도 스쳐 지나갈 것이고, 1년 동안 너무도 씩씩하게 자라준 아기의 모습도 스쳐 지나가면서 묘한 감정이 들거라 생각이 들 것이다. 멋진 감사의 인사말을 준비해서 행복한 마무리하면 된다.

## 03 수연 및 결혼기념 연회

### 1) 수연

#### (1) 회갑연

사람이 태어나서 60년이 되는 해를 회갑(回甲)이라고 하는데, 이는 자기가 타고난 간지(干支)가 만 60년이 되면 그 자리에 돌아오기 때문에 만 60년이 되는 해의 생일을 회갑으로 한다. 회갑은 환갑 · 주갑 · 화갑이라고 하는데, 회갑연은 부모가 회갑을 맞으면 자손들이 부모님의 장수를 축하해 드리고, 낳아 주시고 길러주신 부모님의 은공에 감사드리기 위하여 일가친척 및 부모님의 친구분들을 초대하여 음식과 술을 대접하는 잔치라 할 수 있다. 최근에는 고령화 추세로 회갑연을 70세가 되는 해의 고희연으로 대체하고, 하객들을 초대하여 성대한 산치를 치루기보다는 직계가족들만 모여 생신을 축하드리고, 조촐하게 가족식사만 하며, 잔치비용으로 부모님들을 해외여행을 보내드리는 경향이 증가추세에 있다.

가) 회갑연 테이블 배치

무대 위의 헤드 테이블에 부모님과 부모님의 형제·자매들이 절을 받을 수 있도록 인원수만큼의 자리를 함께 마련해둔다. 무대 아래에는 상차림과 헌수를 할 수 있는 자리 그리고 여흥을 즐길 수 있는 공간을 비워 두고 10인용 원탁 테이블로 배치를 하는 것이 일반적이라 할 수 있다. 뷔페식으로 할 경우에는 연회장 뒤쪽이나 옆쪽 또는 연회장 전실(부속 로비)을 활용하여 뷔페 테이블을 세팅한다.

나) 회갑연 메뉴

전통적으로 우리나라에서 잔치를 베풀면 다양한 종류의 음식을 그득하게 준비하고 술과 함께 넉넉하게 제공하는 것이 전통적인 잔치문화라 할 수 있다. 따라서 회갑연과 같은 잔치에는 풍악을 울리면서 코스요리보다는 여러 가지 음식을 푸짐하게 차려 놓고 취향에 맞는 음식을 맘껏 먹을 수 있는 뷔페식 음식을 제공하는 것이 일반적이지만, 참가인원이 많지 않을 경우에는 정찬 메뉴로 제공하는 경우도 있다.

다) 회갑연 준비사항

기념 케이크, 샴페인, 헌수용 정종, 상차림, 밴드, 국악인, 사회자, 사진촬영, 비디오촬영, 꽃장식, 꽃다발 등이다.

### (2) 진갑연

회갑 이듬해인 62세가 되는 생신에 음식을 차려 놓고 손님을 초대하여 음식을 대접하고 부모를 기쁘게 해드리는 잔치이다.

### (3) 고희연

70세가 되는 해를 고희 또는 칠순이라고도 한다. 최근 회갑연을 간단히 치루고 대신 고희연을 성대하게 치루는 경향이 대세였으나, IMF체제 이후로 지속적인 경기 침체로 인하여 고희연도 점차 축소 또는 가족들만 모여 간단히 생신잔치를 하고 마는 경향을 보여 주고 있다.

#### (4) 기타 수연

희수연은 77세, 산수연은 80세, 미수연은 88세, 백수연은 99세가 되는 생신에 개최하는 잔치를 말한다. 준비사항은 회갑연에 준한다.

### 2) 결혼기념 연회

부부가 혼인을 하여 매해 결혼한 날이 돌아오면 혼일한 날을 기억하며 간단한 결혼기념일 행사를 갖는 추세에 있다. 우리나라에서는 부모님의 건강상태나 자녀들의 경제상황에 따라 호텔에서 개최하는 대표적인 행사로는 금혼식이나 회혼식 행사를 들 수 있는데, 금혼식 행사는 주로 희수연이나 그 해 생신행사와 같이 진행하는 경우도 있고, 단독으로 진행하기도 한다. 결혼 60주년 되는 해에는 해로하신 부모님들에게 전통복장을 갖추어 입혀 드리고 회혼례라는 의식을 거행하는데, 자손들이 헌수와 헌주를 하고 하객들에게 음식을 대접하며 잔치를 베풀어 드린다.

서양의 기독교 국가에서는 종교・정치・단체・개인 등이 기념하는 날을 축하하는 풍습이 있는데, 그것을 Anniversary(기념일・기념제)라고 한다. 미국에서는 보통 결혼기념일에는 파티를 여는데, 그 중 은혼식과 금혼식이 주가 되고, 나머지 결혼기념일은 가정에서 조촐한 파티가 개최된다. 서양의 주요 결혼기념일을 살펴보면 다음과 같다.

① 1주년 기념일(지혼식, paper wedding)
② 2주년 기념일(고혼식, straw wedding)
③ 5주년 기념일(목혼식, wooden wedding)
④ 10주년 기념일(주석혼식, tin wedding)

⑤ 15주년 기념일(동혼식 또는 수정혼식, copper or crystal wedding)
⑥ 20주년 기념일(도기혼식, chin weddings)
⑦ 25주년 기념일(은혼식, silver wedding)
⑧ 30주년 기념일(진주혼식, pearl wedding)
⑨ 35주년 기념일(산호혼식, coral wedding)
⑩ 45주년 기념일(홍옥혼식, ruby)
⑪ 50주년 기념일(금혼식, gold)
⑫ 75주년 기념일(다이몬드 혼식, diamond)

CHAPTER 12

# 출장연회

## 출장연회 서비스의 개요

### 1) 출장 서비스의 의의

출장연회는 연회행사를 호텔 내의 연회장이 아닌 고객이 원하는 장소(고궁·공원·정원·회사·주택·공장 등)에서 행하는 행사이다. 요리·음료·식기·테이블·의자 등 모든 호텔기물을 고객이 원하는 장소에 운반하여 연회행사를 실시하는 것이므로 사전계획을 철저히 세우고 체크리스트를 재점검하여 행사진행에 차질이 발생하지 않도록 하는데 유념하여야 한다.

### 2) 출장연회 서비스의 중요성

출장연회는 호텔 내부행사장이 아닌 고객이 지정하는 장소에서 개최되는 연회로서, 행사장 공간과 설비시설에 드는 비용 없이 무한한 공간과 장소에서 개최할 수 있어 비용부분이 절감이 되고, 추가 매출증진에도 큰 도움이 된다. 이러한 출장연회는 개인적으로 개최되기도 하고, 공식적인 대회나 방문이 있을 때 개최되기도 한다. 우리나라에서 개최되는 출장연회는 주로 국빈행사가 대부분이고, 요즘에는 회사 창립축하행사 및 기념회 등의 회사와 관련된 연회이거나 혹은 개인적인 기념일, 결혼식 등이 주류를 이룬다. 호텔 행사장이 부족한 시즌에 외부출장 활성화를 통해 연회수익을 증대할 수 있기 때문에 적극적인 유치활동이 필요하다.

## 02 출장연회현장 사전답사

### 1) 현장사전답사 준비사항

출장파티 요청을 받으면 연회담당자는 고객과 현장 사전답사시간 약속을 하고 줄자 · 노트 · 펜 등을 지참하여 연회주방직원 및 연회 서비스직원과 함께 출장연회가 개최될 장소를 방문하여야 한다.

### 2) 답사 시 점검사항

① 소요시간 및 차량운행 코스
② 연회 장비와 기물·비품을 이동시키기 위한 엘리베이터 사용가능 여부
③ 행사장내 전기·수도 및 주방시설 유무
④ 행사장 크기 및 형태 확인 등 현장상태와 동일한 축소도면 작성
⑤ 야외행사 시 우천대비책 강구: 우천 시 대체장소나 텐트 등 설치가능 여부 확인
⑥ 현장 서비스 동선과 주방동선 확인
⑦ 고객이동 동선 확인
⑧ 기물철거 대기장소 및 행사준비공간 확보

### 3) 출장연회 사전준비사항

#### (1) 출장연회의 이동차량 확보

출장연회에 필요한 냉동차를 확보하고, 행사진행 직원수송차량과 장비운송차량을 확보한다. 사전현장답사 체크리스트에 따라 출장연회에 필요한 장비차량을 확보하고, 출장연회 장소까지 도로사정을 고려하여 소요시간을 확인하며, 이동하는 차량수를 확보한다.

호텔보유차량 확보가 어려울 경우 외부업체 연회용 탑차나 트럭 등 이동용 차량을 확보한다.

#### (2) 출장연회의 운영 스케줄 작성

출장연회 개최시간과 거리·조건 등을 고려하여 출장연회 식음료 도착계획을 수립하며, 연회요원 수송차량의 배차시간과 세팅시작시간·세팅완료시간·철수시간 등

을 고려하여 차량을 확보하여야 한다. 출장연회행사의 운영 스케줄을 관리하기 위해 현장운영책임자를 선정하고, 현장운영인원 수를 산정한다. 또한 출장연회행사 시 발생할 수 있는 응급사항을 파악하여 연회행사의 운영 스케줄에 반영하여야 한다.

### (3) 출장연회행사 체크리스트 작성

출장연회는 호텔 내에서 치르는 것보다 훨씬 어렵고 복잡하기 때문에 체크리스트에 따라 정확하게 준비하여 빠지는 물품이 없도록 점검을 하여야 한다. 체크리스트에는 실버웨어 · 글라스웨어 · 차이나웨어 · 린넨 · 테이블 체크리스트 등을 작성한다.

CHAPTER 13

# 연회판촉

## 01 연회판촉의 개요

### 1) 연회판촉의 개념

연회판촉(banquet sales)은 호텔 연회장과 관련된 상품 및 서비스를 판매하기 위하여 촉진활동을 수행하는 것을 의미한다. 이러한 촉진활동을 수행하는 호텔 연회판촉지배인의 촉진활동은 대부분 호텔 외부로 나가서 거래처나 신규고객을 직접 만나 호텔의 상품을 설명을 하거나 견적제공 및 예약을 받는 등의 세일즈콜(sales call)이며, 주기적인 거래처 방문을 통해 고객을 유지시키고 연회영업의 활성화를 위하여 특별연회 이벤트 및 프로모션 등을 기획하는 마케팅활동도 수행한다.

### 2) 연회판촉의 조직

#### (1) 연회 판촉팀장

① 연회판촉지배인 및 사원을 지휘·감독하고 교육·훈련을 실시한다.
② 연회판촉회의를 주재한다.
③ 레버뉴 매니저가 주관하는 일드 미팅(yield meeting)에 참석한다.

[그림 13-1] **연회판촉조직**

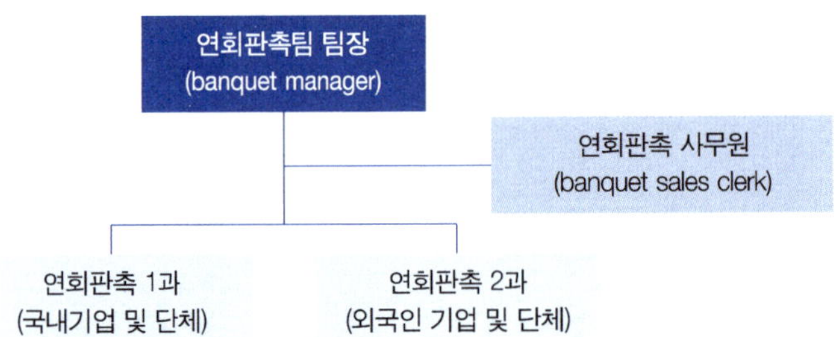


④ 월간・연간 연회 매출목표 설정 및 달성전략을 수립한다.

⑤ 매출실적에 대한 결과분석을 한다.

⑥ 연회판촉직원들의 거래선(account)을 배분한다.

⑦ 연회판촉직원들의 월간・연간 매출목표를 설정한다.

⑧ 연회판매상품을 기획한다.

⑨ 연회판촉을 위한 홍보물과 판촉물을 개발한다.

⑩ 특별 이벤트와 프로모션을 기획한다.

⑪ 연회판촉직원들의 세일즈콜 리포트(sales call report)를 검토한다.

### (2) 연회 판촉사무원

① 각종 서류처리 등 행정업무를 수행한다.

② 연회문의전화를 담당 연회판촉지배인에게 연결하거나 담당 부재 시 메모를 하여 전달한다.

③ 외주협력업체에 대한 정기적인 관리를 한다.

④ 호텔 내에서 각종 서류처리 및 행정업무를 담당한다.

⑤ 연간 및 월간 각종 통계를 집계한다.

### (3) 연회판촉지배인

① 호텔을 대표하여 외부에서 고객을 접촉한다.
② 개인 매출목표를 관리한다.
③ 거래선 고객관리를 한다.
④ 주간 및 월간 단위로 세일즈계획을 세운다.
⑤ 경쟁호텔 동향조사를 하여 보고한다.
⑥ 세일즈콜을 다녀온 후에는 반드시 리포트를 작성한다.
⑦ 고객이 호텔을 방문할 경우 행사장 안내 및 행사상담을 한다.
⑧ 행사당일 행사 전에 도착한 행사담당자와 연회행사 준비사항을 점검하고 필요사항에 대해 도움을 준다.

## 02 연회행사거래처의 분류

연회행사거래처는 연회시장 환경분석을 통해 연회행사성격별, 산업 및 업종의 특성에 따라, 또는 지역별 특성에 따라 분류할 수 있다. 또한 연회시장 동향분석을 기반으로 연회행사 잠재거래처별로 분류할 수도 있다.

연회거래처를 분류하는 기준은 호텔 연회장의 규모와 시설, 호텔의 위치 및 목표고객 등에 따라 달라질 수 있으나 서울 시내 주요 호텔들의 일반적인 기준에 의해 거래처를 다음과 같이 분류할 수 있다.

① 국내단체: 협회, 학회, 조합, 교육기관, 연구소
② 국내기업: 일반기업. 금융기관, 언론사, 제약회사, 병원, 건설회사
③ 봉사단체: 로터리클럽, 라이온스클럽, 제이씨 등
④ 외국계 기업 등: 외국계 기업, 금융회사, 대사관, 국제기구

⑤ 정부 및 정당: 정부 및 정부산하기관, 정당, 국회, 사법부 등
⑥ 가족모임: 약혼식, 결혼식, 돌잔치, 장수잔치 등
⑦ 특별행사: 패션쇼, 디너쇼, 콘서트 등

## 03 연회 프로모션 기획

### 1) 연회 프로모션 기획

호텔에서 연회장에서 주로 사용하고 있는 프로모션방법으로는 패키지상품 개발이라 할 수 있다. 고객의 입장에서는 일괄(패키지) 구입함으로써 구매과정이 간단하며, 저렴한 가격으로 호텔의 다양한 상품을 이용할 수 있다. 호텔 연회장에서 패키지는 주로 음식을 중심으로 여러 상품과 서비스를 묶어서 특전을 제공하는 형태로 기획되는 미팅 패키지 등이 있다.

또한 연회비수기에도 매출증진을 위한 전략의 일환으로 패키지상품을 기획하는데, 미팅 패키지상품, 정년퇴임 패키지상품, 사은회 패키지상품, 결혼식·약혼식·돌잔치 패키지상품 등 이러한 패키지는 여러 보완관계에 있는 단위상품을 단일가격으로 묶은 상품을 의미한다. 프로모션 상품개발은 비수기 때 호텔에게는 매출증진, 고객들에게는 저렴한 가격으로 다양한 혜택을 누릴 수 있는 기회를 얻는 것이라 할 수 있다.

### 2) 연회 이벤트기획

#### (1) 연회 이벤트의 개념

이벤트(event)는 마케팅 측면에서 판매촉진(sales promotion)이라 할 수 있다. 호

# 미팅 패키지
## HALF DAY PACKAGE(PM)

그랜드 인터컨티넨탈 서울 파르나스와 인터컨티넨탈 서울 코엑스에서의 여유롭고 실속 있는 미팅 패키지를 이용해 보세요. 새롭게 단장한 연회장은 물론 세련된 매너와 서비스로 비즈니스에 품격을 더해 드립니다.

**상세**

기간 : 2014. 1. 1 ~ 2015. 12. 31
시간 : 오전 12:00 ~ 오후 17:00

**혜택**

- 회의실 사용
- 1인당 미네랄 워터 1병 제공
- 비즈니스 오찬 제공(연회장)
- 오후 커피 브레이크 서비스(신선한 커피, 홈메이드 쿠키, 계절과일)
- 회의장비 제공(플립 차트 1개, 화이트보드 1개, 노트, 펜)
- 음향 및 영상 장비 (LCD 프로젝터 1대, 스크린 및 음향 시스템)
- 인터넷 1포트 제공

텔에서 임의적으로 기획상품을 만들어 호텔고객들에게 제공하는 행사를 지칭하여 호텔연회 이벤트라 할 수 있다.

### (2) 호텔 이벤트의 개최목적

호텔에서 개최하는 이벤트는 신규고객 창출, 대외홍보효과 증진, 비수기 타개책, 기존고객에 대한 서비스차원으로 이벤트를 기획하게 된다.

#### 가) 신규고객 창출

일반적으로 호텔을 이용하는 고객의 수는 시간이 흐르면 감소하게 되는데, 고객이 감소할 시점에 이벤트를 실시해 신규고객을 창출하여 고객의 수를 일정수준 유지 또는 늘려 나갈 수 있다. 실제로 호텔을 이용하는 고객은 주기적으로 바뀌게 되는데, 기존고객의 이용률이 저하되고 있다고 판단되면 새로운 고객창출을 위한 이벤트를 기획할 필요가 있다.

#### 나) 대외홍보효과

이벤트행사를 통하여 호텔을 외부에 선전하며, 호텔이 지역문화 창달의 매개장소라는 이미지를 부각시킬 수 있을 뿐만 아니라, 일반인에게 호텔의 문턱을 낮추는 계기가 되기 때문이다.

#### 다) 비수기 타개책

호텔의 이벤트행사는 특히 비수기에 비어 있는 대·중 연회장을 활용하여 새로운 이벤트를 기획함으로써 일시에 많은 고객을 유치하여 매출증진을 할 수 있기 때문에 각 호텔에서는 비수기 타개책으로 이벤트를 개최하고 있다. 특히 5월은 가정의 달로 결혼식을 제외한 대규모 행사는 예약이 적기 때문에 어린이날·어버이날 등의 이벤트, 12월에는 동문회 외 대규모 행사가 많지 않기 때문에 크리스마스·연말·연시 이벤트를 기획할 필요가 있다.

라) 기존고객에 대한 서비스차원

호텔에서 기획하는 이벤트는 호텔을 이용하는 단골고객들에게 식상해 있는 일상적인 서비스경험, 즉 진부한 느낌에서 색다른 경험을 할 수 있는 기회를 줌으로써 단골고객들에게 활력을 주고, 또한 사은의 장을 마련할 수도 있을 것이다.

## 04 연회행사 판촉물 · 안내장 제작

### 1) 연회행사 판촉물

판촉물이란 판매촉진활동을 용이하게 하기 위하여 고객들에게 무료로 지급하는 물건을 의미한다. 이러한 판촉물을 제작하는 목적은 적극적 호텔홍보를 통한 연회매출 극대화에 있다. 판촉물제작 시 호텔의 특징과 연회장 정보 및 제공되는 서비스를 고려하여 판촉물과 홍보용 영상을 제작한다. 그리고 거래처별 선호도분석을 기반으로 판촉물을 제작하고, 고객과의 공감대를 높이기 위해 판촉물제작 시 이동과 전달이 용이하게 제작한다.

판촉물선택 시 고려사항을 살펴보면 다음과 같다.

① 사용수명이 길고 튼튼해야 한다.

② 인쇄가 잘 보일 수 있는 제품이어야 한다.

③ 인체에 유해한 물질이 나오지 않아야 한다.

④ 업체에 필요한 독특한 제품을 개발하여야 한다.

### 2) 연회행사 안내장

연회행사 안내장은 제한된 지면과 공간에 호텔 및 호텔연회장의 이미지는 물론, 정보를 고객에게 효과적으로 전달할 수 있도록 만든 안내장으로 카탈로그(catalog), 브로슈어(brochure), 리플릿(leaflet), 팸플릿(pamphlet) 등이 있다.

안내장제작 시 고려사항을 살펴보면 다음과 같다.

① 호텔 연회장 위치도・평면도를 반영하여 제작한다.
② 테이블 배치도를 작성한다.
③ 호텔연회장 팩트 시트(fact sheet)를 작성한다.
④ 호텔 연회장별 사진을 포함하여 안내장을 제작한다.

## 05 연회행사거래처 방문

거래처 방문은 경쟁사로 인해 이탈되는 비즈니스를 방지하고 경쟁사의 거래처를 자기 호텔로 유인하여 비즈니스로 연결하고, 새로운 시장을 개척하는 역할이 주를 이루고 있기 때문에, 거래처를 방문할 때는 철저한 사전준비를 하고 방문하여야 한다.

### 1) 거래처 방문(Sales Call)계획

세일즈콜은 기존 고객이나 잠재고객을 방문하여 서비스상품의 판매를 촉진하는 과정이기 때문에, 방문활동을 실시하기 위해서는 사전에 구체적이고 명확한 방문계획을 수립해야 한다. 세일즈콜의 계획단계에서는 거래처일 경우 방문횟수를 상품의 구매량에 따라 정하지만, 반드시 구매량에 따라 방문횟수를 정할 필요는 없고, 거래처 특성과 특별요청에 따라 탄력적으로 운영할 수 있다.

거래처의 방문계획을 수립할 때 고려해야 할 사항은 일반적으로 다음과 같다.

### (1) 방문횟수 결정

호텔마다 규정이 다르겠지만 일반적으로 상품의 구매량에 따라 등급을 결정하고, 연간 계획을 수립한다. 연회행사의 횟수나 매출액에 따라 거래처를 A・B・C・D등급으로 구분하여 그 등급에 따라 방문횟수를 결정한다.

### (2) 방문우선순위 결정

거래처의 영업상황을 분석하여 그 결과에 따라 방문의 우선순위를 결정하고, 본래의 방문계획을 탄력적으로 운영한다.

방문의 우선순위는 대개 다음과 같다.

① 거래처 고객으로부터 서비스에 대한 불평(complaints)을 접수하였을 경우

② 거래처로부터 새로운 비즈니스의 발생으로 인하여 방문요구가 있을 경우

③ 정상적으로 계획된 방문

④ 시장상황에 현저한 변화의 징후가 발견되었을 경우

### (3) 방문목적의 명확화

세일즈콜을 효율적으로 실시하기 위해서는 방문 전에 방문의 목적을 정확히 설정할 필요가 있다. 방문계획이 결정되면 사전약속을 하고 방문에 필요한 것들을 준비하여야 한다.

### (4) 방문 시 준비사항

방문우선순위에 따라 방문계획이 결정되면 방문에 필요한 모든 사항을 점검하고 준비하는 단계로서, 세일즈콜의 성공 여부는 준비단계에 있다 해도 과언이 아니다. 즉 고객의 성향을 직・간접적으로 파악하고 방문의 효과를 극대화하기 위하여 각

종 인쇄물이나 판촉물 등을 준비한다.

## 2) 세일즈콜의 종류

### (1) 방문목적에 의한 분류

#### 가) 정기방문

정기방문(courtesy call)은 호텔 판촉부서의 거래처 방문계획에 따라 정기적으로 실시하는 것으로, 거래처의 거래실적이나 잠재력을 고려하여 방문계획을 수립하고, 특별한 문제가 없는 한 방문계획대로 거래처를 방문하는 활동이다. 고객을 방문할 경우에는 반드시 방문일시를 거래처관련자와 사전약속을 하여야 하며, 상대방의 업무상황을 고려해야 한다.

#### 나) 의뢰방문

의뢰방문(call requested by customer)은 거래처에서 연회행사에 대한 서비스의 이용에 관하여 문의를 하거나 잠재고객이 연회 상품이나 서비스를 구매하기 위하여 방문을 의뢰하는 것으로, 의뢰를 받으면 상황을 판단하여 예상되는 자료를 준비하고, 거래처는 경쟁사와도 거래를 하고 있다는 사실을 항상 염두에 두고 치밀한 계획 하에 신속하게 방문이 이루어지도록 해야 한다.

#### 다) 촉진방문

촉진방문(promotion call)은 부정기적 판촉활동이면서 기존에 약정된 거래조건 이외의 촉진활동이다. 새로운 상품이나 서비스를 거래처에 소개하기 위하여 방문을 하거나 경쟁사의 거래처 유인을 목적으로 하는 특별한 판촉활동이다.

### (2) 거래에 의한 분류

#### 가) 거래처 방문

거래처의 방문은 일정한 거래조건으로 계약을 체결하고 일정한 기간 서비스를 제공하는 거래처를 방문하는 것이다. 거래처의 관리를 소홀히 하면 고객이 경쟁사와 거래를 할 수 있는 기회를 제공하는 것이기 때문에, 정기적인 방문과 특별한 목적을 위한 비정기적인 방문을 실시하고 자신의 호텔에서 현재 제공되는 서비스에 대한 의견을 수렴하여 지속적으로 향상된 서비스를 제공하도록 노력해야 한다.

#### 나) 새로운 거래처의 방문

새로운 시장개발을 위하여 입수한 정보를 분석하고, 그 결과에 따라 방문하는 경우와 세일즈 브리츠(sales blitz)와 같이 무차별적으로 특정한 지역을 동시다발적으로 방문하는 경우가 있다. 잠재고객들은 단시간 내 비즈니스를 기대할 수 없기 때문에 여러 차례 방문을 하고 의사결정자를 초대하여 호텔의 시설소개와 서비스를 소개함으로써 신뢰를 구축하여 비즈니스로 연결되도록 하여야 한다.

## 3) 세일즈콜의 절차

### (1) 방문계획 수립

효율적인 판촉활동을 이루기 위하여 사전에 치밀한 일별 · 주별 · 월별 방문계획을 수립하여 세일즈콜을 실시한다.

#### 가) 일일 방문계획

주간 업무계획을 참고로 전일 업무보고서 작성 시에 명일의 방문계획을 수립하되, 누락되는 일이 없도록 주의하여야 한다. 9 : 30분까지 사무실의 업무를 마치고 세일즈콜을 실시할 수 있도록 하여야 하며, 효율적인 세일즈콜이 될 수 있도록 동일지역 범위 내의 거래선 방문계획을 수립하는 것이 바람직하다.

#### 나) 주간 방문계획

주간 방문계획은 월간 계획을 근거로 하여 작성하고, 일주일간 활동할 내용을 고려하여 계획을 수립한다. 월요일부터 목요일까지는 방문계획표에 의해 세일즈콜을 실시하고, 금요일에는 신규거래처를 개발하거나 거래처의 정보사항을 수집하는 것도 좋은 방법이다.

#### 다) 월별 방문계획

월별 방문계획은 주거래처・보조거래처・전략거래처・신규거래처를 구분하여 정보사항 및 행사 여부를 고려하여 수립한다.

### (2) 방문약속

#### 가) 거래처의 경우

거래처의 경우에는 정기적으로 접촉하는 담당자가 있기 때문에 사전에 방문목적을 전달하면 쉽게 방문을 할 수 있다. 그러나 가끔 총지배인이나 상사가 동행할 경우 거래처의 대표나 간부와 미팅을 주선해야 하기 때문에 방문약속을 할 경우 구체적인 방문계획을 전달해야 한다.

#### 나) 새로운 고객의 경우

새로운 고객을 접촉하여 방문약속을 하는 것은 결코 쉬운 일이 아니기 때문에 능숙한 기술이 필요하다. 새로운 고객과의 약속은 주로 전화로 이루어지는 방법이 일반적이며, 고객과의 사전약속을 하지 않고 방문하는 것은 삼가야 한다.

### (3) 거래처정보의 파악

새로운 고객을 처음 방문한다는 것은 중요한 사안이므로 관련자와 상담을 부드럽게 하기 위해서는 소속기업의 조직과 의사결정자 그리고 영업에 관한 사항을 파악해야 한다. 즉 기업의 조직, 의사결정자, 취급업무, 접촉자, 서비스구매량, 경쟁사와의 관계 등 거래처에 대한 정확한 정보를 파악하여야 한다.

### (4) 방문

방문을 할 경우에는 거래처에 반드시 약속시간보다 일찍 도착하여 용무를 살피고, 사무실의 관련자에게 방문사실을 알린다. 이때 만약 비서가 안내를 하는 사무실이라면 조그마한 선물을 준비하는 것도 방문을 부드럽게 하는 방법의 하나이다. 특히 새로운 고객을 방문할 경우는 비서가 제공하는 정보가 중요한 단서의 역할을 하는 경우가 많다. 또한 고객과의 부드러운 대화를 위하여 최근의 시사성 있는 내용이나 날씨 등으로 화제를 이어간다.

### (5) 상담

고객의 사무실에 안내되어 인사를 나누고 착석을 한 다음에는 분위기에 알맞은 화제와 함께 상담이 시작되는데, 방문목적에 따라 상담내용이 달라지겠으나 고객의 의중을 살펴보면서 상담을 실시해야 한다. 이때 대화를 원만하게 이어나가기 위해서는 개방형 질문을 유도하면서 상대의 정보를 획득해 나간다.

### (6) 보고서 작성 및 사후관리

세일즈콜을 실시하고 난 다음에는 반드시 주요 상담내용을 기록으로 남겨 두어 필요할 경우 후속조치를 취해야 한다. 최근에는 대부분 호텔에서는 델파이나 오페라 등 컴퓨터 시스템을 이용하여 방문내용을 입력하고 관리함으로써 데이터의 조작

판촉일지 예시 폼

# 판 촉 일 지

| 담당 | 지배인 | 팀장 | 담당 임원 |
|---|---|---|---|
| | | | |

| | | | | |
|---|---|---|---|---|
| 회사명 | | | 성명 | |
| 부서 · 직책명 | | | 고객사 성격 | |
| 고객사 주소 | | | | |
| 고객사 정보 | 전화번호 | | FAX 번호 | |
| | 휴대폰 번호 | | 이 메일 | |
| 방문 목적 | | | | |
| 주요 상담 내용 | | | | |
| 방문 결과 | | | | |
| 행사 정보 | | | | |
| 추가 방문 계획 | | | | |
| 기타 특기 사항 | | | | |

에 의해 방문계획을 출력할 수 있고, 사후관리사항도 출력되어 효율적인 관리를 할 수 있다. 유능한 세일즈맨은 세일즈콜을 마치고 고객으로부터 청취한 내용을 철저히 분석해 사소한 내용도 빠뜨리지 않고 처리하여 고객과의 관계를 강화한다.

## 06 연회행사 고객관리

### 1) 고객관리

고객은 상품 및 서비스를 제공받는 사람이다. 고객과 소비자와의 차이는 소비자는 그 물건을 가공하거나 부가가치를 판매하지 못하고 스스로 사용하는 것이고, 고객은 상품 및 서비스를 구입한 사람이나 구입할 가능성이 있는 잠재고객까지도 포함하며, 우리가 일반적으로 말하는 외부고객과 기업에 종사하는 내부고객까지도 포함한다.

### 2) 고객유지

고객유지는 현재 이용고객을 만족시키고 고객을 유지하려고 하는 일련의 행동이다. 최근에는 신규고객 유치도 중요하지만 기존고객 유지의 중요성도 더 강조되고 있으며, 향후 이런 고객유지를 위한 적극적인 방안들이 모색되어져야 할 것이다.

고객유지방법으로는 전화응대나 상담을 통한 고객관리방법이 있는데, 전화응대를 통한 방법은 연회행사 후 고객과의 통화를 통해 전반적인 만족도, 행사진행 시 불편사항 등을 파악하여 문제발생 시 즉각적인 사후조치를 통해 고객유지를 할 수 있다. 상담을 통한 고객관리는 연회행사 직후와 정산 전 행사주최자의 상담・응대를 통해 전반적인 행사만족도와 불편사항 등을 파악하고 즉각 후속조치를 한다.

고객관리방법으로는 행사개최 후에는 감사편지, 이벤트 초청, 답례품, 행사개최

전에는 관측물을 활용한다. 고객유지를 위한 온라인 마케팅으로는 e-고객관계관리(e-CRM)로 인터넷을 통해 고객분석을 통한 마케팅전략(통합고객 DB 등), 인터넷을 통한 제품·서비스 판매 및 다른 판매 프로세스 지원(결재 및 지불 시스템, 경영지원부서와 연계, 판매공정의 자동화), 사이버고객센터 등의 활용을 하는 e-전략, e-판매, e-서비스로 분류하여 고객관계관리가 이루어지고 있다.

최근의 대표적인 마케팅인 바이럴 마케팅(viral marketing)은 바이러스 마케팅이라고도 한다. 고객이 가까운 친구·지인·직장동료 등에게 자신이 사용하는 제품 및 서비스 정보를 제공하고, 이 사람들은 또 다른 사람들에게 전달하여 계속 확산되는 마케팅을 뜻한다.

CHAPTER 14

# 국제회의

국제회의산업을 흔히 '관광산업의 꽃'이라고 부른다. 국제회의를 개최하기 위해서는 첨단장비를 갖춘 대규모 회의시설과 숙박시설 및 편리한 교통과 통신, 고도의 노하우를 지닌 전문인력 등 사회 각 분야의 유기적인 협조와 활동이 필수적으로 요구된다. 우리나라에서는 국제회의와 컨벤션을 동일개념으로 사용되는 경우가 있는데, 본장에서는 회의와 국제회의 개념을 정립하고 국제회의를 포함하는 각국에서 전략산업으로 육성하고 있는 MICE에 대해서 살펴보기로 한다.

## 01 회의의 개념

회의는 정보교환을 목적으로 사람들이 모여 어떤 안건을 다루고 이에 대한 결과를 이끌어내는 일련의 행위로서, 회의의 종류로는 컨퍼런스, 워크숍, 세미나, 컨벤션 포럼, 심포지엄 등이 있다.

## 02 회의의 종류

### 1) 회의형태에 의한 분류

#### (1) 회의(Meeting)

미팅은 광의의 의미로 모든 종류의 회의를 총칭하는 가장 포괄적인 용어이다. 협의의 미팅의 의미로는 언어적 상호작용을 통해 정보공유나 합의를 이끌어내기 위한 공통목표를 달성하기 목적으로 개최되는 두 사람 이상의 모임이다. 미팅에는 팀미팅(team meeting), 이사회(board meeting), 1 : 1 미팅(one-on-one meeting), 킥오프 미팅(kickoff meeting), 경영 미팅(management meeting) 등이 있다.

#### (2) 컨퍼런스(Conference)

컨벤션과 유사한 개념의 용어로 통상적으로 컨벤션에 비해 진행상 토론회가 많이 개최되고, 회의참가자들에게 참여기회를 많이 주며, 정보전달이 목적이고, 과학 · 기술 · 학문분야의 새로운 지식과 특정문제 연구를 위한 회의 등에 사용된다.

### (3) 컨벤션(Convention)

조직 및 기구의 보고서 등의 정보전달을 주목적으로 하는 정기회의에 많이 사용되며, 전시회를 수반하는 경우가 대부분이다. 특히 미국에서는 사교행사의 다양한 테마 이벤트가 개최되는 축제적인 분위기를 가진 회의로 기획된다. 과거에는 컨벤션이라는 용어가 국제적 · 국가적 기구와 단체에서 개최하는 연차총회로 그 의미가 제한되어 사용되었으나, 최근에는 각종 회의의 총회, 휴회기간 중에 개최되는 소규모 회의와 위원회 회의 등까지 포괄하는 의미로 사용되고 있다.

### (4) 컨그레스(Congress)

컨벤션과 같은 의미로 사용되는 용어로서 유럽지역에서 빈번히 사용되고, 회의가 대규모로 이루어지며, 컨벤션과 같이 본회의 · 사교행사 · 관광행사 등 다양한 프로그램으로 편성된다. 대체적으로 연차적으로 개최되며, 주로 상설 국제기구가 주최한다.

### (5) 포럼(Forum)

토론참가자들에게 제시된 한 가지 주제에 대한 서로 상반된 견해를 가진 동일분야의 전문가들로 구성되어 사회자의 주도 하에 청중 앞에서 진행되는 공개토론회를 일컫는다. 청중이 자유롭게 질의에 참가할 수 있는 기회가 주어지며, 사회자가 이를 종합하여 결론에 도달할 수 있도록 참여자의 의견을 존중하며 진행하는 회의 형식이다.

### (6) 워크숍(Workshop)

컨벤션·컨퍼런스 등과 회의의 일부분으로 개최되는 단기교육 프로그램으로 30~50명 인원이 특정주제에 관한 새로운 지식·기술·아이디어 등을 서로 교환하며 토의형식으로 진행되는 회의이다. 워크숍은 경우에 특정분야의 전문지식을 중심으로 실습을 동반하기도 한다.

### (7) 심포지엄(Symposium)

동일분야의 전문가들이 제시된 주제에 대해 다수의 청중 앞에서 자신의 의견을 논하는 공개토론회로 청중 혹은 사회자가 질문해 강연자가 여기에 답변하는 토의 형식이다. 포럼에 비해 형식을 갖춘 회의이며, 청중의 질의는 제한된 범위에서 주어진다. 이 형식은 즉시 결론이 나올 수 있는 문제가 아니고 여러 의견이 필요할 때 적합한 형식이다.

### (8) 패널토의(Panel Discussion)

특정전문분야의 지식과 견해에 대해 청중이 모인 가운데 2~8명의 연사가 사회자의 주도하에 서로 다른 분야에서의 전문가적 견해를 발표하는 공개토론회로서 청중도 자신의 의견을 발표할 수 있다.

### (9) 세미나(Seminar)

세미나는 대개 교육을 목적으로 개최되는 회의로서, 30명 이하의 참가자가 참가자 중 1인의 주도 하에 특정분야에 대한 지식이나 견해·경험 등의 발표하고 토의를 한다. 일반적으로 발표자와 참가자 간에는 교육자와 피교육자의 관계가 되기 때문에 공개적으로 토론하는 형태이지만, 발표자가 보다 우월한 위치에서 지식을 전달하는 형식의 회의이다.

#### (10) 강연(Lecture)

강연은 특정주제에 대해 1명의 전문가가 청중을 대상으로 일정한 형식에 따라 진행하는 것으로, 모든 지식이나 견해가 일방적으로 청중들에게 전달되기 때문에 청중의 의견제시의 기회가 매우 제한적인 것이 특징이다. 그러나 경우에 따라 강연 말미에 청중에게 강의내용에 대해 질의 및 응답시간이 주어지기도 한다.

#### (11) 클리닉(Clinic)

클리닉은 특별한 기술을 교육・훈련의 목적으로 하는 소그룹의 모임이다. 이 모임에서는 기술과 전문적인 지식을 제공하기 위해 소규모 집단이 참여한다.

#### (12) 강습회(Institute)

강습회는 보다 광범위한 교육의 기회를 제공할 목적으로 운영한다. 동일한 주제에 대해 보다 심층적으로 교육하고자 할 경우 실시한다. 예를 들어 회의에서 지속적으로 매 분기마다 교육 프로그램을 개설하는 것이다.

### 2) 회의주제에 의한 분류

#### (1) 협회회의(Association Meeting)

협회의 공동이익을 위해 조직된 협회의 공동관심사와 운영전략 또는 각종 현안을 위한 유관협의를 목적으로 개최하는 회의로서 가입자의 이익과 상호 번영을 위한 모임이다.

### (2) 기업회의(Corporate Meeting)

기업회의는 기업의 경영전략·마케팅전략·판매활성화전략 등을 목적으로 특정 범위의 임원 또는 종업원이 주체가 되어 진행되는 회의이다. 특히 기업회의는 본사와 지점이 다수인 경우 특정지역에 모여 연수를 겸하는 경우가 많다.

### (3) 정부주관회의(Government Agency Meeting)

정부주관회의는 정부기구나 정부와 관련된 외교·사회·경제·문화·통일분야 등에 관한 정기 또는 비정기 모임으로, 국가발전을 위한 전략 및 국가 간의 상호 관심사를 목적으로 개최하는 회의이다.

### (4) 비영리단체회의(Non-profit Organization Meeting)

비영리회의는 각종 사회단체나 재단 등의 정기 또는 비정기로 개최하는 모임이다. 비영리단체의 모임은 공동관심사를 구제로 한 자발적인 모임이다.

### (5) 시민회의(Citizen Meeting)

시민회의는 시민단체의 사회·경제·문화 등의 각종 의제를 논의하기 위한 목적으로 개최하는 회의이다. 최근에는 삶의 질 향상과 지방자치화시대를 맞이하여 이와 같은 형식의 회의가 점점 증가하고 있는 추세에 있다.

## 3) 진행형태별 분류

회의를 진행하는 형태별로 분류하면 다음과 같다.

### (1) 개회식(Opening Session)

국제회의기간 중 첫 본회의를 말한다. 개회식(opening ceremony) 후에 갖는 본회의이다. 본회의 시작 전의 공식 절차로 일정한 형식과 의례에 따라 개최되는 의식 절차를 의미하는 것으로, 개회식에서는 전통무용 · 스포츠행사 · 공연 등과 같은 특별한 행사가 개최되기도 한다.

### (2) 총회(General Assembly)

모든 회원들이 참석하는 회의로 상정된 안건을 발표하거나 의제에 대한 표결을 한다. 일반적으로 임원선출, 예산결산 승인, 헌장 개정, 연차 주요사업 확정, 대외결의문 채택 등을 한다.

### (3) 본회의(Plenary Session)

모든 회원들이 동일장소에 전원 참석하여 실무적 사항을 논의한다. 회기 중 총각 분과위원회가 심의 · 보고한 사항 및 건의 · 결의사항을 전체 회원의 모임에서 다시 검토하여 총의로써 수락 여부를 결정하는 회의체이다.

### (4) 커미션(Commission)

특정문제의 연구를 위하여 본회의 참석자 중에서 지명된 사람들로 구성되어 위임받은 사항을 전문적으로 검토하는 역할을 한다. 보통 20면 내외로 구성되며, 토의결과는 위임받은 기구에 보고한다.

### (5) 카운슬(Council)

카운슬은 본회의에서 선정된 사람들로 구성되는데, 위임받은 사안에 대하여 어느 정도의 결정권을 갖는 집행력이 강한 위원회이다. 이 회의의 결정사항은 본회의에서 비준되어야 한다.

### (6) 커미티(Committee)

본회의기간 중에나 휴회 중에 소집되며, 위임된 사항에 대하여 연구 및 토의하여 결론 및 건의를 한다. 위원회는 국제기구의 조직상에 나타나는 공식 기구의 위원회도 있으며, 회의기간 중 필요에 따라 임시로 구성한 위원회도 있다.

### (7) 집행위원회(Executive Meeting)

본회의 위원회에서 선정되는 10명 이내의 임원으로 구성되어 집행을 요하는 의제를 다룬다. 어느 정도의 결정권을 갖고 있으나 때로는 본회의에서 비준을 요한다.

### (8) 실무회의(Working Group Meeting)

위원회에서 임명된 특정전문가들로 구성되며, 단기간 내에 구체적인 연구를 하여 전문적인 보고서를 작성한다.

### (9) 소위원회

소위원회는 특정문제에 대한 총괄적인 자문을 위해 구성된 협의체로서, 회의개최기간 동안에 여러 번 소집되어 회의가 진행된다. 각 소위원회에서 의결된 사항은 반드시 본회의에 보고되어야 한다.

### (10) 폐회회의(Closing Session)

회의를 종결하기 위하여 최종적으로 갖는 회의이다. 폐회식과 같은 의전행사는 폐회회의에 뒤이어 개최된다. 폐회회의에서는 회의성과나 결의문 통과, 내외인사에 대한 감사표시를 하는 등 회의 마무리를 갖는 본회의이다.

## 03 국제회의

### 1) 국제회의의 정의

국제회의는 국가 또는 국제기구마다 국제회의에 대한 통계적 기준이 다르다. 그러나 대표적인 국제회의 전문기구들이 채택하고 있는 국제회의에 관한 통계기준을 살펴보면 다음과 같다.

#### (1) 국제협회연합(Union of International Association: UIA)

① 국제기구가 주최하거나 후원하는 회의

② 국제기구에 소속된 국내지부가 주최하는 국제회의 가운데 다음 조건을 모두 만족시키는 회의

ⓐ 전체 참가자수가 300명 이상

ⓑ 참가자 중 외국인이 40% 이상

ⓒ 참가국 수 5개국 이상

ⓓ 회의기간 3일 이상

#### (2) 세계국제회의전문협회(International congress and Convention Association: ICCA)

정기적인 회의로서 최소 4개국 이상 순회하면서 개최되고, 참가자가 50명 이상인 회의

### (3) 아시아컨벤션뷰로협회(Asian Association of Convention & Visitors Bureau: AACVB)

가) 국제회의(International Meeting)

주최국을 포함해서 동일대륙이 아닌 타 대륙으로부터 1개국 이상 참가한 양국회의 또는 다국회의

나) 지역회의(Regional Meeting)

주최국을 포함해서 동일대륙으로부터 1개국 이상이 참가한 양국회의 또는 다국적회의

### (4) 우리나라 국제회의산업육성에 관한 법률

가) 국제기구 가입단체가 주최할 경우

① 참가자 수 300명 이상, 그 중 외국인 100명 이상
② 참가국수 5개국 이상
③ 회의기간 3일 이상

나) 국제기구에 비가입단체가 주최할 경우

① 참가자 중 150명 이상의 외국인 참가
② 회의기간 2일 이상

## 2) 국제회의와 MICE

우리나라에서 사용하고 있는 국제회의라는 용어는 외국의 시스템이 그대로 인식되어 컨벤션과 국제회의에 대한 정의가 명확한 구분 없이 혼용되어 사용되어 왔으며, 컨벤션과 컨그레스・컨퍼런스 등 유사개념이 혼용되어 사용되고 있다.

최근에는 컨벤션뿐만 아니라 일반적으로 컨벤션 개최와 수반되는 전시와 보상관광을 포함하여 국제회의의 개념을 확장해서 마이스(MICE)산업이라 부르고 있다. 마이스는 도시 브랜드의 각인과 지역경제 활성화뿐만 아니라 일자리 창출과 부가가치 유발효과가 크다는 점에서 굴뚝 없는 황금산업으로 불린다. 이러한 마이스산업을 각국마다 전략적으로 육성하고 있는데, 특히 싱가포르・홍콩 등의 국가는 오래전부터 각종 국제회의와 기업회의, 인센티브 여행, 대규모 컨벤션과 국제전시회를 결합하여 하나의 산업으로 육성시켜 왔으며, 중국・일본・미국 등의 주요 국가에서도 전략산업으로 육성하고 있다. 마이스산업에 대해 구체적으로 살펴보면, 기업회의(Meetings), 포상관광(Incentives), 컨벤션(Conventions), 전시박람회(Exhibitions) 등의 영문 앞글자를 딴 말로, 좁은 의미에서 국제회의와 전시회를 주축으로 한 유망산업을 뜻하며, 광의적 개념으로 참여자중심의 포상관광과 메가 이벤트 등을 포함한 융・복합산업을 뜻한다.

### (1) 미팅(Meetings)

미팅은 기업이 주최하는 회의로 특정기업의 판촉회의나 임원회의 및 세미나 등을 말하는데, 다국적기업들의 아시아・태평양지역, 유럽지역, 미주지역 등의 재무회의・판촉회의・경영자회의 등의 국제회의와 지역회의가 개최된다.

### (2) 포상관광(Incentives)

도시관광은 회사에서 비용의 전체 또는 일부를 부담하여 조직원들의 성과에 대한 보상 및 동기를 부여하기 위한 순수포상여행을 말하며, 상업용 숙박시설에 1박 이상 체류하는 것을 말한다.

### (3) 컨벤션(Conventions)

아이디어 교환, 사회적 네트워크 형성, 토론, 정보교환, 사업 등 MICE의 목적으로 설립된 유료시설을 사용하는 회의로서, UIA(Union of international Association) 기준에 부합하는 정부・공공・협회・학회・기업회의를 말하고, 미팅(meetings)보다 규모가 크며, 국제적 성격을 띤 회의를 말한다.

#### (4) 전시회(Exhibitions)

전시회는 제품・기술・서비스를 특정장소인 전문전시시설에서 1일 이상 판매・홍보・마케팅 등의 활동을 함으로써 유통업자, 무역업자, 소비자, 관련 종사자 및 전문가, 일반인 등을 대상으로 해당 기업 및 관련기관들이 정보를 교환하거나 거래 및 마케팅활동을 하는 각종 전시를 말한다. 무역전시회, 일반전시회, 무역 및 일반 전시회 등이 있다.

## 04 MICE의 중요성 및 파급효과

### 1) MICE의 중요성

국제회의 참가자들은 장시간 체류하면서 회의기간 중 또는 회의 전후에 관광과 쇼핑 등을 함으로써 일반관광객에 비해 많은 지출을 하므로 교통・항공・숙박・유흥업 등 관광관련사업의 발전에 크게 기여한다.

국제회의는 계절의 영향을 적게 받으므로 관광비수기의 타개책으로 활용되고, 관광업계의 마케팅 및 신시장 개척에도 직접 기여하며, 경제・사회분야의 국제화 및 국위선양에도 이바지한다. 또한 국제회의 참가자는 대부분 해당국의 정치・경제・과학・기술・문화 등 관련분야의 전문가로서 지도적인 위치에 있으므로 홍보효과 및 경제교류 촉진에도 상당한 성과를 거둘 수 있다.

세계적으로 국제회의 개최건수는 매년 증가추세에 있으며, 개최지로는 과거 구미지역의 중심에서 벗어나 점차 아시아지역에서의 개최지 선정이 활발해지고 있다.

### 2) MICE의 파급효과

MICE산업을 전략산업으로 육성하려는 이유는 MICE 참가자들의 1인당 평균소비액이 일반관광객의 3.1배, 체류기간은 1.4배에 달하고, 행사의 규모가 커서 경제적으로 막대한 파급효과를 가져오기 때문이다. MICE산업은 대규모 연회장·전시장 등 전문시설을 갖추고 국제회의, 전시회, 인센티브 투어를 유치하여 경제적 이익을 실현하는 산업으로, 숙박·교통·관광·무역·유통 등 관련 여러 산업과 유기적으로 결합한 고부가가치산업이다.

이외에도 MICE 유치에 따른 파급효과는 개최국에서 얻을 수 있는 정치·경제·사회·문화·심리·관광 등 사회 전반에 파급되는 효과가 큰데, 이에 대한 여러 효과를 살펴보면 〈표 14-1〉과 같다.

〈표 14-1〉 MICE 유치에 따른 파급효과

| 분야 | 파급효과 | |
|---|---|---|
| 정치·외교적 효과 | • 국가홍보<br>• 개최국 이미지 고양<br>• 평화통일외교정책 구현 | • 상호이해증진<br>• 민간차원의 외교 |
| 경제적 효과 | • 외화획득<br>• 고용유발<br>• 소득향상 | • 대량관광객 유치<br>• 국제수지 개선<br>• 세수증대 |
| 사회·문화적 효과 | • 고유문화 파급·선전<br>• 국민들의 국제감각 향상<br>• 관련분야의 국제화<br>• 개최국 국민의 자부심 및 의식수준 향상 | • 민간문화교류<br>• 사회기반시설의 발전 |
| 관광산업 효과 | • 대규모 관광객 유치<br>• 관광관련업계의 판촉활성화 | • 관광진흥<br>• 개최국 관광홍보 |

## 05 MICE 유치를 위한 정부지원

국제회의 유치를 촉진하고 원활한 개최를 지원하여 국제회의산업을 육성·진흥함으로써 관광산업의 발전과 국민경제 향상에 기여할 목적으로 1996년 「국제회의산업 육성에 관한 법률」이 제정되어 1997년 3월 31일부터 시행됨으로써 국제회의산업 발전의 새로운 전기를 맞이하게 되었다. 동 법률은 국제회의 지원에 대한 구체적 규정이 미비하여 국제회의를 유치하는데 어려움이 있었다. 이에 따라 2003년 8월 「국제회의산업 육성에 관한 법률」을 개정하고 동 법률 시행령 및 시행규칙을 개정하여 국제회의산업 육성을 위한 실질적인 기반을 마련하였다.

또한 문화체육관광부는 2005년 서울특별시·부산광역시·대구광역시·제주특별자치도를 국제회의도시로 지정하였으며, 2007년 광주광역시, 2009년 대전광역시와 경남 창원시, 2011년 인천광역시를 추가로 지정하여 신성장동력 중 고부가 서비스 산업으로 선정된 MICE산업의 전략적 육성을 꾀하고 있다.

〈표 14-2〉 **국제회의도시 지정도시**

| 연도 | 국제회의 지정 도시 | 지정일 | 지정도시 수 |
|---|---|---|---|
| 2005 | 서울특별시, 부산광역시, 대구광역시, 제주특별자치도 | 2005. 10. 12. | 4개 |
| 2007 | 광주광역시 | 2007. 9. 5. | 1개 |
| 2009 | 대전광역시, 경남 창원시 | 2009. 3. 12. | 2개 |
| 2011 | 인천광역시 | 2011. 5. 25. | 1개 |
| 계 | - | - | 8개 |

자료: 문화체육관광부.

## 06 국제회의 개최현황

### 1) 주요 국가별 개최현황

국제회의연합(UIA) 조사에 따르면, 2013년에 총 11,135건의 국제회의가 개최되었으며, 이 중 한국은 총 635건의 국제회의를 개최하여 전년대비 2계단 상승한 세계 3위를 차지했다.

세계 주요 국가별 개최순위를 보면, 싱가포르가 2013년 994건으로 2012년에 이어 세계 1위를 지켰으며, 미국이 799건으로 2위, 한국이 635건으로 3위를 기록했다. 4

〈표 14-3〉 **주요 국가별 국제회의 개최현황**

(단위: 건)

| 순위 | 국가명 | 개최건수 | |
|---|---|---|---|
| | | 2012 | 2013 |
| 1 | 싱가포르 | 960 | 994 |
| 2 | 미국 | 778 | 799 |
| 3 | 대한민국 | 601 | 635 |
| 4 | 일본 | 746 | 588 |
| 5 | 벨기에 | 658 | 505 |
| 5 | 스페인 | 472 | 505 |
| 7 | 독일 | 442 | 428 |
| 8 | 프랑스 | 550 | 408 |
| 9 | 오스트리아 | 471 | 398 |
| 10 | 영국 | 327 | 349 |

자료: 한국관광공사 · UIA(국제협회연합), 2013년 통계보고서 기준.

위 일본은 588건, 벨기에와 스페인은 각각 505건으로 나란히 5위를 차지했다.

### 2) 주요 도시별 개최현황

세계 주요 도시별 국제회의 개최순위를 보면, 싱가포르가 994건을 개최하여 지속적으로 1위를 유지하고 있으며, 브뤼셀이 436건으로 2위, 비엔나가 318건으로 3위를 기록했다. 서울은 242건을 기록해 세계 4위, 도쿄가 228건으로 5위를 기록했다.

〈표 14-4〉 **주요 도시의 국제회의 개최현황**

(단위: 건)

| 순위 | 도시명 | 개최건수 | |
|---|---|---|---|
| | | 2012 | 2013 |
| 1 | 싱가포르 | 960 | 994 |
| 2 | 브뤼셀 | 593 | 436 |
| 3 | 빈 | 332 | 318 |
| 4 | 서울 | 259 | 242 |
| 5 | 도쿄 | 232 | 228 |
| 6 | 바르셀로나 | 158 | 195 |
| 7 | 파리 | 303 | 180 |
| 8 | 마드리나 | 152 | 165 |
| 9 | 부산 | 79 | 148 |
| 10 | 런던 | 141 | 144 |

자료: 한국관광공사 · UIA(국제협회연합), 2013년 통계보고서 기준.

## 07 국제회의 시설현황

### 1) 국제회의 시설현황

우리나라 국제회의 시설을 살펴보면, 전문회의시설이 12개, 준회의시설이 143개, 중·소규모 회의시설이 257개로 나타났다. 우리나라 호텔의 국제회의 시설을 살펴보면, 특1급 호텔이 62개, 특2급 호텔이 82개이며, 1급 호텔에서 109개의 국제회의 시설을 갖추고 있다. 휴양콘도미니엄은 141개의 개최시설을 갖추고 있어 우리나라 국제회의시설은 총 820개로 325개의 회의실을 보유하고 있다.

〈표 14-5〉 **국내 국제회의 개최시설 현황**(2013년 12월 31일 기준)

(단위: 개)

| 구분 | 시설수 | 회의실 수 |
|---|---|---|
| 전문회의시설 | 12 | 254 |
| 준회의시설 | 143 | 1,194 |
| 중·소규모 회의시설 | 257 | 810 |
| 호텔(특1급) | 76 | 574 |
| 호텔(특2급) | 82 | 397 |
| 호텔(1급) | 109 | 325 |
| 휴양콘도미니엄 | 141 | 896 |
| 합계 | 820 | 4,450 |

자료: 한국관광공사.

### 2) 전문국제회의장 현황

우리나라 전문회의시설은 총 13개 건립되어 운영하고 있다. 수도권에는 서울특별시에 COEX를 비롯한 SETEC과 aT센터 등 3개, 고양시에 KINTEX, 인천광역시의 송도 컨벤시아 등 5개의 회의시설을 보유하고 있다. 동남권에는 부산광역시의 BEXCO와 창원시의 CECO, 제주권에는 서귀포시의 ICC Jeju 등이 전문시설을 운영하고 있다. 그 외에 충청권 2개, 강원권・호남권・대경권에 각 1개씩의 전문회의실을 운영하고 있다.

〈표 14-6〉 **전문 국제회의장 건립현황**(2013년 12월 31일 기준)

(단위: 천$m^2$)

| 지역 | | 센터명 | 개관일 | 면적 | |
|---|---|---|---|---|---|
| | | | | 전시 | 회의 |
| 수도권 | 서울특별시 | aT센터 | 2002. 11 | 7,422 | 1,075 |
| | | SETEC | 1999. 5 | 7,948 | 839 |
| | | COEX | 1988. 9/2000. 5 | 35,287 | 11,573 |
| | 고양시 | KINTEX | 2005. 9 | 108,556 | 13,303 |
| | 인천광역시 | 송도 컨벤시아 | 2008. 11 | 8,416 | 2,304 |
| 충청권 | 대전광역시 | DCC | 2008. 4 | 2,520 | 4,862 |
| | | KOTREX | 1995. 5 | 4,200 | - |
| 강원권 | 평창군 | 알펜시아 컨벤션 센터 | 2010. 11 | - | 2,814 |
| 호남권 | 광주광역시 | KDJ Center | 2005. 9 | 9,072 | 6,526 |
| 대경권 | 대구광역시 | EXCO | 2001. 4 | 23,000 | 12,697 |
| 동남권 | 부산광역시 | BEXCO | 2001. 9 | 46,380 | 12,662 |
| | 창원시 | CECO | 2005. 9 | 7,827 | 2,786 |
| 제주권 | 서귀포시 | ICC Jeju | 2003. 5 | 2,395 | 7,845 |

자료: 한국관광공사.

## 08 회의테이블 배치

회의장 배치는 회의성격이나 주최 측의 요구에 따라 회의장 안의 테이블·좌석 등 배치계획을 말한다.

### 1) 좌석만 배치의 경우

#### (1) 극장식 배치(Auditorium, Theatre Style)

일반적으로 1~2시간 이내의 시간동안 진행하는 설명회 등에 배치하는 방법으로 정해진 공간에서 많은 사람을 수용할 수 있는 배치형태이다. 극장식 배치는 연사쪽을 정면으로 향해서 의자(좌석)를 배열하는 방법으로, 연사의 테이블이나 연단으로부터 최소 2m 이상 떨어진 곳에 첫 번째 의자줄을 배치한다. 의자 앞뒤 간격을 50 cm 정도 유지하고, 복도통로는 1.5m 이상 공간여유를 주는 것이 바람직하다.

Theatre

V-shape Theatre

## 2) 좌석과 테이블 배치의 경우

### (1) 교실형 배열(School Type, Classroom Style)

일반적으로 세미나 진행에 사용되는 형태로서 테이블과 의자를 배치하는 형태이다. 보통 18인치 직사각형 테이블(45×153cm)을 이용하여 학교교실처럼 배치하는 형태로 소규모 회의나 대규모 컨벤션행사 진행 시 이용되는 배치형태이다.

Classroom　　　　　　　　V-shape Classroom

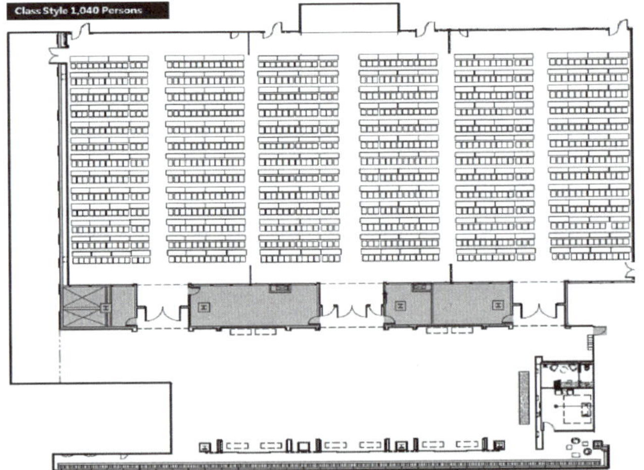

### (2) U자형 배열(U-shape)

주로 좌장이 있는 20명 내외의 소수인원이 간담회를 하거나 프로젝트를 이용하여 발표를 할 때 효과적으로 이용할 수 있는 배열형태이다.

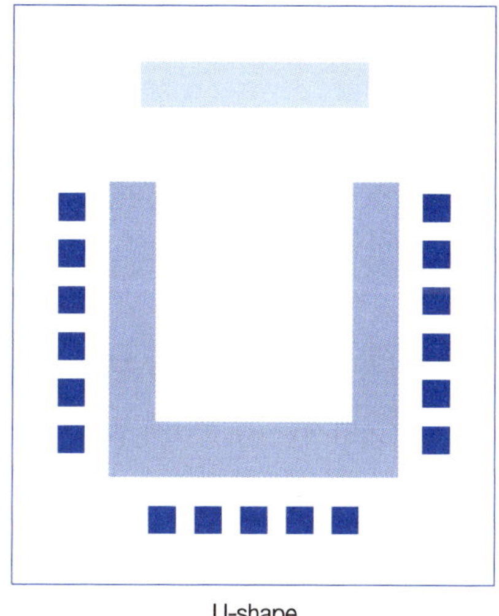

U-shape

### (3) T자형 배열(T-shape)

30인치 테이블(76×183cm)을 T자 형태로 의자를 배열하는 방법으로, 헤드 테이블에 여러 사람이 앉을 때 유용한 배열형태이다.

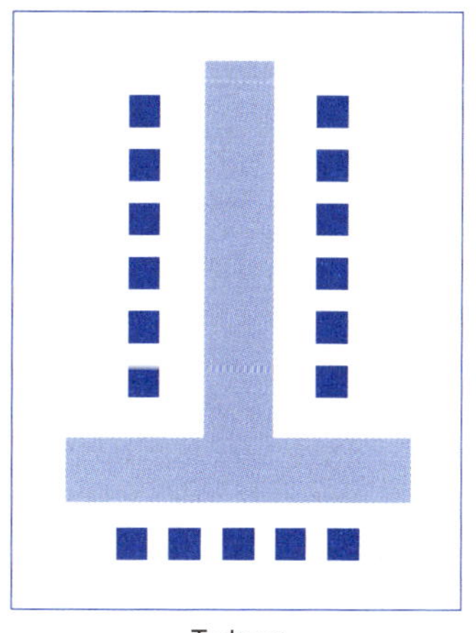

T-shape

### (4) I자형 배열(I-shpe)

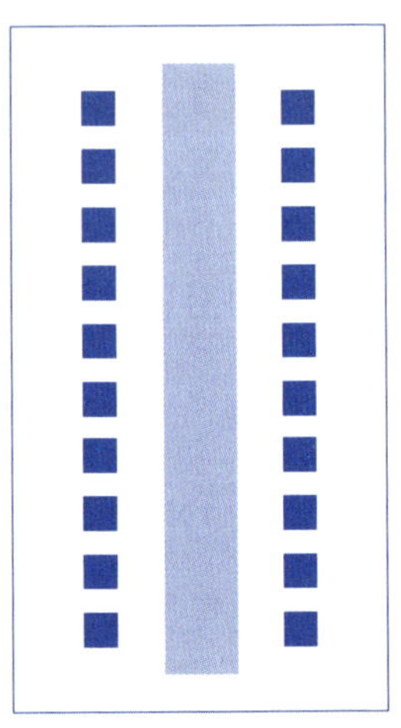
I-shape

30인치 테이블(76×183cm)을 이용하여 서로 마주볼 수 있도록 의자를 배치하는 방법으로, 소수의 인원이 미팅을 할 때 이용된다.

### (5) 할로우 스퀘어 배열(Hollow Square)

30명 내외의 참가규모의 회의진행 시 적합하고, ㅁ자 형태의 배치로 가운데는 비어 있으며, 바깥쪽으로만 의자를 배치한다. 4면에 앉아 있는 모두를 바라볼 수 있기 때문에 회의장 분위기가 양호하고, 참가자의 규율도 유지되며, 리더의 진행이 용이하다. 테이블에 앉아 있는 사람들이 각자가 돌아가면서 의견을 제시하는 경우 효과적인 테이블 배치형태이다. 중요한 행사인 경우 송수신이 가능한 개인별 델리게이트 마이크를 사용하기도 한다.

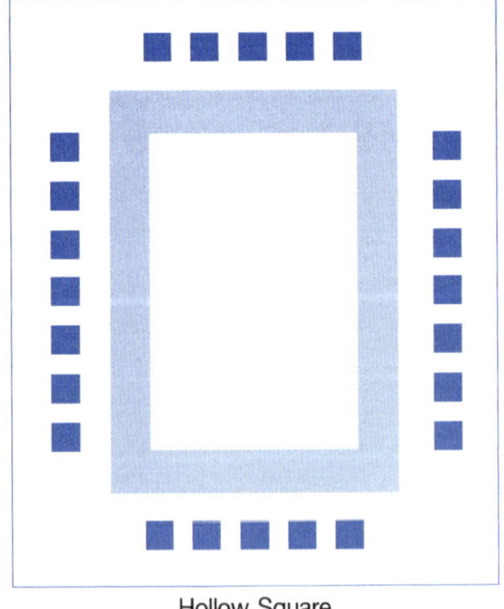
Hollow Square

### (6) 보드룸 배열(Board Room Style)

이사회 등 소규모 인원이 서로 가깝게 앉아서 회의를 진행할 수 있는 배치이다.

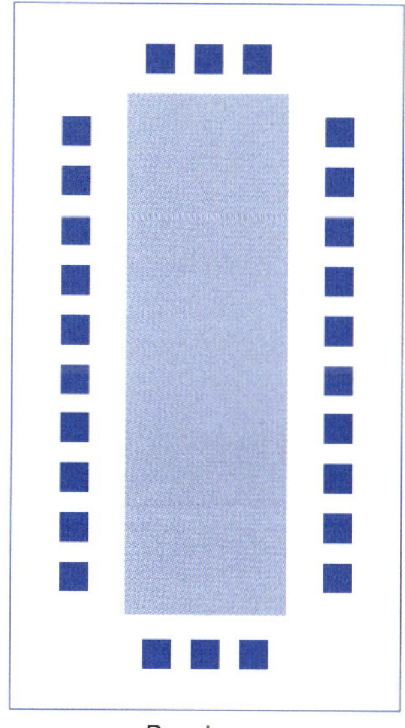

Boardroom

### (7) 원탁테이블 배열(Round Table)

원탁 테이블은 사회자와 토론자가 동등한 입장에서 회의를 진행할 수 있는 분위기를 조성해준다. 일반적으로 원탁 테이블은 20명 내외의 소규모 그룹토의를 요하는 회의에 활용되며, 주로 워크숍 등에 이용된다.

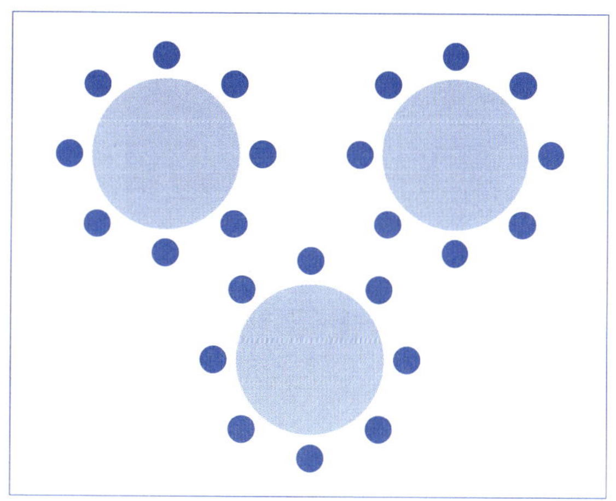

Round Shape

## 09 국제회의 식음료행사

모든 회의에서 공통적으로 제공되는 아침, 점심식사, 커피 브레이크, 그리고 리셉션과 저녁 만찬이 제공된다.

### 1) 아침식사(Breakfast)

#### (1) 컨티넨탈 조식(Continental Breakfast)

회의장의 전실(pre-function area)에 설치한 뷔페 테이블에 커피, 주스, 차, 빵이나 패스트리, 베이글, 머핀, 대니쉬, 크라아상 등을 차려 놓는데, 디럭스 컨티넨탈일 경우 요거트 · 과일 · 씨리얼 등이 포함된다. 셀프서비스로 제공된다.

#### (2) 풀 블랙퍼스트 뷔페

컨티넨탈 조식에 두세 종류의 고기와 계란요리 · 감자요리 등을 추가로 준비한다.

#### (3) 영국식 아침식사(English Breakfast)

영국식 아침식사는 풀 블랙퍼스트 같은 음식준비를 하고, 별도 주문형으로 와플 · 오믈렛 · 크레프를 만들어 주는 스테이션을 마련한다.

#### (4) 풀 서브 조식(Full Served Breakfast)

테이블 서비스를 제공한다.

### 2) 휴식시간(Refreshment Breaks)

아침과 오후 세션 중간에 15~20분 정도 휴식시간을 제공함으로써 참가자들이 피로를 풀 수 있도록 할애한다. 이때 참가자들이 음료와 다과를 즐기고 회의장으로 돌아올 수 있는 충분한 시간을 주어야 한다. 제공되는 음료는 커피·차·물·소프트드링크가 기본이며, 아침식사에 참석하지 못한 사람들을 위하여 머핀이나 과일·빵 등을 오전 휴식시간에 제공하고, 오후 휴식시간에는 요거트·과일·쿠키 등을 제공하기도 한다. 쿠키·패스트리·과일모둠 등이 함께 제공되기도 한다.

### 3) 오찬(Luncheons)

점심식사는 오후 회의일정에 맞출 수 있도록 신속하게 서비스를 제공할 수 있는 음식을 제공하는 것이 바람직하다. 일반적으로 뷔페식으로 진행하거나 도시락이 제공되는 경우도 있다.

### 4) 만찬(Dinner)

#### (1) 착석만찬(Seated, Served dinner)

저녁식사에 오는 손님들은 일정에 쫓기지 않아 식사시간은 2시간 정도 걸릴 것이다. 엔터테인먼트나 댄스·시상식 등이 포함될 경우에는 4시간 정도가 걸릴 수도 있을 것이다. 격식을 갖춘 저녁식사로 고급스러운 디저트가 포함된 호화스러운 메뉴를 제공한다.

#### (2) 착석 뷔페(Seated Buffet Dinner)

연회장 주위의 여러 개의 뷔페 테이블을 배치하고, 프로그램이 있을 경우 같은 음식이 올려진 여러 개의 뷔페 테이블이 참가자들 자신의 테이블과 가까운 곳에서 음식을 가져올 수 있어서 줄이 길어지거나 병목현상을 방지한다. 프로그램이 없을 경우는 각각의 뷔페 테이블에 테마가 다른 음식을 배치하고 손님들을 배치하여 손님들이 다양하게 즐길 수 있도록 한다.

### 5) 기타

#### (1) 환영 리셉션(Welcome Reception)

개최목적은 대회장, 조직위원회 간부들과 친목을 도모하고, 회의 분위기를 제고하는데 있다. 대개 본회의 개최 전일이나 당일 저녁에 개최하며, 대회장이나 조직위원장 명의로 초대한다. 리셉션 형식은 보통 칵테일과 칵테일 뷔페음식이 제공된다. 리셉션의 진행 중에는 조용한 음악 또는 민족 고유의 전통음악이나 무용을 시연한다.

#### (2) 갈라만찬(Gala Diner)

사교행사 중 가장 비중을 두는 행사로 한국의 밤, 문화의 밤, 축제한마당 또는 연회가 있다. 조직위원회 방침에 따라 총회 만찬(congress dinner)은 무료 또는 유료로 한다. 회의개최시기는 회의기간 중 중간날짜를 택한다. 만찬이 끝날 무렵 댄스파티로 이어지는 것이 보통이다.

#### (3) 환송 리셉션(Farewell Reception)

환송 파티는 참가자와 회의주최자 간의 우정을 돈독히 하고, 다음 회의에서 재회를 기약하는 석별의 장이다. 보통 폐회식(closing ceremony) 후 또는 폐회식과 동시에 개최하며, 칵테일 파티 혹은 만찬형식으로 진행된다.

CHAPTER 15

# 고객접점 서비스

## 01 고객접점의 정의

우리는 하루에도 수없이 많이 고객과 접촉을 하게 된다. 그 고객 개개인과의 접촉은 몇 초, 길게는 몇 분 동안의 짧은 순간에 이루어지고, 그 짧은 순간의 접촉을 고객접점(顧客接點)이라고 한다.

## 02 고객접점의 중요성

고객과의 접점에 있는 종사원의 불친절로 인하여 그 회사는 전체적인 나쁜 이미지를 주게 될 것이고, 반면 친절한 서비스를 제공하면 고객들은 그 호텔의 전체평가를 하는데 기준이 될 수가 있다. 짧은 한 순간이라도 고객에게 최선을 다한다면 고객을 충성고객으로 만드는 동시에, 고객은 큰 만족을 느낄 것이다. 최일선에서 일하는 종사원이 고객을 가족같이 성심·성의껏 모시는 것이 고객만족경영의 지름길이다. 그들이 고객에게 어떤 도움이 되며, 어떻게 되어야 하며, 자신들의 업무에 대한 중요성에 대해 정확히 인지하고 있어야 한다.

## 03 접객 서비스

### 1) 식당예약업무

문명의 발달로 현대사회가 점점 복잡해지고 정확한 시간계획에 의하여 행동하는 현대인에게 모든 면에서 예약에 대한 의미는 상당한 몫을 차지한다고 할 수 있다. 그 중에서도 고객을 접대하거나 사업상 또는 인간관계를 나눔에 있어서 인간생활의 커다란 한 부분을 차지한다고 말할 수 있는 식당의 이용에 있어서 예약의 의미는 더욱 중요하다고 할 수 있다. 사전예약을 함으로써 고객은 시간계획 등 차질이 없이 즐길 수 있는 여유를 가지며, 담당자는 예약고객에 대한 사전준비를 철저히 함으로서 양질의 서비스를 제공할 수 있다.

**예약접수경로**

① 내방객에 의한 직접예약
② 전화에 의한 예약
③ Fax 또는 편지에 의한 예약

#### (1) 내방객에 의한 직접예약

밝은 미소와 적극적이고 반가운 마음 자세로서 “어서 오십시오. 무엇을 도와드릴까요?” 또는 “기다리게 해서 죄송합니다”라고 한 후 좌석을 안내하여 음료수를 대접한다.

① 예약가능한 날짜, 시간, 장소, Table 모양 등을 염두에 둔다.

② 장소의 분위기 메뉴 등 특징적인 사항을 안내함으로써 예약을 잘하였다는 안도감과 예약의 중요성을 인식시켜 드린다.

③ 예약한 사항을 다시 한 번 확인해 드린다(접수통지서 발급). 경우에 따라서 메뉴가격, 고객의 기호음료 등을 안내 내지는 예약 받음으로써 매출증진을 도모하고 고객이 만족하며, 즐거운 모임이 되도록 최선을 다한다.

④ 보통 취소통보는 하루 전에 반드시 취소하는 사람의 성명・연락처・취소일자・시간을 기재함으로써 예약운영에 오차가 없도록 최선을 다한다. 만약 차질이 생기면 고객의 손실은 물론이고, 업장의 명예를 실추시키는 결과가 된다.

### (2) 전화에 의한 예약

모든 면에서 세일즈맨십(sales man ship)의 정신을 살려서 적극적인 자세로 임하여야 한다.

① 첫 번째 전화벨이 울릴 때 받으며, 고마운 마음으로 기다렸다는 듯이 적극적인 마음으로 상대방에게 전한다. "감사합니다. (식당명) ○○○입니다."

ⓐ 일자・요일・시간・인원을 물어서 테이블(table)이나 장소의 사용 등 가능여부를 확인한다.

ⓑ 그 외의 특기사항 또는 준비사항 등을 사전에 알려드린다.

ⓒ 연락처・성함을 받고 다시 한 번 모든 것을 확인한 후 "○월 ○일 ○시 ○분을 ○○장소로 예약하여 놓겠습니다. 예약해 주셔서 감사합니다."

ⓓ 착오를 방지하기 위하여 19는 열아홉, 20은 스물, 21은 스물하나 등으로 기재하고, 가능하면 요일도 기입하여 예약이 되도록 재확인한다.

ⓔ 예약취소는 최소한 하루 전에 하며, 반드시 최소일자・시간・성명・연락처를 명기한다.

② 통화 중에 전화가 왔을 때: (무엇이든지 도와줄 수 있다는 감정이 상대방에게 느끼도록) "지금 통화 중인데 잠깐 기다려 주시겠습니까? 끝나는 대로 바꿔드리겠습니다."

③ 전화예약언어: “감사합니다. ○○○(식당명) ○○○(예약자 성명)입니다.”

ⓐ 성명: 예약하시는 분 성함을 알려 주시겠습니까?

ⓑ 일자: 원하시는 날짜를 알려 주시겠습니까?

ⓒ 시간: 몇 시에 오시겠습니까?

ⓓ 인원: 몇 분이 오시겠습니까?

ⓔ 연락처: 연락처를 알려 주시겠습니까?

“다시 한 번 확인하여 알려드리겠습니다.”

“○월 ○일 ○요일 . ○시 ○분과 ○분 ○장소(table)로 예약해 놓겠습니다. 예약해 주셔서 감사합니다.” “저는 ○○○(식당명) ○○○입니다.”

### 2) 전화응대요령

전화는 호텔의 이미지를 가장 대표하는 창구라 할 수 있다. 또한 통화자의 음성 하나로 모든 것을 전달하는 중요한 매개체라 할 수 있다. 고객이 보이지는 않지만 눈 앞에 있다는 생각으로 밝은 미소와 명랑한 음성으로 무엇이든지 도울 수 있다는 마음이 상대에게 전달되도록 해야 한다.

보통 대화는 의사전달의 부족한 점을 보충을 해주지만, 전화는 목소리의 표현이 유일한 전달수단이므로 전화를 받는 사람의 말씨・음성만으로 상대의 이미지가 결정되어 버린다. 항상 정중하고 상세하게 적극적인 말씨를 쓰도록 통화하는 태도에 정성을 기울여야 한다.

#### (1) 벨이 울리면

① 벨이 울리면 즉시 전화를 받는다.

ⓐ 기다리지 않게 하는 것이 최고의 예우를 하는 것이다.

ⓑ 세 번째 벨이 울릴 때 상대(고객)는 안절부절 못하기 시작한다.

② 시간이 걸렸을 경우는 “기다리게 하여 대단히 죄송합니다”라고 양해를 구한다.

### (2) 수화기를 들면

① 수화기를 들면 우선 호텔명(또는 식당명), 직책명, 이름을 말씀드리고, 손님의 성함과 용건을 듣는다.

② 이해하기 어려운 것이 있을 경우 납득이 갈 때까지 정중히 여쭙고, 들은 용건은 반드시 메모하여 복창・확인한다.

③ 수화기를 들면 항상 메모와 필기도구를 준비하여 바로 메모하는 습관을 가져야 한다.

④ 검토하고 시간이 걸릴 일을 의뢰받았을 경우 일단 전화를 끊고 가능한 한 신속히 상대에 대답한다.

### (3) 말하는 법

① 말은 분명하고 또한 정중하게 한다. 대화 시에는 목소리 크기(중얼중얼, 툭툭), 목소리의 고저(들뜬 목소리, 음침한 목소리), 목소리의 속도(빠른 말, 너무 느린 말)에 특히 주의한다.

② 혼동하기 쉬운 표현, 상대방이 이해하기 어려운 전문용어의 사용은 하지 않도록 한다.

③ 상사나 동료들에게 질문할 때는 수화기를 반드시 아래로 향하게 하고, 손바닥으로 잘 막아야 한다. 상사나 동료와 의논할 때도 고객이름은 경칭을 사용하여 실수를 예방한다.

### (4) 메시지 전달할 때

말을 전달하여 알리는 부탁을 받았을 경우 고객의 이름과 용건・전화번호 등을 정확히 메모하여 틀리지 않게 전하고, 가능한 한 부탁받은 시간을 메모하여 용건의 전달 여부를 점검하도록 한다.

통화 맨 나중에 본인의 이름・전화번호를 다시 한 번 분명히 이야기한다. “책임을 지고 분명히 하겠습니다"라는 의미를 주어 상대방에게 안심을 주도록 한다.

### (5) 업무담당자에게 전화내용을 인계할 때

자기가 담당하고 있지 않은 용건의 전화를 받았을 때는 용건을 충분히 확인한 후 정확히 담당자에게 인계한다.

### (6) 전화를 놓을 때

① 전화를 놓을 때는 상대방이 끊고 나서 조용히 놓는다. 용건이 끝나고 바로 "찰칵" 하고 난폭하게 놓는 것은 상대방을 무시하는 큰 실례를 범하는 것이다.
② "감사합니다"라고 전화를 향하여 인사하는 것은 부끄러운 일이 아니므로 이쪽의 성의 있는 행동이 그대로 목소리에 나타날 수 있도록 한다.

### (7) 통화를 할 때

① 전화를 할 때에는 사전에 전화번호를 확인한다.
② 전화를 잘못 걸었을 때는 상대방에게도 실례가 되고 시간과 경비의 낭비가 된다.
③ 상대가 나오면(받으면) 바로 호텔명・업장명・담당자이름을 말한다. "감사합니다. 식음료팀(또는 업장명) ○○○입니다."
④ 용건은 간단・명확하게 순서 있게 전한다.

### (8) 개인용무의 전화

① 근무 중의 개인전화는 적극적으로 제한해야 한다,
② 개인전화는 무의식중에 마음이 해이해지고 자연히 말이나 자세가 흐트러지게 되어 직장분위기를 흐트러뜨리게 된다. 개인전화가 꼭 필요한 경우에는 직장에서 걸고 있다는 사실을 잊지 말고 간단・명료하게 용건만 조용히 전한다.

### (9) 말씨

고객에 대한 직원들의 태도가 아무리 훌륭하였다고 해도 말씨가 그에 미치지 못하였을 경우 모처럼의 기분이 전해지지 않을 경우도 있다. 평소에 꾸준히 훈련하여 품위 있고 아름다운 말씨나 바른 경어가 자연스럽게 입에서 나오도록 하여야 한다. 본인의 말투가 기분에 의해 표현되므로 용어와 화법에 충분한 주의와 정성을 곁들여야 한다.

### (10) 알기 쉬운 말

① 고객이 쉽게 이해하기 어려운 호텔의 전문용어나 외국어・유행어 등은 절대로 사용해서는 안 된다. 부득이한 경우 사용할 때에는 용어를 잘 풀어서 고객이 쉽게 이해하도록 한다.

② 평소 많이 사용되는 알기 쉬운 말을 사용한다.

### (11) 적당한 말의 속도

① 말이 빠르면 고객이 알아듣지 못한다.

② 말이 너무 느리면 고객이 지루해하고, 너무 크거나 작은 목소리도 짜증이 나게 된다.

③ 이 모든 말투가 자기 자신은 알지 못하므로 동료끼리 서로 주의시켜 준다.

## 3) 고객 영접 및 환송

고객의 영접과 안내는 식당 지배인과 그리트리스 등이 담당한다. 영접담당자는 항상 식당입구에서 단정한 자세로 대기하고, 고객이 입장하면 미소 띤 얼굴과 단정한 자세로 접근하여 정중히 고객을 맞이하며, 환송할 때까지 다음과 같은 절차에 의하여 접객 서비스에 임한다.

### (1) 영접

① 미소 띤 얼굴로서 공손한 인사와 아울러 명랑한 인사말로 고객을 맞이한다.

② 예약고객인 경우 사전에 성명 예약사항을 숙지하여 영접 시 성명 및 ○○ 회장님, ○○ 사장님 등을 불러 줌으로써 고객으로 하여금 친밀감을 갖도록 하며, 예약에 따른 장소와 테이블의 가능 여부를 확인하고, 고객이 만족할 수 있는 자리로 최대한 수용하도록 한다. 그렇지 못할 경우 양해를 구하고 가능한 장소 또는 테이블로 유도한다.

③ 테이블이 없을 경우는 정중히 양해를 구하고 대기실(waiting room) 또는 칵테일 코너로 모시고, 사용가능한 시간을 알려드림과 아울러 대기자명단(waiting list)에 기록한 후, 자리가 마련되면 순서에 입각하여 차례대로 좌석을 배정한다.

④ 테이블배정은 식당분위기가 좌우되므로 고객의 특성(외국인, 젊은 층, 노약자, 지체장애자, 단체고객, 시선을 주목받을 수 있는 고객 등)을 잘 파악하여 적절한 장소에 유치한다. 예를 들면, 외국인의 경우 식당 중앙이나 다른 고객에게 잘 보이는 곳으로 배정하고, 노약자와 신체가 부자연스러운 고객은 출입이 용이하도록 입구 가까운 쪽으로 모시도록 하며, 젊은 남녀고객과 혼자 오신 고객은 전망이 좋은 창가쪽으로 배정하여 조용하고 안정된 분위기를 제공하도록 한다. 또한 단체고객인 경우 식당분위기가 산만해지고 다른 고객에게 불쾌감을 초래할 우려가 많으므로 구석진 곳 또는 다른 고객에게 방해가 되지 않도록 분리된 장소로 유치하도록 하며, 저명인사 및 남의 시선을 주목받을 수 있는 고객은 다른 고객의 이목에 신경이 쓰이지 않는 곳으로 모신다.

⑤ 한쪽 구역(station)으로 고객이 몰리지 않도록 골고루 자리를 배정해야 하고, 합석은 원칙적으로 금한다.

## (2) 안내

① 지정된 장소로 모실 때 손바닥은 펴고 손등이 아래로 오도록 하여 방향을 제시한다(안내제시에 따를 손모양은 모두 동일하며, 절대 손가락을 가리켜서는 안 된다).

② 고객의 통행에 방해되지 않도록 고객 우측 2~3보 전방에서 고객과 보조를 같이 하며 자리로 안내한다. 안내담당자는 호텔 내의 모든 정보(각종 행사, 연예공연시간, 각 업장 영업시간, 일반적인 사항 등)를 항상 숙지하여 고객의 문의 시 즉시 제공할 수 있도록 만반의 준비를 갖추어야 한다.

## (3) 착석

① 고객이 자리에 앉기 쉽게 두 손으로 의자 등받이를 잡아 가볍게 빼고, 앉으실 때 두 손과 한 쪽 무릎을 사용하여 살며시 밀어드린다.

② 착석순서는 노약자 · 어린이 · 지체부자유자 또는 여성 순으로 앉도록 돕고, 주빈(host)은 마지막으로 착석하도록 돕는다.

③ 착석이 끝나면 테이블담당자에게 인계하고 즐거운 시간이 되시기를 바란다는 정중한 인사를 한 후 위치로 돌아온다.

## (4) 보관

① 보관요청을 하지 않을 때는 고객의 외투 · 모자 · 가방 · 짐 등을 고객이 편리하도록 테이블 옆 또는 고객의 주위에 놓아드린다.

② 보관을 원하실 때에는 보관표를 반드시 본인에게 드리고 보관품을 소중히 관리한다.

③ 나가실 때는 필히 보관표의 번호를 확인 · 대조하고 다른 보관품과 바뀌지 않도록 돌려드린다.

### (5) 환송

① 접객담당자는 고객이 일어날 때 즉시 의자를 빼드리고, 테이블 주위에 빠뜨린 물건이 없는지 확인하며, 떠나실 때는 이용해주신 데 대한 감사를 표시하고, 출구쪽을 향해 방향을 제시하고 정중히 인사드리며 배웅한다.

② 환송담당자는 고객퇴장 시 계산을 신속하게 할 수 있도록 계산대로 안내하고, 감사의 인사말과 접객의 평가만족도를 확인하며 재방문의 언약을 받도록 한다.

## 04 서비스의 원칙과 기법

### 1) 기본원칙

① 요리의 서비스원칙은 뜨거운 요리는 뜨겁게, 차가운 요리는 차게 서비스해야 한다.

② 접시에 준비된 요리와 음료는 우측에서 서비스한다. 빵 · 샐러드 등은 좌측에 놓이는 것은 좌측에서 서브한다. 플래터 서비스(platter service)인 경우에는 좌측에서 제공한다.

③ 요리가 준비되는 시간, 주방에서 테이블까지 운반할 때 걸리는 시간, 고객이 식사를 할 때의 시간을 체크해둔다.

④ 고객이 손을 사용해야 하는 뼈나 껍질이 있는 요리를 제공할 때는 핑거 볼(finger bowl)을 좌측에 제공하거나 물수건을 내도록 한다.

⑤ 요리를 제공한 후 소스(sauce)나 필요한 것이 빠진 것이 없는지, 물과 와인은 충분한지를 점검한다.

⑥ 식사가 끝나면 우측에서 조용히 치운다(빵접시 · 샐러드접시는 좌측에서 치운다).

⑦ 테이블 클로스(table cloth)에 소스나 음식물로 더럽혀진 경우는 테이블 클로스와 같은 색의 냅킨을 깔아 드린다.

⑧ 물을 한 번 더 점검한다.

⑨ 디저트(dessert)가 끝나면 테이블 위의 빈 용기는 모두 치운다(물 · 와인 · 재떨이 제외).

⑩ 커피(coffee)를 다 드신 고객에게는 추가 커피를 여쭈어 보고 원하시는 대로 드린다.

⑪ 디저트나 커피를 제공한 후 계산서(bill)을 마감하도록 한다.

⑫ 고객의 요청이 있을 시에만 테이블에 계산서을 가져다드리고, 손님을 초대한 경우는 손님들이 합계금액을 눈치채지 못하게 조용히 구성원에게 알려드린다.

⑬ 고객의 착석과 입석을 도와드린다.

⑭ 뚜껑이 있는 그릇이나 로고가 들어 있는 접시 혹은 무늬가 들어 있는 그릇은 로고 등이 고객의 정면에 오도록 한다. 접시 림(plate rim) 안쪽으로 엄지손가락이 닿지 않도록 한다.

⑮ 레드 와인은 글라스의 3/4, 화이트 와인은 2/3 정도로 채워서 고객이 직접 따라 마시는 일이 없도록 한다.

⑯ 주빈과 손님을 구별할 수 있을 때는 손님부터(여자손님부터) 서브한다.

⑰ 와인 테스팅은 와인을 주문한 고객에게 한다(주빈우선).

⑱ 테이블에서 직접 조리되는 요리일 때는 고객의 취향을 확인해서 고객의 기호에 맞게 조리한다.

⑲ 항상 고객을 주시하여 고객의 요청에 즉각적인 도움을 드린다.

## 2) 서비스기법

① 주문한 요리를 동시에 잘 서브할 수 있도록 한다.

② 평소 훈련을 통한 쇼맨십(show man ship)을 길러야 한다.
③ 모든 고객의 VIP화를 통한 심리적 욕구충족을 유도한다.
④ 주문한 요리를 제공할 때는 "주문하신 ○○요리가 준비됐습니다"라고 말을 하고, "맛있게 드십시오"라고 인사를 한다.
⑤ 종사원은 항상 '무엇을 어떻게 하면 고객이 즐거워할까?'를 항상 염두에 두어야 한다.
⑥ 자주 접근하고 대화(approach)해서 고객의 기호 파악 및 즐거움을 주도록 노력해야 한다.

### 3) 접객용어

말은 마음을 나타내는 수단이므로 얼마나 바르고 정중한 말씨를 쓰는가에 따라서 그 사람의 인물됨을 평가된다. 즉 똑같은 말이라도 사용 여부에 따라서 의미가 달라지므로 항상 올바른 언어를 사용해야 하며, 이러한 언어는 올바른 마음가짐에서 비롯된다. 그러므로 식당 종사원들은 고객이 편안함과 따뜻함을 느낄 수 있도록 진심어린 마음과 예의바른 자세를 갖추어 가장 품위 있는 표현을 할 수 있도록 습관화해야 한다.

① 바른 표현법: 그렇습니다. ~입니다. ~아닙니다. ~입니까? ~해도 되겠습니까?
② 나쁜 표현법: 그렇죠. ~이죠. ~아니죠. ~예요? ~해도 될까요?

## 05 고객의 불평처리법

접객 서비스를 완벽하게 하려고 해도 고객으로부터 불평은 있기 마련이다. 왜냐하면 인간은 완벽할 수가 없으며, 주관적인 사고를 갖고 있으므로 모든 고객의 욕구가 똑같을 수 없기 때문이다. 따라서 고객으로부터 지적이나 불평이 발생했을 경우 항상 긍정적인 자세로 고객의 입장에 서서 정확한 원인을 파악하여 불평에 대한 해결방안을 강구하고 고객에게 호감을 줄 수 있는 만족한 조치가 이루어지도록 신속하게 처리해야 한다.

그럼으로써 회사의 이미지를 향상시키고, 신뢰감을 더 높이며, 고객으로 하여금 재방문을 하게 하거나 고정고객으로 유치할 수 있게 될 것이다.

### 1) 불평처리요령

① 고객의 불쾌한 감정이 확대되지 않도록 신속히 응대하며, 성실한 태도로 경청하는 인상을 주도록 한다.

② 고객의 불평 말을 들을 때는 참을성 있게 듣도록 하며, 예의바른 자세를 갖추는 것을 잠시도 잊어서는 안 된다.

③ 불평사항 또는 지적사항을 메모하는 자세를 보여준다.

④ 경청하는 동안 원인을 파악・분석한다.

⑤ 불평내용 중 일부가 오해 또는 고객의 착각에서 오는 부당한 것이라고 생각되더라도 말 중간에 변명하거나 고객의 잘못을 지적해서는 안 된다.

⑥ 절대로 고객의 불평을 회피하려고 해서는 안 되며, 과소평가나 성급하게 해결하려는 인상을 주어서는 안 된다.

⑦ 무조건 잘못을 시인하거나 잘못이 없다고 주장해서는 안 되며, 고객이 요구하는 바가 무엇인지 신속하게 판단하여 가급적이면 고객의 뜻에 따른다.

⑧ 다른 고객이 옆자리에 있다는 것을 인식하고, 고객의 언성이 격해지지 않도록 최대한 노력하여 해결한다.

⑨ 본인이 해결하기 힘든 사항일 경우 신속히 지배인 또는 상급자에게 사실을 보고하여 조치하도록 한다.

⑩ 고객의 불평은 적극적으로 수용하고, 가능한 한 빨리 시정내용을 고객에게 알려 드려 불쾌한 감정을 해소시켜 드린다.

⑪ 항상 개인적인 감정 및 입장에 치우쳐서는 안 되며, 회사를 대표한다는 공적 입장에서 판단해야 한다.

⑫ 같은 실수 및 불평이 또다시 발생하지 않도록 개선되어야 할 문제점을 기록 · 유지하여 종사원의 접객 서비스향상에 뒷받침될 수 있도록 한다.

⑬ 고객이 서서 이야기할 때는 좌석에 착석시켜 마음을 가라앉힌다.

⑭ 불평을 해소하기 위해서는 사람 · 장소 · 시간을 바꾸어 해소한다.

⑮ 항상 고객의 입장에 서서 해결하도록 노력한다.

### 2) 고객불평 · 불만의 주안점

고객불평 · 불만의 주안점으로는 〈표 15-1〉과 같다.

〈표 15-1〉 **고객의 불평 · 불만의 주안점**

| 주안점 | 항목 | 내용 |
|---|---|---|
| 접객태도 | 언어의 소통 | 고객에게 최대의 봉사정신으로 상냥하게 응대하는 언어를 익히며, 고객의 불평에 최대한 참는 인내심을 기르고, 노골적인 감정표시는 엄금하며, 항상 명랑하고 상냥한 언어사용에 유의하고, 외국어 실력의 향상에 유의한다. |
| | 돈의 확인 | "감사합니다. ××원 받았습니다. 거스름돈 ××원입니다"는 고객의 확인을 위해서도 필요하지만, 불평방지를 위해서도 필요하다. |
| | 전화 | 공손한 전화응대는 물론, 통화 중에 동료와의 대화나 주위의 사람에 유의한다. |
| | 복장 | 유니폼 · 개인위생 · 암타월 등을 사전점검하여 고객이 불쾌감을 느끼지 않도록 해야 한다. |
| | 태도 | 인사 · 행동 · 대기자세 · 주문자세 등에 유의하고, 항상 고객의 부름에 재빨리 대처할 수 있게 유의한다. |
| | 상품지식 | 호텔 판매상품, 즉 객실요금, 식사요금, 요리재료, 호텔의 특징, 특정 음료의 지식 등에 관해 정확히 숙지하고 있어 항상 고객의 문의에 대처할 수 있도록 해야 한다. |
| 가격 | | 상품의 재료, 요리과정, 요리수준 등의 충분한 상품지식과 동종 타사와의 가격대비를 준비하여 항상 고객의 문의에 응할 수 있어야 한다. |

| 품질 | • 정확한 계량<br>• 철저한 품질관리(선도, 냉동, 쇼 케이스 점검, 물량확보, 정비상태)<br>• 판매시점에서 상품의 재점검(파손 · 변질 · 오염 등) |
|---|---|
| 사고 | • 장치물 · 시설물의 점검<br>• 쇼 케이스 등 집기파손 점검<br>• 고객의 소지품 분실방지<br>• 업장의 분위기 조성<br>• 신속한 업무연락<br>• 요주의인물 파악 및 철저한 감시 |

### 3) 고객불평 처리의 4단계

① 1단계: 듣기(불쾌한 감정 · 불만 등을 전부 듣고, 고객의 흥분을 진정시킨다)

ⓐ 최후까지 전부 듣는다.

ⓑ 반드시 메모한다.

ⓒ 선입관을 버리고 전부 듣는다.

ⓓ 절대로 피하지 않는다.

② 2단계: 원인분석(여러 가지 복합원인을 분석해 주원인과 부수원인으로 구분하여 대책을 검토한다).

ⓐ 불평의 원인 분류

| 상품 | 접객원 | 기타 |
|---|---|---|
| 품질, 가격, 시설물 | 접객태도, 친절, 용어 | 사고, 오해 |

ⓑ 실제로 원인은 복합형태로 일어나며, 그 중에서도 접객원에 기인하는 경우가 많다.

③ 3단계: 해결책의 검토

ⓐ 신속한 응대

ⓑ 처리결과에 따라 회사의 이미지가 좌우됨을 중시

ⓒ 잘못에 대해 시정할 것을 신중하고 예의바르게 알림

ⓓ 책임한계를 명확히 할 것

ⓔ 다른 고객에게 피해가 없도록 작은 소리로 할 것

④ 4단계: 결과의 보고와 검토

### 4) 고객불평 처리 시의 유의사항

① 상대방에게 동조해 가면서 긍정적으로 듣는다.

② 논의나 변명은 피한다.

③ 고객의 입장에서 성심 · 성의껏 처리에 임한다.

④ 감정적 표현과 감정의 노출을 피하고, 일보 후퇴하여 냉정하게 검토한다.

⑤ 솔직하게 사과한다.

⑥ 설명은 사실중심으로 명확하게 한다.

⑦ 신속하게 처리한다.

⑧ 적극적인 자세로 임한다.

**고객 자신에게 문제가 있을 경우**

- 상대방의 이야기를 가능한 다 듣는다.
- 설명을 돌려서 한다.
- 고객이 빠져 나갈 길을 터놓고 자존심을 상하지 않게 한다.

### 5) 불평처리의 3가지 주의사항

① 사람을 바꾼다. 사원에서 상사로, 신입사원에서 경력사원으로 바꾸어 고객의 불평을 처리한다.

② 장소를 바꾼다.

ⓐ 서서 대화하는 것을 앉아서 함으로써 감정을 진정시킨다.

ⓑ 영업장에서 사무실 · 응접실로 바꾸어 고객을 혼자 있게 함으로써 타 고객에게 불편을 주지 않도록 한다.

③ 시간을 바꾼다.

ⓐ 즉답과 변명을 피하고 냉각기간을 갖는다.

ⓑ 고객에게 중간보고를 한다.

## 06 연회접객 서비스의 표준화

### 1) 예약

#### (1) 전화예약

① 고객접점: 전화 최초 수신 시(예약담당)

"감사합니다, 연회예약 ○○○입니다."

② 고객접점: 통화 중 다른 전호가 왔을 때

ⓐ "죄송하지만 끊지 말고 기다려 주십시오."

ⓑ "죄송하지만 전화벨이 울립니다. 잠시만 기다려 주십시오."

③ 고객접점: 50명 이하 뷔페예약 시

"죄송합니다. 50명 이하인 경우 Buffet는 어렵습니다만, 저희 호텔에서는 다양한 한·중·일·양식 메뉴를 준비하고 있습니다."

④ 고객접점: 다른 부서로 전화연결 시

"전화를 객실예약으로 연결해 드리겠습니다. 혹시 전화연결이 안 되면 내선 0번으로 교환에게 부탁하십시오. 감사합니다."

#### (2) 고객방문

① 고객접점: 입장 시

"어서 오십시오. 무엇을 도와 드릴까요?"

② 고객접점: VIP카드 할인요구 시

"죄송합니다. 저희 호텔의 연회행사 시 계약상으로 단체할인가격이 적용되므로 별도의 VIP카드 혜택이 적용되지 않습니다."

③ 고객접점: 행사장이 없을 경우

"정말 죄송합니다. 다시 한 번 찾아 주시면 성심껏 모시겠습니다(현관까지 배웅)."

### (3) 서베이(Survey) 시

① 고객접점: 기자재가 없을 시

"말씀하신 기자재에 관해서는 최선을 다해 준비하겠습니다만, 저희가 아직 보유하지 못한 장비이므로 양해바랍니다."

② 고객접점: 무리한 Lay-out 요구 시

"말씀하신 Lay-out도 좋습니다만, 공간에 약간 문제가 있습니다. 괜찮으시면 저희가 추천을 해도 되겠습니까?"

③ 고객접점: 행사장이 협소할 경우

"행사장이 조금 협소한 감이 없지 않아 있습니다. 혹시 이보다 넓은 룸이 나면 반드시 그 룸으로 준비해 올리겠습니다."

## 2) 식사장: 디너쇼 및 이벤트

① 고객접점: 입구(캡틴, 리셉션)

ⓐ "죄송합니다. 어느 분 성함으로 예약하셨습니까?"

ⓑ "김 사장님 안녕하세요?"(단골인 경우): 표정언어와 보디랭귀지(body language)

"예약을 하시지 않으셨군요. 좋은 자리를 제가 한 번 찾아보겠습니다. 이쪽으로 오십시오."

② 고객접점: 안내

ⓐ "제가 테이블로 안내해 드리겠습니다. 이쪽으로 오십시오."

ⓑ "죄송합니다. 가족이 따로 앉으셔도 괜찮으시겠습니까?"

ⓒ "죄송합니다. 합석하셔도 괜찮으시겠습니까?"

ⓓ "죄송합니다. 좌석이 마음에 드시지 않으시면 저희들이 좀 더 좋은 자리를 찾아보겠습니다."

ⓔ "죄송합니다. 많은 분의 공연관람을 위해서 어린이용 놀이방이 지하 1층 서편에 있고, 행사장 전실에는 만화영화가 상영 중입니다. 가능하시면, 어린이는 그 곳을 이용하도록 해주십시오."

③ 고객접점: 좌석보조(담당: 캡틴, 웨이터)

ⓐ "잠시만 기다려 주십시오. 곧 어린이 의자를 준비하겠습니다."

ⓑ "잠시만 기다려 주십시오. 즐거운 시간이 되시길 바랍니다."

④ 고객접점: 음료주문 Up Selling

"음료는 무엇으로 준비해 드릴까요? 식사하시면서 약주는 무엇으로 올려 드릴까요?"

**음료판매 3단계**

- 1단계: 수입양주(고가, 고알코올)를 준비해 올릴까요?
- 2단계: 맥주나 와인(중가, 저알코올)을 준비해 올릴까요?
- 3단계: Coke, Cider, 주스 종류로 준비해 올릴까요?

⑤ 고객접점: 음료제공 시

"실례합니다. 주문하신 ○○○입니다. 즐거운 시간 되세요."

⑥ 고객접점: 음식제공 시(담당: 웨이터)

"실례하겠습니다. ○○○입니다. 감사합니다. 맛있게 드십시오. 필요한 것이 있으면 저에게 말씀해 주세요."

⑦ 고객접점: Compliant 발생 시(담당: 지배인, 웨이터)

음식이 늦은 경우(반드시 업장책임자가 재차 사과말씀을 드린다)에는 "진심으로 사과드립니다. 앞으로는 점 더 신속한 서비스가 될 수 있도록 배가의 노력하겠습니다. 아무쪼록 즐거운 시간 되십시오."

⑧ 고객접점: 음식을 쏟은 경우

"이런 폐를 끼쳐 대단히 죄송합니다. 직원들에게 좀 더 주의를 기울일 수 있도록 교육하겠습니다. 아무쪼록 노여움 푸시고 즐거운 시간 되십시오."

⑨ 고객접점: 음식에 이물질이 나온 경우

"대단히 죄송합니다. 저희들의 실수로 음식에 이물질이 들어간 것 같습니다. 다시 요리하여 올리도록 하겠습니다."

⑩ 고객접점: Pick-up 시(담당: 웨이터)

"맛있게 드셨습니까? 빈 접시 치워 드리겠습니다. 음식에 부족한 점은 없었는지요?"

⑪ 고객접점: 영송(담당: 캡틴, 웨이터)

ⓐ "감사합니다. 불편한 점은 없으셨습니까? 다음에 또 뵙겠습니다."

ⓑ "○○○님 즐거운 시간 되셨습니까? 다음에 오실 때까지 건강하세요."

### 3) 식사장: 상설 뷔페

① 고객접점: 입구(담당: 캡틴, 리셉션)

ⓐ "죄송합니다. 잠시만 기다려 주십시오. 좌석이 준비되는 대로 바로 안내하겠습니다."

ⓑ "바쁘시면 합석이라도 하시겠습니까? 20분 정도 기다리셔야 합니다. 예약을 하시고 룸에서 잠시 쉬시면 좌석을 준비해서 룸으로 연락드리겠습니다."

② 고객접점: 안내

"가까운 곳으로 안내해 드리겠습니다. 십장생폭포를 감상하실 수 있는 창가로 모시겠습니다."

③ 고객접점: 좌석보조 후(담당: 웨이터)

"좋은 시간 되십시오. 곧 생수 준비해 드리겠습니다." (웨이터에게 신속한 연락)

④ 고객접점: 계산서(담당: 캡틴, 캐셔)

"맛있게 드셨습니까? ○○○원입니다. 불편한 점 없으셨습니까?"

ⓐ "서명하시겠습니까? 계산서는 퇴숙하실 때 프런트에서 받아 가시면 됩니다."

ⓑ "죄송하지만 여행자수표는 1층 프런트에서 환전 후 사용해 주십시오."

ⓒ "담배는 1층 매점에서 판매하고 있으며, 도움이 필요하시면 저에게 말씀하십시오."

ⓓ "먼저 양해말씀 드리겠습니다. 손님이 주신 식권가격보다 식사요금이 더 많습니다. 차액은 현금으로 지불하시겠습니까?"

### 4) 식사장: VIP행사 시

① 고객접점: 입구에서(담당: 캡틴, 리셉션)

ⓐ "김사장님 안녕하십니까?"(반드시 직책을 불러 준다)

ⓑ "만나 뵙게 되어 영광입니다."

② 고객접점: 좌석보조(담당: 캡틴)

무언 서비스

③ 고객접점: 음료제공 시(담당: 웨이터)

"실례합니다. 주문하신 ○○○입니다. 즐거운 시간 되세요."

④ 고객접점: 음식제공

"실례하겠습니다. ○○○입니다."

⑤ 고객접점: Pick-up 시(담당: 웨이터)

"맛있게 드셨습니까? 치워 드리겠습니다."

⑥ 고객접점: 영송(담당: 캡틴, 리셉션)

"감사합니다. 불편한 점은 없으셨습니까?"

부록

# 식음료관리사 출제예상문제 및 각종 서식

OTEL BANQUET MANAGEMENT

식음료관리사 출제예상문제 및 각종 서식

# 식음료관리사 출제예상문제 1

**01.** 불란서 대백과사전에서 Restaurant의 의미로 가장 어울리지 않는 것은?

① 기력을 회복한다.
② 휴식을 취하면서 심신을 힘께 회복힌디.
③ 원기를 되찾게 한다.
④ 단지 식사를 하는 장소이다.

**02.** 고객의 입장에서 식당의 개념이 가장 잘 반영된 것 중 맞는 것은?

① 인적·물적 서비스를 제공하여 영리를 목적으로 하는 장소이다.
② 항상 쾌적한 환경에서 편안하고 안락하게 쉴 수 있는 장소이다.
③ 인정한 장소의 시설이 필요하다.
④ 고객의 심신피로를 회복하고 원기를 돋우어 주는 이익을 목적으로 하는 장소이다.

**03.** 식당의 분류에 있어서 커피와 음료수는 물론, 간단한 식사를 판매하는 곳은?

① 카페테리아 ② 스낵바 ③ 커피숍 ④ 델리카테슨

**04.** 주로 정식(table d'hote)을 제공하는 호텔의 주식당으로, 이용하는 시간을 정하여 조식을 제외한 점심과 저녁식사를 제공하며, 정식뿐만 아니라 일품요리도 제공하는 식당은?

① 다이닝 룸 ② 뷔페식당 ③ 그릴 ④ 레스토랑

**05.** 식당 서비스형식에 따른 분류에 있어서 테이블 서비스식당에 대해서 가장 잘 설명한 것은?

① 고객의 주문에 의해서 웨이터나 웨이트리스가 음식을 제공하는 식당
② 고객이 조리과정을 직접 볼 수 있도록 주방이 개방된 식당

③ 고객들이 간이식사를 할 수 있도록 테이블을 준비하여 빠른 식사를 할 수 있도록 음식을 제공하는 식당
④ 고객 자신이 좋아하는 음식을 직접 운반하여 식사하는 형식의 식당

**06.** 셀프서비스식당으로 적합하지 않는 것은?

① 기호에 맞는 음식을 마음껏 선택하여 먹을 수 있다.
② 신속한 식사를 할 수 있다.
③ 다수의 종사원으로 인건비가 많이 든다.
④ 가격이 비교적 저렴하다.

**07.** 양식 풀코스의 순서가 맞는 것은?

① 전체요리–수프–생선요리–육류요리–가금류요리–샐러드–후식–음료
② 전체요리–수프–생선요리–가금류요리–육류요리–샐러드–후식–음료
③ 전체요리–수프–가금류 요리–육류요리–생선요리–샐러드–후식–음료
④ 전체요리–수프–육류요리–가금류요리–생선요리–샐러드–후식–음료

**08.** 서양식당에 포함되지 않는 것은?

① 불란서식당 ② 이태리식당 ③ 중식당 ④ 스페인식당

**09.** 게리동 서비스를 가장 잘 설명한 것은?

① 식사에 필요한 모든 기물과 음식을 쟁반을 이용하여 서비스하는 형식
② 매우 정중한 서비스로 고객의 테이블 앞에서 직접 음식을 요리하여 서비스하는 형식
③ 모든 음식이 주방에서 개별접시에 담아 접시로 서비스하는 형식
④ 상류계층의 식당에서 많이 이용되는 서비스로 고객 개개인에게 서비스하는 형식

**10.** 플레이트 서비스(plate service)의 장점이 아닌 것은?

① 신속한 서비스를 할 수 있다.
② 특별한 기술이 필요하기 때문에 종사원의 확보가 어렵다.
③ 전반적으로 서비스에 대한 교육시간이 짧다.

④ 서비스종사원의 숙련도를 많이 필요하지 않다.

**11.** 프레터 서비스(platter service)의 장점이 아닌 것은?

① 매우 정중한 서비스를 제공하여 고객이 매우 좋아한다.

② 웨건 서비스보다 식당면적이 적게 소요된다.

③ 주방에서 질적인 통제가 가능하다.

④ 인원수가 많을 때에도 신속한 서비스를 할 수 있다.

**12.** 서비스의 정의로 올바르지 못한 것은?

① 봉사 ② 친절 ③ 무료 ④ 나눔

**13.** 서비스의 특성에 있어서 무형성(intangibility)에 대해서 가장 잘 설명한 것은?

① 서비스는 눈으로 볼 수도 없고 손으로 만질 수도 없는 것

② 고객에게 서비스가 이루어진 동시에 소멸되는 것

③ 생산이 일어남과 동시에 소비가 일어나는 것

④ 서비스는 재고가 없어 추후 판매 및 소비가 불가능한 것

**14.** 서비스의 특성에 속하지 않는 것은?

① 환불이 가능하다. ② 노동집약적이다.

③ 소멸성이다. ④ 동시에 이루어진다.

**15.** 서비스제품이 일반제품과 비교하였을 때 가장 큰 차이점은?

① 소유권이전이 가능하다. ② 저장이 불가능하다.

③ 인적 서비스가 불가능하다. ④ 표준화가 가능하다.

**16.** 서비스의 3S에 포함되지 않는 것은?

① 미소(Smile) ② 신속(Speed) ③ 특별(Speciality) ④ 성의(Sincerity)

**17.** 서비스의 7C에 포함되지 않는 것은?

① 정확(Correctness) ② 일치(Coincidence)

③ 예절(Courtesy) ④ 공동체(Community)

**18.** 서비스의 특성에서 무형성에 대해서 가장 잘 설명한 것은?

① 오늘날 서비스는 전적으로 무형의 제품의 판매라고 할 수 없을 정도로 다양성을 갖고 있으며, 물재와의 혼합성이 늘고 있는 추세이다.

② 서비스는 거래 시 소유권의 이전은 불가능하며, 기능만의 수수가 가능한 특성을 가지고 있다.

③ 오늘날 서비스업체들은 서비스를 표준화를 지향하고 있으나 본질적으로 똑같은 서비스를 고객에게 제공한다는 것은 실질적으로 한계가 있다.

④ 서비스는 서비스 제공장소에 직접 가야지만 제공받을 수 있고, 시간적·장소적 제약을 받으며, 유통이 안 되지만 요즘은 야외출장 파티가 성행하여 이는 예외로 분류한다.

**19.** 아래 설명 중 가장 적절한 서비스방법은 무엇인가?

> 스페인은 주위가 바다로 둘러싸여 해산물이 풍부하므로 생선요리가 유명하다. 또한 스페인요리는 올리브(olive)유, 포도주, 마늘, 파프리카(paprica), 사프란(sapran) 등의 향신료를 많이 쓰는 것이 특색이다. 특히 왕새우요리는 세계적으로 유명하다.

① 불란서식당(French restaurant)
② 이태리식당(Italian restaurant)
③ 스페인식당(Spanish restaurant)
④ 미국식당(American restaurant)

**20.** 서비스의 개념을 설명한 것 중 바르지 못한 것은?

① 서비스는 인간과 관련된 노동에 의해서 무형의 효용을 갖는 비가시적(非可視的)인 실체라는 점이다.

② 서비스는 생산자의 입장에서 볼 때, 무형의 요소를 지닌 비가시적인 실체를 소비자에게 소유권이전을 수반하지 않고 교환대상으로 거래할 수 있다는 것을 강조하고 있다는 점이다.

③ 서비스는 소비자의 입장에서 볼 때, 소비자가 자신의 편익과 만족을 위해 필요시 경제거래상의 상대방에게서 제공받을 수 있는 무형의 효용을 지닌 불가분의 실체라는 점이다.

④ 서비스란 한 쪽이 상대방에게 제공하는 효용이나 그에 따른 행위로서 본질적으로 무형성을 갖고 소유권 이전행위를 수반하는 것을 말한다.

식음료관리사

# 출제예상문제 2

**01.** 호텔에서 총지배인을 뜻하는 영어단어는?

① Director　② Manger

③ General Manager　④ Captain

**02.** 호텔 레스토랑 영업장 지배인의 Outlet Manager의 임무가 아닌 것은?

① 고객관리　② 종사원의 복장 및 용모관리

③ 인사관리　④ 영업관리

**03.** 호텔 레스토랑 영업장에서 캡틴(captain)의 역할로 맞는 것은?

① 고객을 영접하고 식·음료를 직접 고객에게 제공한다.

② 책임구역의 영업준비와 청소를 담당한다.

③ 영업장의 책임자로 타 부서 간의 직·간접적인 중계역할을 담당한다.

④ 영업장의 운영상태와 문제점을 파악하고 운영 및 영업을 담당한다.

**04.** 호텔 식음료직원 중 웨이터와 웨이트리스의 주요 업무가 아닌 것은?

① 고객이 주문한 식·음료를 직접 고객에게 제공한다.

② 테이블 세팅과 식당에 필요한 기물·글라스·린넨류 등을 보급한다.

③ 음식을 운반하며, 사용이 끝난 접시 및 기물을 세척장으로 옮겨 놓는다.

④ 예약업무와 전반적인 고객관리를 한다.

**05.** 식음료부서의 업무조직이 아닌 것은?

① 커피숍　② 연회장

③ 룸 서비스　④ 벨 데스크

**06.** 호텔 레스토랑의 서비스제도에 있어서 쉐프 드랑 시스템(chef de rang system)에 대해서 가장 잘 설명한 것은?

① 최고급 레스토랑에서 적절한 서비스로 각 근무조가 3~4명으로 구성되어 지정된 고객 테이블을 맡아 서비스하는 제도이다.

② 최고급 레스토랑에서 식사담당 웨이터와 음료담당 웨이터가 자기에게 주어진 테이블을 담당하여 서비스하는 제도이다.

③ 최고급 레스토랑에서 웨이터 혼자 고객의 테이블에 가서 식사와 음료를 주문받아 서비스하는 제도이다.

④ 최고급 레스토랑에서 최고의 서비스를 제공하기 위해 헤드 웨이터를 중심으로 이루어지는 서비스제도이다.

**07.** 호텔 레스토랑 서비스제도에 있어서 쉐프 드랑 시스템에 대한 단점으로 옳은 것은?

① 인건비가 많이 든다.

② 신속하고 빠른 서비스를 할 수 있다.

③ 직원 간에 서로 협력이 필요하다.

④ 수준 높은 서비스를 제공한다.

**08.** 헤드 웨이터 시스템(head waiter system)에 대한 설명이 가장 옳은 것은?

① 프렌치 서비스(French service)라고도 하고, 가장 정중하며 최고의 서비스를 제공한다.

② 우리나라 호텔 레스토랑에서 많이 사용하는 서비스로 헤드 웨이터 밑에 식사 및 음료 웨이터를 두어 원활하게 서비스한다.

③ 게리동(gueridon) 서비스를 할 때는 직접 고객 앞에서 조리도 해야 하는 상당한 지식과 전문적인 기술이 필요한 서비스이다.

④ 버스보이(busboy)를 중심으로 이루어지는 서비스형태로 고객으로부터의 모든 주문을 받아 함께 서비스한다.

**09.** 이 서비스 시스템은 대개 한 계절만 한 담당구역을 맡아 근무하는 형태의 시스템으로 옳은 것은?

① 쉐프 드랑 시스템(chef de rang system)
② 헤드 웨이터 시스템(head waiter system)
③ 원-웨이터 시스템(one-waiter system)
④ 스테이션 웨이터 시스템(station water system)

**10.** 호텔 레스토랑 서비스제도에 있어서 One-waiter System의 장점으로 가장 적절한 것은?

① 고객은 한 사람의 웨이터에게 서비스를 받기 때문에 팁에 대한 부담이 적다.
② 웨이터는 혼자서 음식 및 음료를 준비해야 하기 때문에 서비스구역을 소홀히 하기 쉽다.
③ 고객을 기다리게 하거나 불평을 사기 쉽다.
④ 서비스인원이 한정되어져 있어 고객에게 최고의 서비스를 할 수가 없다.

**11.** 식사에 의한 분류에 있어서 유럽식 조식(continental breakfast)에 포함되지 않는 요리는?

① 주스 ② 빵 ③ 계란요리 ④ 커피

**12.** 식사분류에 있어서 미국식 조식(American breakfast)에 대한 설명이 가장 알맞은 것은?

① 계란요리와 주스·토스트·커피뿐만아니라 베이컨, 소세지, 프라이드 포테이토 등을 선택해서 먹을 수 있다.
② 유럽식 조식(continental breakfast)보다 더 간단하게 식사할 수 있어 가격이 저렴하다.
③ 질 좋은 음식을 충분한 시간적인 여유를 가지고 즐길 수 있는 식사이다.
④ 밀크 티(milk tea)와 시나몬 토스트로 간단하게 먹을 수 있다.

**13.** 현대의 도시생활인에 적용되는 식사형태로 아침과 점심식사 중간쯤에 먹는 식사를 무엇이라 하는가?

① 조식 ② 브런치 ③ 점심 ④ 저녁

**14.** 메뉴 중 일품요리에 대한 설명 중 옳은 것은?

① 조리과정이 일정하여 인력이 절감된다.
② 가격이 고정되어 회계가 쉽다.
③ 신속하고 능률적인 서비스를 할 수 있다.
④ 고객이 기호에 맞는 음식을 선택하여 먹을 수 있다.

**15.** 정식(table d'hote) 메뉴에 대한 설명이 아닌 것은?

① 가격이 저렴하다.
② 고객의 선택이 쉽다.
③ 원가(cost)를 낮출 수 있다.
④ 요리가 품목별로 가격이 정해져 제공된다.

**16.** 식사 서비스형태에 있어서 불란서식 서비스(French service)의 특징이 아닌 것은?

① 식탁과 식탁 사이에 게리동이 움직일 수 있는 충분한 공간이 필요하다.
② 숙련된 종사원으로 접객편성이 이루어져야 하므로 인건비의 지출이 높다.
③ 고객은 자기 양껏 먹을 수 있으며, 남은 음식은 따뜻하게 보관되어 추가로 서비스할 수 있다.
④ 다른 서비스에 비해 시간이 많이 걸리지 않아 매우 경제적이다.

**17.** 식사 서비스형태에 있어서 러시안 서비스(Russian service)의 특징이 아닌 것은?

① 생선이나 가금류를 통째로 요리하여 잘 볼 수 있게 테이블(side-table)에 전시한다.
② 식욕을 돋우게 하는 효과를 거둘 수 있도록 하는 데서 유래되었다.
③ 일품요리를 제공하는 전문식당에 적합한 서비스이다.

④ 은쟁반(silver platter)에 멋있게 장식된 음식을 고객에게 보여주면 고객이 직접 먹고 싶은 만큼 덜어 먹는다.

**18.** 식사 서비스형태에 있어서 미국식 서비스(American service)의 특징이 아닌 것은?

① 주방에서 음식이 접시에 담겨져 제공된다.
② 음식이 오랫동안 따뜻하게 유지가 가능하다.
③ 신속한 서비스를 할 수 있다.
④ 고급식당보다는 고객회전이 빠른 식당에 적합하다.

**19.** 식사 서비스형태에 있어서 카운터 서비스(counter service)의 특징에 해당되는 것은?

① 빠르게 식사를 제공할 수 있고, 고객의 불평이 적다.
② 가격이 저렴하다.
③ 고객의 미각을 돋우지 못한다.
④ 좌석회전율이 빠르다.

**20.** 주방에서 접시를 보기 좋게 담겨진 음식을 직접 손으로 들고 나와 고객에게 서브하는 방식으로 플레이트 서비스(platter service) 또는 트레이 서비스(tray service)라고 부르는 서비스형태는?

① 미국식 서비스(American service)
② 러시안 서비스(Russian service)
③ 불란서식 서비스(French service)
④ 셀프서비스(self-service)

**21.** 생선이나 가금류를 통채로 요리하여 아름답게 장식을 한 후 고객에게 서브되기 전에 잘 볼 수 있게 테이블(side-table)에 전시함으로써 식욕을 돋우게 하는 서비스형태는?

① 미국식 서비스(American service)
② 러시안 서비스(Russian service)
③ 불란서식 서비스(French service)
④ 셀프서비스(self-service)

**22.** 시간의 여유가 많은 유럽의 귀족들이 훌륭한 음식을 즐기던 전형적인 서비스로 우아하고 정중하여 고급식당에서 제공되고 있고, 조리용 카트(cart: wagon)를 이용하여 직접요리를 만들어 제공하는 서비스형태는?

① 미국식 서비스(American service) ② 러시안 서비스(Russian service)
③ 불란서식 서비스(French service) ④ 셀프서비스(self-service)

**23.** 조리장과 붙은 카운터를 식탁으로 하여 고객이 직접 조리과정을 지켜보며 식사를 할 수 있는 형식으로써 때로는 웨이터가 음식을 테이블까지 날라 주기도 하는 서비스형태는?

① 미국식 서비스(American service) ② 러시안 서비스(Russian service)
③ 불란서식 서비스(French service) ④ 카운터 서비스(counter service)

# 식음료관리사 출제예상문제 3

**01.** 호텔종사원이 지켜야 할 고객을 대하는 태도로 옳지 않는 것은?

① 항상 명랑한 표정을 짓는다.
② 항상 밝은 미소로 인사한다.
③ 전화는 간단・명료하고 친절하게 응답한다.
④ 머리나 코・얼굴 등을 만지거나 직원과 담소를 나눈다.

**02.** 호텔종사원이 지켜야 할 고객을 대하는 태도로 옳지 않는 것은?

① 고객과의 언쟁을 절대로 삼갈 것
② 전화는 가능하면 길게 통화하고 친절하게 응답할 것
③ 고객의 질문에 최선을 다하여 응답할 것
④ 고객에게 적극적인 관심을 표명할 것

**03.** 호텔종사원이 지켜야 할 고객을 대하는 태도로 옳지 않는 것은?

① 친절・신속・정확한 서비스정신을 발휘한다.
② 인종과 성별, 연령과 빈부의 차별을 금한다.
③ 고객의 질문 중에 다른 일을 하면서 응대한다.
④ 메모지를 항상 휴대하고 근무에 임한다.

**04.** 호텔종사원이 영업 중 고객을 기다리는 대기(stand-by)자세로 옳지 않는 것은?

① 가슴을 펴고 허리를 곧게 한다.
② 손은 가지런히 하여 양 허벅지의 재봉선 또는 왼손을 오른손으로 감싸 아랫배에 붙인다.
③ 경직되지 않은 자연스러운 자세를 취한다.
④ 시선은 가능하면 주위를 두리번거리며 고객의 유무를 확인한다.

**05.** 호텔종사원이 보행 중 바른 자세가 아닌 것은?

① 호텔의 로비나 복도 · 계단 등에서 고객의 통행에 방해가 되지 않도록 해야 한다.

② 고객의 뒤로 지나가지 말고 고객의 앞으로 지나가야 한다.

③ 로비나 복도 · 계단 · 객실층 및 각 식당 등의 호텔 내에서는 절대 뛰어 다녀서는 안 된다.

④ 걸을 때 몸을 지나치게 흔들거나 요란한 소리를 내지 않도록 한다.

**06.** 호텔종사원이 남자동반자와 보행 중 바른 자세가 아닌 것은?

① 귀빈이나 상사와 단둘이서 보행할 경우는 좌 1보 후 1보 위치에서 동행한다.

② 귀빈이나 상사를 안내할 경우에는 좌 1보 전 2~3보 위치에서 안내한다.

③ 계단을 오를 때는 앞에서, 내려갈 때는 뒤에서 걷은 것이 원칙이다.

④ 3명 이상이 동반보행할 경우는 맨 앞이 상사의 위치이다.

**07.** 호텔종사원의 용모 및 복장에 있어서 두발(남자)에 대한 내용 중 잘못된 것은?

① 항상 청결히 하고, 향이 강한 포머드나 머릿기름을 사용한다.

② 뒷머리는 짧게 깎아서 와이셔츠 컬러부분이 덮이지 않도록 한다.

③ 옆머리는 귀가 덮이지 않도록 짧게 깎고, 머리가 흘러내려 이마를 덮지 않도록 한다.

④ 장발 · 퍼머 · 염색을 금한다.

**08.** 호텔종사원의 용모 및 복장에 있어서 얼굴(남자)에 대한 내용 중 잘못된 것은?

① 면도는 매일하여 단정한 인상을 주도록 하며, 콧수염도 자주 자르도록 한다.

② 피부에 건강미를 위해 햇볕에 그을려 탄력성을 유지한다.

③ 시력이 좋지 않은 사람은 콘택트렌즈를 착용한다.

④ 얼굴에 난 종기 · 상처 등은 빨리 치료해야 한다.

**09.** 호텔종사원의 용모 및 복장에 있어서 유니폼(남자)에 대한 내용 중 잘못된 것은?

① 바지는 항상 청결하고 무릎이 나오지 않도록 다림질해서 착용한다.

② 단추가 떨어져 있거나 바느질이 터진 곳은 없는지 확인한다.
③ 상의나 바지 주머니에 물건을 넣고 다녀도 무방하다.
④ 먼지나 비듬 등이 묻어 있어서는 안 되므로 반드시 손질하여 청결한 것을 착용한다.

**10.** **호텔종사원의 용모 및 복장에 있어서 구두(남자)에 대한 내용 중 잘못된 것은?**

① 언제나 광택이 나는 것을 착용해야 하며, 착용 후에 잘 손질하여 보관한다.
② 뒷굽이 닳은 것은 좋지 못한 인상을 주므로 주의한다.
③ 회사에서 지급된 구두는 사내에서 착용하고, 사외에서는 착용을 금한다.
④ 화려한 이미지를 주기 위해서 장식이 달린 복잡한 것을 착용한다.

**11.** **호텔종사원의 용모 및 복장에 있어서 두발(여자)에 대한 내용 중 잘못된 것은?**

① 여직원의 경우 머리를 예쁘고 화려하게 염색을 해서 단정하게 한다.
② 긴 머리는 단정하게 묶고 흘러내리지 않도록 한다.
③ 항상 단정하게 빗질을 한다.
④ 짧은 머리는 짙은 갈색이나 흑색으로 된 리본 또는 핀으로 청결하게 손질한다.

**12.** **호텔종사원의 용모 및 복장에 있어서 화장(여자)에 대한 내용 중 잘못된 것은?**

① 밝고 건강하게 보일 정도가 좋다.
② 피부에 건강미를 위해 햇볕에 그을려 아름다움을 유지한다.
③ 눈화장은 자연스럽게 하고, 속눈썹은 달지 않도록 한다.
④ 립스틱은 엷은 색으로 하고, 창백하게 보이는 색이나 짙은 색은 피해야 한다.

**13.** **호텔종사원의 용모 및 복장에 있어서 유니폼(여자)에 대한 내용 중 잘못된 것은?**

① 블라우스는 치마 속에 넣어 나오지 않게 한다.
② 단추가 떨어져 있거나 바느질이 뜯어진 곳이 없는지 세밀한 주의를 요한다.
③ 스커트의 길이와 폭은 유행에 따라 개인적으로 짧게 또는 길게 입어도 된다.
④ 먼지나 비듬이 묻어 있어서는 안 되므로 항상 손질하여 청결한 것을 착용한다.

**14.** 호텔종사원의 용모 및 복장에 있어서 구두(여자)에 대한 내용 중 잘못된 것은?

① 검정색이 원칙이며, 끌고 다니거나 꺾어서 신고 다녀서는 안 된다.
② 언제나 깨끗한 것을 착용해야 하며, 착용후에 손질을 잘 하여 보관한다.
③ 뒷굽이 닳은 것이나 끈이 느슨한 상태의 것은 좋지 못하므로 착용하지 않는다.
④ 같은 모양으로 통일하면서 장식이 달린 화려한 구두를 착용하여 좋은 이미지를 준다.

**15.** 호텔종사원의 용모 및 복장에 있어서 액세서리(여자)에 대한 내용 중 잘못된 것은?

① 목걸이 · 반지 · 팔지 등 액세서리는 근무 중일 때는 일체 착용을 하지 않는다.
② 귀걸이는 링과 같이 화려한 것보다는 귀에 딱 맞게 착용을 한다.
③ 약혼 · 결혼반지와 시계는 화려하고 고급명품이라도 착용이 가능하다.
④ 시계는 손목 밑으로 흘러내리지 않게 한다.

**16.** 다음은 호텔종사원이 갖추어야 할 기본적인 정신에 대한 설명이다. 아래 내용에 가장 적합한 것은?

> 서비스란 고객에게 부담을 주지 않는 진심에서 우러나오는 서비스이어야 한다. 식당시설이 아무리 훌륭하고 뛰어났다고 하더라도 그곳에서 일하는 접객원의 ○○○이 결여된 상태에서 사무적이고 기계적인 서비스를 제공한다면 훌륭한 시설들은 빛을 잃고 말 것이다.

① 봉사성 ② 정직성 ③ 청결성 ④ 경제성

# 출제예상문제 4

**01.** 영업에 필요한 모든 준비물을 비치하여 접객 서비스를 신속하게 할 수 있도록 식당 내부의 적절한 장소에 고정시켜 종사원들만 사용하는 비품이다. 가장 옳은 것은?

① 서비스 스테이션(service station) ② 서비스 웨건(service wagon)
③ 디저트 트롤리(dessert trolley) ④ 디쉬 워머(dish warmer)

**02.** 각종 주류의 진열과 조주에 필요한 얼음 · 글라스 · 부재료 · 바(bar)기물 등을 비치하여 고객 앞에서 주문받아 즉석에서 조주하여 서브할 수 있도록 꾸며진 이동식 수레는 무엇인가?

① 애프터 디너 드링크 카트(after dinner drink cart)
② 디저트 트롤리(dessert trolley)
③ 바 트롤리(bar trolley)
④ 트레이(tray)

**03.** 고객 앞에서 종사원이 직접 조리하여 요리를 서브하는 알코올 또는 가스버너를 갖춘 카트이다. 영업 전에 알코올 또는 가스와 서비스 스푼 및 포크의 충분한 양 그리고 조리 시 프라이팬(fry-pan), 와인, 양념류 등을 고정 비치해두는 비품 중 옳은 것은?

① 서비스 웨건(service wagon)
② 프람베 카트(flambee cart)
③ 프라임 립 카트(prime rib cart)
④ 애프터 디너 드링크 카트(after dinner drink cart)

**04.** 레스토랑에서 사용하고 있는 카트(cart)류의 취급법으로 적당하지 않는 것은?

① 요리는 반드시 상단에 싣고, 그 밖에 다른 준비물은 밑으로 놓는다.
② 벽 또는 테이블 등에 부딪치지 않도록 한다.
③ 업장에서 무거운 짐을 운반할 때 유용하게 사용한다.
④ 사용 후에는 반드시 정해진 장소에 원위치시켜 놓는다.

**05.** 트레이(tray)는 고객 서비스 시에 가장 필요로 하는 비품 중의 하나이며, 또한 레스토랑 종사원들이 능률적인 업무수행에 있어서 꼭 필요하다. 트레이를 사용하는 데 있어서 잘못된 것은?

① 트레이를 들 때는 반드시 왼손으로 들어야 하며, 옆구리에 끼거나 한 손으로 접어 흔들고 다녀서는 안 된다.
② 트레이를 들 때는 중심부분에 왼손 팔목부분의 손바닥 부위와 각 손가락을 넓게 벌리고 손끝을 약간 세워 트레이의 전후・좌우가 흔들리지 않도록 조정하여 든다.
③ 트레이는 팔을 겨드랑이에 자연스럽게 붙이고 몸 안쪽으로 직각이 되게 팔꿈치를 구부려 반듯하게 든다.
④ 트레이에 물건을 놓을 때는 앞부분부터 놓는 것이 안전하며, 내려놓을 때는 가운데 있는 물건부터 먼저 내려놓는다.

**06.** 테이블 클로스의 수명연장과 식탁에 식기나 기물을 놓을 때 소리가 나지 않도록 테이블 클로스 밑에 깔아서 촉감을 부드럽게 하는 사이런스 클로스(silencer cloth)라고도 하며, 털로 다져서 만든 천 또는 면 종류의 천으로 만들어 테이블 클로스보다 크지 않게 테이블규격과 같이 부착하거나 움직이지 않게 고정시켜 사용하는 클로스(cloth)는 무엇인가?

① 테이블 클로스(table cloth) ② 미팅 클로스(meeting cloth)
③ 언더 클로스(under cloth) ④ 업 클로스(up cloth)

**07.** 테이블 클로스(table cloth) 취급 시 적합하지 않는 것은?

① 세탁된 테이블 클로스를 보관할 때는 규정된 장소에 종류별로 구분해서 사용이 편리하도록 잘 정돈하고 비치하며, 구겨지거나 먼지가 묻지 않도록 깨

끗하게 보관해야 한다.

② 테이블 클로스에 기름이나 음식물 등으로 인해 얼룩이 생기지 않도록 다루어야 하며, 사용된 테이블 클로스 위에 핀・이쑤시개・음식물 등이 있을 때는 깨끗하게 쓸어낸 후 세탁이 용이하도록 일정하게 접는다.

③ 찢어졌거나 흠집 있는 테이블 클로스는 박음질을 깨끗하게 해서 사용한다.

④ 사용한 테이블 클로스는 필히 린넨 카트에 모으며, 땅바닥이나 정해진 장소가 아닌 곳에 방치하지 않도록 한다.

**08.** 테이블 클로스(tablo cloth)는 반드시 식탁규격에 맞는 것으로 사용해야 하며, 통일된 방법에 의해서 정확하게 깔도록 해야 한다. 테이블 클로스를 펴는 방법 중 잘못된 것은?

① 테이블 클로스를 식탁 뒤쪽에서부터 길게 펼치면서 봉재선 자락이 위로 향하도록 엎어서 편다.

② 팔을 몸 앞쪽으로 어깨 넓이 정도 벌리고 테이블 클로스의 중간에 접힌 부분과 아래의 봉재선 부분을 엄지와 집게・중지 손가락으로 가볍게 잡는다.

③ 엄지와 집게 손가락으로 잡았던 접힌 가장자리 부분을 가볍게 놓으면서 집게와 중지 손가락으로 잡은 봉재선 자락을 구겨지지 않도록 몸쪽으로 가볍게 흔들어 당기면서 편다.

④ 몸쪽으로 향한 테이블 클로스의 봉재선 자락을 잡고 주름진 가장자리 선을 기준으로 깔린 상태를 조절하면서 테이블 밑으로 떨어지는 자락의 길이를 사방 30cm 정도로 일치되도록 하며, 모서리 자락의 길이도 일치되게 한다.

**09.** 17세기 말엽에 고전요리가 세계에 널리 알려지면서 불란서요리 역시 많은 사람들에게 알려지기 시작하였다. 불란서 고전요리가 세계적으로 유명하게 된 계기는 완벽하게 조화된 요리였는데 해당사항이 아닌 것은?

① 신선하고 우수한 음식재료　　② 미묘하고도 균형 있는 맛

③ 감상할 줄 아는 고객　　④ 복합적이고 시각을 위주로 한 요리

**10.** ○○○는 식탁의 중앙에 놓는 집기로서 소금과 후추병은 보통 2~3명에 한 세트씩 세팅하며, 내용물이 차 있어야 하고, 응고되거나 구멍이 막히지 않았는지를 확인해야 한다. 설명에 가장 적합한 것은?

① 꽃병　② 센터피스　③ 냅킨통　④ 냅킨

**11.** 레스토랑에서 사용하는 기물류에 포함되지 않는 것은?

① 은기물류　② 도자기류　③ 냅킨류　④ 글라스류

**12.** 업장의 특성과 테이블의 종류에 따라 세팅순서가 달라질 수 있다. 일반적인 테이블 세팅순서로 가장 적합한 것은?

① 식탁과 의자를 점검–테이블 클로스를 편다–센터피스를 놓는다–쇼 플레이트를 놓는다– 수프 스푼과 샐러드 포크를 놓는다–디너 나이프와 포크를 놓는다–디저트 스푼과 포크를 위쪽에 놓는다– 물잔과 포도주잔을 놓는다–냅킨을 편다–전체적인 조화와 균형을 점검한다.

② 식탁과 의자를 점검–테이블 클로스를 편다–센터피스를 놓는다–디저트 스푼과 포크를 위쪽에 놓는다–디너 나이프와 포크를 놓는다–수프 스푼과 샐러드 포크를 놓는다–쇼 플레이트를 놓는다–물잔과 포도주잔을 놓는다–냅킨을 편다–전체적인 조화와 균형을 점검한다.

③ 식탁과 의자를 점검–테이블 클로스를 편다–센터피스를 놓는다–수프 스푼과 샐러드 포크를 놓는다–디저트 스푼과 포크를 위쪽에 놓는다–쇼 플레이트를 놓는다–디너 나이프와 포크를 놓는다–냅킨을 편다–전체적인 조화와 균형을 점검한다.

④ 식탁과 의자를 점검–테이블 클로스를 편다–센터피스를 놓는다–쇼 플레이트를 놓는다–디너 나이프와 포크를 놓는다–수프 스푼과 샐러드 포크를 놓는다–디저트 스푼과 포크를 위쪽에 놓는다–물잔과 포도주잔을 놓는다–냅킨을 편다–전체적인 조화와 균형을 점검한다.

**13.** 테이블 세팅 시 기본원칙에 속하지 않는 것은?

① 기물류의 배열은 전체적인 균형을 이룰 수 있도록 적당한 간격으로 보기 좋게 놓는다.

② 디너 나이프는 칼날이 바깥쪽으로 향하게 한다.

③ 빵접시의 중앙선과 쇼 플레이트의 중앙선이 일치하도록 배열한다.

④ 쇼 플레이트와 은기물류는 식탁 가장자리로부터 2cm 정도의 간격을 두고 놓는다.

**14.** 테이블 세팅 시 기본원칙에 속하지 않는 것은?

① 와인잔은 물잔의 왼쪽 아래쪽으로 45° 대각선상에 놓는다.

② 쇼 플레이트를 사용하지 않을 때는 냅킨을 놓아서 기준으로 삼는다.

③ 버터 나이프는 빵접시 위에 오른쪽으로 1/4 정도 되는 부분에 포크의 배열선과 맞춰 놓는다.

④ 테이블 세팅은 근본목적인 고객이 사용하기에 편리하고 짜임새 있으며 모양 좋은 테이블이 되게 하여야 한다.

**15.** 좌석에 착석한 고객으로부터 요리의 주문을 받은 후 요리에 맞추어서 테이블 세팅을 하는 경우가 많이 있다. 고객 앞에서 테이블 세팅을 할 경우 적합하지 않는 것은?

① 전혀 세팅이 되지 않았을 때는 주문에 맞추어서 세팅한다.

② 일부가 세팅되어 있으면 주문에 따라서 필요한 기물을 보충한다.

③ 테이블 세팅에서 세팅이 완료되었으면 특히 주문에 따라 불필요한 기물은 치운다.

④ 기물을 테이블로 옮길 때나 치울 때에는 손으로 들고 다니면서 신속하게 한다.

식음료관리사

# 출제예상문제 5

**01.** 한국요리의 특성으로 가장 옳은 것은?

① 지리적 여건과 기후변화 등의 영향을 받으며 각 지방과 해변지역에 따라 생산되는 음식은 다양하지 못했다.

② 농수산물 및 사냥과 가축의 사육을 주축으로 이루어졌기 때문에 향토성이 짙은 음식이 만들어지지 못했다.

③ 새로운 문물도입에 영향을 받으면서 향토음식·궁중음식·민간신앙음식·관혼상제음식·사찰음식·계절음식·떡·과자 등 분야별로 발전 하였다.

④ 독특한 조리기술 개발과 상차림 및 독창적인 식문화의 변천과 더불어 우리의 식문화가 제대로 발전되지 못했다.

**02.** 한국요리의 기본 테이블 세팅(basic table setting)으로 맞는 것은?

① 한국음식은 밥을 주식으로 여러 가지 부식인 국과 찬을 상에 배열하여 한상에 한꺼번에 올린다.

② 주요리와 함께 밥과 국·반찬은 같이 상에 올린다.

③ 한식에서 밥그릇은 상의 앞줄 중간에서 오른쪽에 놓이고, 국그릇은 왼쪽에 놓인다.

④ 찌개류는 상의 중간에 놓고, 수저는 반드시 오른쪽에 놓인다.

**03.** 대표적인 한국요리에 포함되지 않는 것은?

① 불고기정식　　② 갈비찜정식

③ 궁중전골　　④ 돈부리전골

**04.** 우리 식생활에는 여러 가지 상차림의 형식이 있는데, 포함되지 않는 것은?

① 주안상　　② 교자상　　③ 돌상　　④ 고베상

**05.** 아래 설명에 가장 적합한 상차림은 어느 것인가?

> 밥을 주식으로 하는 형식의 상이다. 식사는 밥 · 탕 · 김치 · 간장 · 조치(찌개 · 찜) 등 기본식과 반찬류 및 후식으로 이루어지는데, 반찬의 수를 첩수라 하여 그 수에 따라 3첩 · 5첩 · 7첩 · 9첩 · 12첩으로 나뉜다. 여기에서 첩이란 뚜껑이 있는 반찬 그릇을 말하는 것으로 밥 · 국 · 김치 · 장 · 찌개 등을 제외한 반찬그릇의 수에 따라 첩수를 세며, ○○에서 반찬을 담는 그릇을 쟁첩이라고 한다.

① 반상 ② 면상 ③ 교자상 ④ 주안상

**06.** 아래 설명에 가장 적합한 상차림은 어느 것인가?

> 축하연이나 회식모임 등에 쓰이는 상차림이며, 많은 인원이 함께 식사하는 방법으로써 일인용으로 작은 식기에 요리를 담는 것이 아니라 4명 · 5명 · 8명의 분량을 한 식기에 담는다. 원래는 많은 손님이 모일 때에도 각기 외상을 차려 대접하는 관습이었던 것이 개량되어 ○○○의 형식이 되었다.

① 반상 ② 면상 ③ 교자상 ④ 주안상

**07.** 상차림에 있어서 교자상의 차림표 작성시 가장 알맞은 것은?

① 모임의 종류나 성격에 맞는 요리를 선택한다.

② 여러 사람이 함께 식사를 하기 때문에 손님의 식성과 기호를 맞추기는 어렵다.

③ 여러 손님이 함께 식사할 수 없는 요리도 무방하다.

④ 상차림에서 보통 물김치 · 탕 · 초간장 · 차 · 화채 등의 음식을 선택한다.

**08.** 반상의 차림에 있어서 5첩반상의 기본식으로 가장 알맞은 것은?

① 밥, 탕, 김치, 간장

② 밥, 탕, 김치, 간장, 초간장, 조치 1가지

③ 밥, 탕, 김치, 간장, 초간장, 초고추장, 조치

④ 밥, 탕, 김치, 간장, 초간장, 초고추장, 조치, 전골

**09.** 반상의 차림에 있어서 9첩반상의 반찬으로 가장 알맞은 것은?

① 생채, 구이, 숙채, 전유어, 마른 찬

② 생채, 숙채, 구이, 전유어, 마른 찬, 회, 찜
③ 생채, 찜, 구이 2가지, 숙채, 전유어, 마른 찬, 회, 조림
④ 생채 2가지, 숙채 2가지, 구이 2가지, 편육, 회 2가지, 조림, 찜

**10.** 한국요리의 상차림과 그 서비스방법은 일정한 형식과 원칙이 있는데, 가장 올바른 것은?

① 아침 · 점심 · 저녁을 막론하고 반상으로 접대할 때에는 반상기를 사용하므로 요리를 담은 그릇은 반드시 뚜껑을 덮는다.
② 국물이 있는 요리는 왼쪽, 마른 요리는 오른쪽에 놓는 것을 원칙으로 한다.
③ 상의 오른쪽 아랫부분은 더운 요리 중 국물이 없는 요리를 놓는다.
④ 상의 오른쪽 윗부분은 국이나 찌개처럼 국물이 있는 더운 요리를 놓는다.

**11.** 한국요리의 상차림과 그 서비스방법은 일정한 형식과 원칙이 있는데, 가장 올바른 것은?

① 소스에 해당하는 간장 · 초고추장 · 새우젓 등의 주위에는 이들을 필요로 하는 요리를 윗부분에 놓는다.
② 뚜껑이 달린 오목한 그릇인 도구가 필요한 경우, 음식을 먹다가 나오는 뼈 · 가시를 뱉을 수 있도록 왼편 끝에 놓는다.
③ 제일 앞줄은 마른 찬이나 조림 등을 놓는다.
④ 손이 자주 가는 요리를 중간에 놓는다.

**12.** 한국요리의 상차림과 그 서비스방법은 일정한 형식과 원칙이 있는데, 바르지 못한 것은?

① 여러 명이 식사를 할 경우 공동으로 사용하기에 미관이나 위생상 곤란한 간장 · 초고추장 · 밥 · 탕 · 물김치 · 신선로 등은 각 개인에게 요리를 담아 상차림한다.
② 두 사람 이상이 식사를 할 경우 김치는 중심에 놓고 요리의 찬 요리와 서로 대각선으로 놓아 서로가 이용하기에 불편함이 없도록 한다.
③ 반찬의 내용은 가능한 한 같은 조리법을 사용하여 조리한 것이 겹치지 않도록 하며, 또한 같은 재료가 중복되지 않도록 한다.
④ 식사가 끝나면 앞부분에 위치한 식기만 치우고 차와 후식을 놓는다.

**13.** 국가마다 테이블 매너는 존재한다. 한식의 테이블 매너에 대해서 바르지 못한 것은?

① 상에 앉을 때 좌식인 경우는 방석이 있어야 한다. 방석은 밟고 앉지 않으며, 방석은 발로 밀거나 움직이면 안 되고, 방석을 손님에게 권할 때도 조용히 앉아서 두 손으로 살며시 밀어 넣는다.

② 테이블이나 상 앞에서 10cm에서 15cm 떨어지게 앉는다.

③ 우리나라 음식은 물로 된 것이 많은 음식이기 때문에 반드시 밥과 국물은 숟가락으로 먹어야 하며, 숟가락과 젓가락을 함께 쥐고 사용해도 된다.

④ 식사를 시작할 때 찬그릇의 큰 뚜껑부터 작은 것, 더운 것으로 연 다음 포개서 상 아래에 놓는다. 이때 그릇 부딪히는 소리를 내지 않아야 한다.

**14.** 여러 사람과 함께 식사를 할 때 지켜야 할 한식 테이블 매너로 바르지 못한 것은?

① 상에 있는 것이 멀면 팔을 쭉 펴서 가져다 먹는다.

② 기호품은 아무리 친해도 각자가 사용한다.

③ 소금을 쳐준다던가 하는 것은 삼갈 것

④ 김치를 물에 씻어 먹는다거나 계속 후후 하면서 물을 마시는 것도 삼갈 것

**15.** 여러 사람과 함께 식사를 할 때 지켜야 할 한식 테이블 매너로 바르지 못한 것은?

① 수저로 반찬이나 밥을 뒤적거리거나 해치는 것은 좋지 않고, 먹지 않는 것을 골라내거나 양념을 떨어내고 먹지 않는다.

② 먹는 도중에 수저에 음식물이 묻어서 남아 있지 않도록 하며, 밥그릇은 제일 나중에 숭늉을 넣어 깨끗하게 비운다.

③ 여러 사람이 함께 먹는 음식은 각자 접시에 덜어 먹고, 초장 같은 것은 접시에 덜어서 찍어 먹는 것이 좋다.

④ 밥이나 다른 음식을 먼저 먹고, 숟가락으로 국이나 김칫국물을 떠먹는다. 밥과 국물이 있는 김치·찌개·국 등은 숟가락으로 먹고, 다른 찬은 젓가락으로 먹는다.

**16.** 중국요리에 대해서 설명이 가장 옳은 것은?

① 재료선택의 폭이 좁다.

② 조리기구는 간단하고 사용이 용이하다.

③ 기름을 많이 사용하지 않아 음식이 담백하다.

④ 조미료와 향신료의 종류가 풍부하지만, 음식에 사용하는 것은 제한적이다.

**17.** 아래 설명에 가장 적합한 지역적 특성이 돋보이는 중국요리는 어느 것인가?

| 이 지역은 고급요리문화를 이룩한 곳이며, 지리적으로는 북방이기 때문에 육류를 중심으로 강한 화력을 이용한 튀김요리와 볶음요리가 특징이다. 이 지역의 대표적인 것은 오리통구이인 카오뻬이징야쯔이다. |
|---|

① 북경요리 ② 남경요리 ③ 상해요리 ④ 광동요리

**18.** 아래 설명에 가장 적합한 지역적 특성이 돋보이는 중국요리는 어느 것인가?

| 중국 중부의 대표적인 요리로 난징 · 상하이 · 쑤조우 · 양조우 등지의 요리를 총칭한다. 중국 내륙의 젖줄인 양쯔강 하구에는 오랜 옛날부터 난징을 중심으로 풍부한 해산물과 미곡을 바탕으로 한 식생활이 발달하였다. |
|---|

① 북경요리 ② 남경요리 ③ 상해요리 ④ 광동요리

**19.** 아래 설명에 가장 적합한 지역적 특성이 돋보이는 중국요리는 어느 것인가?

| 이 지역은 따뜻한 기후와 풍부한 농산물 및 갖가지 해산물의 집산지로서 다양한 요리를 낳게 했고, 특히 이 지방의 특산물이 장유를 써서 만드는 요리가 독특하다. 그리고 간장이나 설탕으로 달콤하게 맛을 내어 기름기가 많고 진한 것이 특징이기도 한다. 바다가재로 만드는 푸롱지엔시에, 두부로 만드는 스진사꿔또 우화, 꽃모양의 빵인 후아첸 등도 유명하다. |
|---|

① 북경요리 ② 남경요리 ③ 상해요리 ④ 광동요리

**20.** 아래 설명에 가장 적합한 지역적 특성이 돋보이는 중국요리는 어느 것인가?

| 중국 남부의 요리를 대표하는 이 지역은 광주요리를 중심으로 복건요리 · 조주요리 · 동강요리 등 지방요리 전체를 일컫는다. 남쪽의 더운 지방인 이 지역의 요리는 재료가 가 |
|---|

지고 있는 자연의 맛을 잘 살려내는 담백함이 특징인데, 서유럽요리의 영향을 받아 쇠고기, 서양채소, 토마토케첩, 우스터 소스 등 서양요리의 재료와 조미료를 받아들인 요리도 있다.

① 북경요리 ② 남경요리 ③ 상해요리 ④ 광동요리

**21.** 중식당 테이블 세팅 전 준비 및 점검사항이 아닌 것은?

① 꽃병(flower vase)의 꽃은 매일 새 꽃으로 교체한다.

② 세팅에 필요한 기물이나 냅킨(napkin)을 다시 한 번 확인한다.

③ 테이블(table) 및 의자(chair)가 흔들리는 것이 있는지 확인한다.

④ 각종 소스병(hot, oil, vimegar, soy sauce 등)을 점검한다.

**22.** 중식당에서 중식요리를 주문받는 방법 중 가장 옳은 방법은?

① 중국요리는 1인분의 주문방법으로 주로 판매한다.

② 신속한 서비스를 위하여 조리법이 같은 요리를 추천한다.

③ 술을 즐기는 고객에게는 튀김요리 · 구이요리 · 절임요리 등을 추천하도록 한다.

④ 요리의 주문을 받는 시간이 지체되더라도 모든 요리를 주문받아서 주방에 넘긴다.

**23.** 중식당에서 음식을 서비스할 때 요리 서비스요령 중 적합하지 않는 것은?

① 냉채를 서브할 때는 고객을 먼저 서브한 후 초청한 사람 순으로 한다.

② 새로운 요리를 서브할 때는 역시 새로운 접시를 먼저 사용했던 접시와 교환하도록 한다.

③ 요리는 고객 테이블에서 서브해야 하나 테이블이 복잡한 경우 보조 테이블에서 접시에 덜어 서브한다.

④ 수프(soup)요리는 고객들이 각자 필요한 만큼 수프 볼(soup bowl)에 덜어 먹는다.

식음료관리사

# 출제예상문제 6

**01.** 호텔 연회 서비스의 정의로 가장 옳은 것은?

① 잔치·피로연·결혼·회갑연 등과 같은 기쁜 잔치가 있을 때 음식을 차리고 손님을 청하는 일이다.

② 연회는 호텔 또는 식음료 판매시설을 갖추고, 30인 이상의 단체고객에게 식음료와 기타 부수적인 고객의 목적을 달성하기 위해 장소를 대여해주고 그 대가를 받는 모든 행위를 말한다.

③ 연회는 호텔에서 매출부분에 있어서 효자역할을 하는 객실매출에 아주 중요한 역할을 한다.

④ 연회부문은 적극적인 홍보를 하지 않아도 활성화되어져 식음료부서의 매출을 증진시키고 있다.

**02.** 연회행사는 크게 식음료연회와 임대연회로 분류되고 있다. 식음료연회의 종류에 포함되지 않는 것은?

① 정찬 파티　　② 각종 회의·세미나
③ 칵테일 파티　　④ 출장연회

**03.** 연회행사는 크게 식음료연회와 임대연회로 분류되고 있다. 임대연회의 종류에 포함되지 않는 것은?

① 전시회　　② 패션쇼　　③ 창업설명회　　④ 뷔페 파티

**04.** 아래 설명에 대한 연회행사 테이블 레이아웃(lay-out)이 가장 잘 설명되어진 것은?

> 호텔에서 가장 많이 쓰이는 배열방식으로 디너쇼·정식·패션쇼 등 많은 고객을 수용하기 위한 배치이다. 테이블 간의 간격은 3cm정도, 의자와 의자 사이의 간격은 80cm, 양

| 쪽 통로는 70cm 공간을 유지한다. |
|---|

① 라운드 테이블형　　② 타원형
③ 공백사각형　　④ 정사각형

**05.** 아래 설명에 대한 연회행사 테이블 레이아웃(lay-out)에 설명이 가장 바른 것은?

| 행사진행 시 메인좌석이 이미 정해져 있는 형태로, 이 배열은 60인치×30인치 혹은 80인치×40인치의 직사각형 테이블을 많이 사용한다. 일반적으로 의자와 의자 사이의 간격은 50~60cm의 공간을 유지하며, 만찬이나 성격에 따라서 더 넓은 공간을 필요로 한다. 헤드 테이블 양쪽에는 드레스를 쳐서 테이블 다리가 보이지 않도록 한다. |
|---|

① I자형　② U자형　③ T자형　④ E자형

**06.** 아래 설명에 대한 연회행사 테이블 레이아웃(lay-out)에 대한 설명 중 가장 적합한 것은?

| 많은 고객이 헤드 테이블에 앉을 때 유용하고, 헤드 테이블을 중심으로 ○○형으로 길게 배열하며, 상황에 따라 테이블 폭을 두 배로 늘릴 수도 있다. U자형과 같이 헤드 테이블 앞부분을 드레스를 쳐서 테이블 다리가 보이지 않도록 한다. |
|---|

① I자형　② U자형　③ T자형　④ E자형

**07.** 연회행사 시 의자의 배열을 어떻게 하느냐에 따라 수용인원을 조절가능하고, 좁은 공간도 적절하게 활용할 수 있다. 아래 내용은 행사 때 의자배열에 관한 설명이다. 가장 적당한 것은 무엇인가?

| ○○○처럼 책상·의자가 배치된 형태로, 보통 1개의 테이블에 3개의 의자를 배치한다. 적정인원 수용과 빠른 행사진행을 위한 배치이다. |
|---|

① 극장식 배치　　② 강당식 반월형 배치
③ 강당식 V자형 배치　　④ 학교식 배치

**08.** 연회행사 시 의자의 배열을 어떻게 하느냐에 따라 수용인원의 조절이 가능하고, 좁은 공간도 적절하게 활용할 수 있다. 아래 내용은 행사 때 의자배열에 관한 설명이다. 가장 적당한 것은 무엇인가?

강연자의 위치가 정해지면 의자의 첫 번째 열은 앞에서 2m의 간격을 유지하고, 400명 이상의 좌석배치는 통로복도가 1.5m의 간격을 유지해야 한다.

① 극장식 배치 ② 강당식 반월형 배치
③ 강당식 V자형 배치 ④ 학교식 배치

**09.** 연회예약실 업무로 가장 바른 것은?

① 연회장 상태유지와 관리를 한다.
② 연화예약과 고객관리를 담당한다.
③ 행사용 기물과 장비를 관리한다.
④ 직원들의 스케줄을 관리한다.

**10.** 예약실 업무에 있어서 설명이 잘 못된 것은?

① 데이터베이스(data base)를 활용하여 호텔의 이미지 향상과 고객에게 편리함을 제공한다.
② 연회장의 예약상태를 정확하게 파악한 후 예약을 받는다.
③ 컴퓨터기능을 활용하여 누락되는 일이 없도록 하고, 자료용으로 활용토록 한다.
④ 고객의 인적사항을 기록하여 행사의 확정과 관계없이 모든 행사의 판촉용으로 활용하도록 한다.

**11.** 연회장은 각종 많은 기물을 운반하거나 무거운 테이블이나 의자를 이동시키는데 있어서 연회장 관리로 적당하지 않는 것은?

① 안내문 또는 홍보용 포스터를 임의로 부착할 때 스카치 테이프, 양면 테이프, 접착 테이프, 압정 등을 사용하여 내용물이 떨어지지 않도록 한다.
② 방화문은 항상 닫혀 있어야 한다.
③ 화안 · 화분 · 장식물 등을 설치하기 위해 문을 막아서는 안 된다.
④ Cart류 사용할 때 벽이나 문짝을 훼손하지 않도록 한다.

**12.** 연회장 바닥을 공사할 때 연회장 관리로 적당하지 않는 것은?

① 장비류의 이동 시 끌거나 밀어서 카펫의 손상이 되지 않도록 한다.

② 무대작업 시 카펫 보호를 위하여 필요한 만큼 카펫을 걷어내고 작업을 한다.
③ 전시회 때 카펫 마모와 물 흡수를 방지하기 위하여 비닐을 깐 후 작업한다.
④ 페인트작업 시에도 필히 보호천을 깔아야 한다.

**13.** 호텔에서 연회행사가 차지하는 비중이 증대되고 있다. 연회행사의 중요성이 아닌 것은?

① 연회행사를 기획함으로서 호텔의 고객을 지속적으로 유지할 수 있다.
② 각종 연회행사는 호텔의 이미지 개선과 호텔산업의 대중화에 공헌한다.
③ 연회행사는 연회부문의 매출만 신장하기 때문에 호텔영업에 있어서 중요하다.
④ 대규모 국제행사를 유치할 경우 자연적인 호텔홍보효과를 기대할 수 있다.

**14.** 호텔연회의 특징에 있어서 바르지 못한 것은?

① 호텔의 대중화와 홍보효과가 있다.
② 외부판매 및 매출액의 탄력성이 크다.
③ 비수기 타개에 기여를 한다.
④ 예약을 통하여 이루어지며, 행사의 목적 · 성격 · 특징에 따라 장식 또한 똑같다.

**15.** 호텔연회의 특징에 있어서 바르지 못한 것은?

① 연회상품의 가격은 가변성이 없다.
② 연회는 행사가 있을 때만 영업이 이루어진다.
③ 인력관리 및 관련부서간 긴밀한 협조관계 유지
④ 타 영업부문의 매출증진에 파급효과가 크다.

**16.** 외부연회행사에 있어서 아래 설명에 대한 내용으로 가장 적절한 것은?

| ○○○은 낱말은 옥외용 숯불구이 석쇠를 말하지만, 옥외파티란 의미로 사용될 때는 조리방법을 꼭 석쇠구이(grilling)에 한정시키지 않고 정원에 영구적으로 설치해놓는 영구석쇠틀, 휴대용 그릴, 캠프파이어 등을 의미한다. 주로 메뉴로는 스테이크류, 소시지, 치킨 그리고 송어 등이 있다. |
|---|

① 바비큐 파티　② 피크닉 파티　③ 가든 파티　④ 출장 파티

**17.** 연회예약 지배인의 업무가 아닌 것은?

① 연회예약과 관련된 모든 업무에 대한 총괄적인 지휘·감독·관리업무를 한다.

② 고객의 연회예약에 대하여 상담하거나 예약을 받는다.

③ 연회예약의 메뉴 및 가격 결정을 한다.

④ 타 부서와의 협조관계를 유지한다.

**18.** 연회예약직원의 업무로서 해당사항이 아닌 것은?

① 연회행사지시서를 발행한다.

② 연회행사지시서를 복사하여 관련부서에 배부한다.

③ 연회회의 및 객실예약에 관한 개인 또는 단체고객을 면담한다.

④ 각종 서식을 체크하고 불출한다.

**19.** 연회예약 접수 시 유의해야 할 사항이 아닌 것은?

① 누가: 행사주최자, 예약자, 전화번호, 주소, 참석자(특히 VIP) 등

② 언제: 예약일자, 행사일자, 시간, 끝나는 시간 등

③ 어디서: 행사장명(펑션룸명), 출장연회의 경우 장소와 위치를 구체적으로 확인

④ 어떻게: 지불조건에 있어서 출장연회 같은 경우에는 카드지불이 곤란하다.

식음료관리사

# 출제예상문제 7

**01.** 식사매너는 자기인격과 관련이 있기 때문에 매우 중요하다. 레스토랑에서 지켜야 할 에티켓으로 바람직하지 못한 것은?

① 시진예약이 필요하다.
② 커피잔의 손잡이에 손가락을 끼워 마시는 사람
③ 여성이 좌석에 앉을 때는 남성이 도와준다.
④ 고급 레스토랑은 정장을 하여야 한다.

**02.** 식사매너는 자기인격과 관련이 있기 때문에 매우 중요하다. 레스토랑에서 지켜야 할 에티켓으로 가장 바람직한 것은?

① 여성보다 먼저 식사를 끝내는 남성
② 계산할 때 계산대에 먼저 뛰어나가 계산하는 사람
③ 접객원이 정해준 좌석에 착석하는 사람
④ 식사 후 트림과 하품을 하는 사람

**03.** 냅킨을 사용하는 방법 중 올바르지 않는 것은?

① 냅킨은 의자에 앉자마자 펴는 것은 실례로 전원이 착석한 후 조용히 앉아서 다른 사람들이 펼 때 같이 펴도록 한다.
② 초대된 자리에서는 가장 윗어른이 먼저 냅킨을 잡으면 뒤따라 잡는 것이 예의이다.
③ 냅킨은 식사 도중 입술 주위에 음식이 묻었을 경우나 이마에 땀이 났을 때 냅킨으로 살짝 문질러 닦는다.
④ 식사 도중 잠깐 볼 일이 있는 경우는 냅킨을 의자 위에 놓는다.

**04.** 레스토랑에서 메뉴를 보는 요령을 가장 옳은 것은?

① 메뉴의 첫 페이지가 가장 중요하기 때문에 첫 페이지만 보고 주문을 해도 상관없다.

② 고급식당에서는 상대방을 의식해서 싼 음식을 시키거나 너무 비싼 음식을 시키는 것보다 중간가격대의 메뉴를 선정하는 것이 좋다.

③ 메뉴는 오른쪽 윗부분부터 차례로 보는 것이 좋다.

④ 메뉴는 직원에게 추천을 받아 주문하는 것이 제일 좋다.

**05.** 레스토랑 식사 시 포크와 나이프의 사용방법 중 바르지 못한 것은?

① 중앙의 접시를 중심으로 나이프는 오른손에, 포크는 왼손에 잡으면 된다.

② 양식에서의 나이프와 포크는 하나만을 계속 사용하는 것이 아니라 코스에 따라 각각 다른 것을 사용한다.

③ 나이프는 사용 후 반드시 칼날이 자기쪽을 향하도록 놓는다.

④ 포크와 나이프는 대개 각각 3개 이하로 놓게 마련인데, 안쪽에 있는 것부터 사용한다.

**06.** 레스토랑 식사 시 포크와 나이프의 사용방법 중 바르지 못한 것은?

① 식사 중의 포크와 나이프는 접시 양쪽 끝에 걸쳐 놓거나 접시 위에 서로 교차되게 놓는다. 포크의 경우 접시 위에 놓을 때는 엎어 놓으면 실례가 된다.

② 식사가 끝났을 때는 접시 오른쪽에 비스듬히 나란하게 놓는다.

③ 음식물을 입 안에 넣고 씹을 때는 포크와 나이프는 접시 위에 놓도록 한다.

④ 나이프의 경우 입 안에 직접 넣는 것은 금기로 되어 있다.

**07.** 레스토랑 이용 시 식탁에서의 주의사항이 아닌 것은?

① 머리를 긁지 않는다.

② 팔꿈치를 괸다든가 다리를 꼬지 않는다.

③ 떨어뜨린 포크나 나이프는 직접 줍지 않는다.

④ 식사가 끝났으면 식기를 포개 놓거나 한 쪽으로 치워 커피 놓을 자리를 미리 마련해 놓는다.

**08.** 레스토랑 이용 시 식탁에서의 주의사항이 아닌 것은?

① 손에 든 나이프와 포크는 세워 잡지 않으며, 나이프를 입에 대지 않는다.
② 입 안에 음식물을 넣었을 때 옆에서 말을 걸어오면 즉시 답변을 해 드린다.
③ 입에 음식물이 있을 때 음료를 마시거나 다른 음식물을 먹지 않는다.
④ 식기가 더럽다고 냅킨으로 닦지 말고 접객원을 불러 새로운 것으로 바꿔 달라고 한다.

식음료관리사

# 출제예상문제 8

**01.** 서비스맨은 하루에도 수없이 많은 고객과 접촉하고 응대를 하게 된다. 이러한 고객접촉은 몇 초, 길게는 몇 분 동안의 짧은 순간에 이루어지기 때문에 고객접점이 매우 중요하다. 고객접점으로 올 바르지 않는 것은?

① 짧은 한 순간보다는 충분한 시간을 가져서 고객에게 최선을 다한다면 고객을 충성고객으로 만드는 동시에, 고객은 큰 만족을 느낄 것이다.

② 친절한 서비스를 제공하면 고객들은 그 호텔의 전체 평가를 하는데 기준이 될 수가 있다.

③ 최일선에서 일하는 종사원이 고객을 가족 같이 성심·성의껏 모시는 것이 지름길이다.

④ 고객에게 어떤 도움이 되고, 어떻게 되어야 하며, 자신들의 업무에 대한 중요성에 대해 정확히 인지하고 있어야 한다.

**02.** 레스토랑을 이용할 때 예약은 일반적인 사항이 되었다. 예약을 하는 데 있어서 올바르지 못한 것은?

① 내방객에 의한 직접예약　② 구두에 의한 예약
③ Fax 또는 편지에 의한 예약　④ 전화에 의한 예약

**03.** 레스토랑에 예약을 할 때 내방객에 의한 직접예약으로 가장 바르지 못한 것은?

① 예약가능한 날짜, 시간, 장소, Table 모양 등을 염두에 둔다.

② 장소의 분위기, 메뉴 등 특징적인 사항을 안내함으로써 예약을 잘하였다는 안도감과 예약의 중요성을 인식시켜 드린다.

③ 메뉴가격 고객의 기호음료 등을 안내할 때 가급적이면 매출증진을 위해 최고가의 메뉴를 추천한다.

④ 보통 취소통보는 하루 전에 반드시 취소하는 사람의 성명·연락처·취소일자·시간을 기재함으로써 예약운영에 오차가 없도록 최선을 다한다.

**04.** 전화에 의한 예약 시 응대방법이 잘못된 것은?

① 일자 · 요일 · 시간 · 인원 등을 기재하고, 그 외의 특기사항 또는 준비사항 등을 사전에 알려드린다.

② 연락처 · 성함을 받고 다시 한 번 모든 것을 확인한 후 "○월 ○일 ○시 ○분을 ○○장소로 예약하여 놓겠습니다. 예약해 주셔서 감사합니다"라고 한다.

③ 착오를 방지하기 위하여 19는 열아홉, 20은 스물, 21은 스물 하나 등으로 하고, 가능하면 요일도 기입하여 예약을 재확인한다.

④ 예약취소는 최소한 2일 전에 하며, 반드시 최소일자 · 시간 · 성명 · 연락처를 명기한다.

**05.** 전화예약을 받을 때 전화예약언어로 바람직하지 못한 것은?

① "감사합니다. ○○○(레스토랑명) ○○○(예약자성명)입니다."

② "예약하시는 분 성함을 알려주시겠습니까?"

③ "인원은 수시로 바뀔 수 있기 때문에 당일 도착인원을 기준으로 하겠습니다."

④ "다시 한 번 확인하여 알려 드리겠습니다. ○월 ○일 ○요일 ○시 ○분과 ○분 ○장소(table)로 예약해 놓겠습니다. 예약해 주셔서 감사합니다."

**06.** 전화는 호텔의 이미지를 가장 대표하고 있기 때문에 전화응대가 매우 중요하다. 가장 올바른 것은?

① 통화자의 음성 하나로는 모든 것을 판단하고 전달하는 중요한 매개체라고 할 수 없다.

② 고객이 보이지 않아 상대방의 생각을 이해하기 어렵기 때문에 마음이 상대에게 전달되지 않는다.

③ 보통 대화는 의사전달의 부족한 점을 보충을 해주지만, 전화는 목소리의 표현이 유일한 전달수단이므로 전화를 받는 사람의 말씨 · 음성만으로 상대의 이미지가 결정되지는 않는다.

④ 항상 정중하고 상세하게 적극적인 말씨를 쓰도록 통화하는 태도에 정성을 기울여야 한다.

**07.** 고객에게 주문을 받을 때 요령으로 적합하지 않는 것은?

① 고객의 기호와 취향에 맞게 판매가능한 상품을 설명한다.
② 종사원들은 주문에 필요한 충분한 상품지식과 세련된 판매기법을 습득한다.
③ 항시 고객이 만족한 주문을 할 수 있도록 도와 드린다.
④ 고객으로부터 유능한 종사원으로 호평을 받을 수 있도록 비싸고 좋은 음식만 추천한다.

**08.** 고객에게 주문을 받을 때 요령으로 적합하지 않는 것은?

① 메뉴는 고객의 좌측에서 드리고, 주문받을 때는 고객의 우측에 위치한다.
② 주문기록은 통일된 약자로 정확히 기재하며, 반드시 복창하여 확인한다.
③ 주문받는 순서는 시계 도는 방향으로 고객인 여자 · 남자 · Hostess · Host 순으로 받는다.
④ 고객의 특별한 주문요청이 있을 경우 주방과 신속히 연락하여 가능 여부를 확인한 후 주문을 결정한다.

**09.** 고객에게 메뉴를 추천할 때 적합하지 않는 것은?

① 상품추천을 하기 전에 가능한 한 고객의 유형을 신속히 파악하여 고객으로 하여금 구매의욕을 최대한 유발시킬 수 있도록 자신의 능력을 최대한 발휘해야 한다.
② 고객의 주문 여하에 따라서 그날의 매출이 결정된다는 생각 하에 사전에 추천하기로 결정한 상품을 효과적으로 설명하여 이윤증대에 기여해야 한다.
③ 고객으로부터 고가품을 강매하는 인상을 주어서는 안 되므로 항시 고객의 입장과 식당의 매출을 유념하여 가장 합리적인 주문이 이루어지지 않도록 추천해야 한다.
④ 음료주문과 추가주문은 매출증진과 이윤증대에 많은 비중을 차지하지 않기 때문에 적극적인 자세로 추천하지 않고 요리에만 집중 판매하도록 한다.

**10.** 고객에게 주문을 받을 때 유의사항이 아닌 것은?

① 종사원은 영업 전 주방과 긴밀한 연락으로 판매품목 중의 품절상품 및 그날의 특별요리를 숙지하여 주문 시 착오가 없도록 한다.

② 차림표는 식당의 얼굴이므로 항시 소중하고 깨끗이 취급해야 하며, 고객에게 드리기 전에 메뉴 속에 이상 유무를 확인한 후 드린다.
③ 메뉴설명 시 메뉴에 기재된 내용을 설명하기 때문에 전문용어를 사용하면서 고객에게 설명한다.
④ 메뉴설명 시 절대 손가락으로 가리켜선 안 되며, 손을 펴서 손바닥이 위로 오도록 하여 메뉴품명을 가리킨다.

**11.** 고객에게 주문을 받을 때 유의사항이 아닌 것은?

① 주문을 받을 시 고객이 주문한 음식내용이 틀리지 않다고 본인이 생각할 때는 고객의 주문사항을 반드시 반복해서 복창할 필요가 없다.
② 육류주문 시 굽는 정도, 계란주문 시 익히는 정도, 샐러드 드레싱의 종류 등 고객의 기호에 맞게 선택하도록 반드시 물어 보고 주문서에 정확히 기입하여 주방에 건네준다.
③ 주문받을 때는 메뉴구성의 순서대로 주문을 받도록 하여 고객의 특징 또는 번호를 표기함으로써 정확한 서비스로 할 수 있으며, 고객에게 호감을 받을 수 있다.
④ 주문받은 음식 중 첫 번째 제공되는 음식에 소요되는 시간을 고객에게 말씀드린다.

**12.** 고객에게 서비스할 때 서비스의 기본원칙이 아닌 것은?

① 요리 서비스원칙은 뜨거운 요리는 뜨겁게, 차가운 요리는 차게 서비스해야 한다.
② 접시에 준비된 요리와 음료는 좌측에서 서비스한다. 빵·샐러드 등은 우측에 놓이는 것은 우측에서 서브한다.
③ 요리가 준비되는 시간, 주방에서 테이블까지 운반할 때 걸리는 시간, 고객이 식사를 할 때의 시간을 체크해 둔다.
④ 고객이 손을 사용해야 하는 뼈나 껍질이 있는 요리를 제공할 때는 핑거볼(finger bowl)을 좌측에 제공하거나 물수건을 내도록 한다.

**13.** 고객에게 서비스할 때 서비스의 기본원칙이 아닌 것은?

① 요리를 제공한 후 소스(sauce)나 필요한 것이 빠진 것이 없는지, 물과 와인

은 충분한지를 점검한다.

② 뚜껑이 있는 그릇이나 로고가 들어 있는 접시 혹은 무늬가 들어 있는 그릇은 로고 등이 고객의 정면에 오도록 한다.

③ 주요리 식사가 끝나면 좌측에서 조용히 치운다.

④ 테이블에서 직접 조리되는 요리일 때는 고객의 취향을 확인해서 고객의 기호에 맞게 조리한다.

**14.** 고객의 불평처리방법으로 올바르지 않는 것은?

① 고객의 불쾌한 감정이 확대되지 않도록 신속히 응대하며, 성실한 태도로 경청하는 인상을 주도록 한다.

② 고객의 불평말을 들을 때는 참을성 있게 듣도록 하며, 예의바른 자세를 갖추는 것을 잠시도 잊어서는 안 된다.

③ 불평사항 또는 지적사항을 메모하는 자세를 보여 준다.

④ 고객불평이 생기면 상급자에게 보고하기보다는 본인이 직접 해결하도록 노력한다.

**15.** 고객의 불평처리방법으로 올바르지 않는 것은?

① 다른 고객이 옆자리에 있다는 것을 인식하고 고객의 언성이 격해지지 않도록 최대한 노력하여 해결한다.

② 고객이 불평을 할 때 불평을 해소하기 위해서는 자리를 옮기지 않고 그 자리에서 바로 해결한다.

③ 고객이 서서 이야기할 때는 좌석에 착석시켜 마음을 가라앉힌다.

④ 같은 실수 및 불평이 또다시 발생하지 않도록 개선되어야 할 문제점을 기록·유지하여 종사원의 접객 서비스향상에 뒷받침될 수 있도록 한다.

## 식음료관리사 출제예상문제 1

| | | | | |
|---|---|---|---|---|
| 1. ④ | 2. ② | 3. ③ | 4. ① | 5. ① |
| 6. ③ | 7. ① | 8. ③ | 9. ② | 10. ② |
| 11. ④ | 12. ④ | 13. ① | 14. ① | 15. ② |
| 16. ③ | 17. ④ | 18. ① | 19. ③ | 20. ④ |

## 식음료관리사 출제예상문제 2

| | | | | |
|---|---|---|---|---|
| 1. ③ | 2. ② | 3. ① | 4. ④ | 5. ④ |
| 6. ① | 7. ① | 8. ② | 9. ③ | 10. ① |
| 11. ③ | 12. ① | 13 ② | 14. ④ | 15. ④ |
| 16. ④ | 17. ③ | 18. ② | 19. ① | 20. ① |
| 21. ② | 22. ③ | 23. ④ | | |

## 식음료관리사 출제예상문제 3

| | | | | |
|---|---|---|---|---|
| 1. ④ | 2. ② | 3. ③ | 4. ④ | 5. ② |
| 6. ③ | 7. ① | 8. ② | 9. ③ | 10. ④ |
| 11. ① | 12. ② | 13. ③ | 14. ④ | 15. ③ |
| 16. ① | | | | |

## 식음료관리사 출제예상문제 4

| | | | | |
|---|---|---|---|---|
| 1. ① | 2. ③ | 3. ② | 4. ③ | 5. ④ |
| 6. ③ | 7. ③ | 8. ① | 9. ④ | 10. ② |
| 11. ③ | 12. ④ | 13. ② | 14. ① | 15. ④ |

### 식음료관리사 출제예상문제 5

| | | | | |
|---|---|---|---|---|
| 1. ③ | 2. ③ | 3. ④ | 4. ④ | 5. ① |
| 6. ③ | 7. ① | 8. ② | 9. ③ | 10. ① |
| 11. ② | 12. ④ | 13. ③ | 14. ① | 15. ④ |
| 16. ② | 17. ① | 18. ② | 19. ③ | 20. ④ |
| 21. ① | 22. ③ | 23. ④ | | |

### 식음료관리사 출제예상문제 6

| | | | | |
|---|---|---|---|---|
| 1. ① | 2. ② | 3. ④ | 4. ① | 5. ② |
| 6. ③ | 7. ④ | 8. ① | 9. ② | 10. ④ |
| 11. ① | 12. ② | 13. ③ | 14. ④ | 15. ① |
| 16. ① | 17. ② | 18. ③ | 19. ④ | |

### 식음료관리사 출제예상문제 7

| | | | | |
|---|---|---|---|---|
| 1. ② | 2. ③ | 3. ③ | 4. ② | 5. ④ |
| 6. ① | 7. ④ | 8. ② | | |

### 식음료관리사 출제예상문제 8

| | | | | |
|---|---|---|---|---|
| 1. ① | 2. ② | 3. ③ | 4. ④ | 5. ③ |
| 6. ④ | 7. ④ | 8. ① | 9. ④ | 10. ③ |
| 11. ① | 12. ② | 13. ③ | 14. ④ | 15. ② |

# 연회견적서 샘플 1

## 연회 견적서

견적 날짜 :
행사 일자 :
고 객 명 :
회 사 명 : 직통 :
연 락 처 : 팩스 :
이 메 일 : Email :

BANQUET & MEETING ARRANGEMENTS

Food & Beverage (KRW) Guaranteed : 20pax // Expected : 22pax 10% Service Charge (봉사료) & 10% Tax (세금) 포함 가격입니다

| Date / 행사일 | Time / 시간 | Venue / 행사장 명 | Function Type/유형 | Menu / 식음료 | Unite Price / 단가 | Q'ty / 수량 | Total / 금액 |
|---|---|---|---|---|---|---|---|
| Apr. 23(수)~25(금), 2014 | 08:30-18:00 | Vivace Room (HL층 / 지하1층) | Coffee Break(AM) | Coffee or tea | 8,000 | 60*3days= | 1,440,000 |
| | | | Lunch [식사장소 : Jupiter(30층)] | 메뉴 추후 상의 (양식,중식, 한식, 부페) | 90,000 | 60*3days= | 16,200,000 |
| | | | | 콜라/사이다(330ml) | 8,000 | - | 당일 소모량 정산 |
| | | | | 오렌지/포도 쥬스 | 8,000 | - | 당일 소모량 정산 |
| | | | Coffee Break(PM) | Coffee with cookies(2pcs) | 12,000 | 60*3days= | 2,160,000 |
| F&B Total(I) | | | | | | | 19,800,000 |

Banquet Room Rental (KRW) * 10% Tax (세금) 포함 가격입니다.

| Date / 행사일 | Time / 시간 | Venue / 행사장 명 | Size/크기 | Set up / 셋팅 타입 | Rack Rate / 정상 금액 | Special Rate / 특별 금액 |
|---|---|---|---|---|---|---|
| Apr. 23(수)~25(금), 2014 | 08:30-18:00 | Vivace Room (HL층 / 지하1층) | 16 x 11m | Double U Shape | 6,600,000 =>특별할인 : KW3,300,00 x 3days = | 9,900,000 |
| | 12:00-14:00 | Jupiter(30층) | 15 x 8m | Round Table | 3,850,000 | 무료제공 |
| Rental Total(II) | | | | | | 9,900,000 |

Others(KRW) * 10% Tax (세금) 포함 가격입니다

| Date / 행사일 | Time / 시간 | Venue / 행사장 명 | Item/ 항목 | Details / 상세사항 | Unit Price / 단가 | Q'ty / 수량 | Total / 금액 |
|---|---|---|---|---|---|---|---|
| Apr. 23(수)~25(금), 2014 | 08:30-18:00 | Vivace Room (HL층 / 지하1층) | LCD Projector | 7,000ansi | 550,000/ea | 1 | 추후 상의 품목 |
| | | | | 4,500ansi | 330,000/ea | 1ea x 3days= | 990,000 |
| | | | Internet | Wired | 55,000/port | 1 | 추후 상의 품목 |
| | | | | ** KW 55,000 per port installation fees KW 11,000 for 8ports or more ports | | | |
| | | | | Wireless | 44,000/port | 1 | 추후 상의 품목 |
| | | | Flower Deco | Oblong Shape | 110,000/ea | 1 | 추후 상의 품목 |
| | | | | Round Shape | 55,000/ea | 1 | 추후 상의 품목 |
| | | | | Corsage | 11,000/ea | 1 | 추후 상의 품목 |
| | | | STS | STS Booth & System | 550,000/ea | 1 | 추후 상의 품목 |
| | | | | Receiver earphones | 2,200/ea | | 추후 상의 품목 |
| | | | Electronic Power | 전기선 설치 비용 for 노트북 | 33,000 per 2persons | 33,000 x 30 Lines= | 990,000 |
| | | | Banner | 5M(정면) | 17,600/M | 1 | 추후 상의 품목 |
| | | | Parking Ticket | | W9,900/hour | | 무료제공 |
| Others Total(III) | | | | | | | 1,980,000 |

| Grand Total(I+II+III) | ######## |
|---|---|

* 하단은 위 견적에 대한 봉사료와 세금 내역입니다.

| | | Sub Total | 10% Service Charge (F&B Only) | 10% VAT | Grand Total |
|---|---|---|---|---|---|
| DETAILS | F&B | 16,363,636 | 1,636,364 | 1,800,000 | 19,800,000 |
| | Room Rental | 9,000,000 | | 900,000 | 9,900,000 |
| | Other | 1,800,000 | | 180,000 | 1,980,000 |
| | | 27,163,636 | 1,636,364 | 2,880,000 | 31,680,000 |

**연회장 예약 현황(가예약)**
현재 상기 행사장은 가예약이 되어 있습니다.

1

# 연회견적서 샘플 2

## 연회 견적서

| | |
|---|---|
| **Name of Event :** | **Date :** |
| **Organizer :** | **Time :** |
| **Guaranteed No.of Guest :** | **Tel/ Fax:** |
| **Venue : Classic 7 (7FL)** | |

**1. FOOD & BEVERAGE**

| Classification (구분) | Price (단가) | Quantity (양/인원) | Amount (금액) | Remarks (비고) |
|---|---|---|---|---|
| Dinner | 96,000 | 100 | 9,600,000 | |
| Coffee Break | | - | - | |
| Orange Juice | 7,700 | - | - | 당일 소비량에 따라 |
| Soft Drink | 7,700 | - | - | 당일 소비량에 따라 |
| Beer | 11,000 | - | - | 당일 소비량에 따라 |
| Cocktail | 12,000~ | - | | 당일 소비량에 따라 |
| Red Wine (Terra Andina, Cabernat | 69,000~ | - | | 고객요청시 |
| White Wine (Terra Andina, Chardonnay) | 69,000~ | - | | 고객요청시 |
| | | | | |
| F & B Total (식음료 합계) | | | 9,600,000 | |
| **SUB TOTAL 1** | | | **9,600,000** | 21% 세금 및 봉사료 포함 |

**2. GENERAL ARRANGEMENTS (일반적 사항)**

| Classification (구분) | Price (단가) | Quantity (양/인원) | Amount (금액) | Remarks (비고) |
|---|---|---|---|---|
| 대관료 | | - | 무료제공 | |
| 주차권 | | - | - | 무료제공 |
| 등록데스크 | | - | - | 무료제공 |
| 사인보드 | | - | - | 무료제공 |
| 연단 및 마이크 | | - | - | 무료제공 |
| 스크린 | | - | - | 무료제공 |
| 유선인터넷 | 50,000 | - | - | 고객요청시 |
| 무선인터넷 | 50,000 | - | - | 고객요청시 |
| LCD projector | 300,000 | - | - | 고객요청시 |
| 얼음조각 | 150,000 | 1 | 무료제공 | |
| 현수막 | 100,000 | - | - | 고객요청시 |
| 양주반입료/ 병당 | 50,000 | - | - | 고객요청시 |
| 와인반입료/ 병당 | 30,000 | - | - | 고객요청시 |
| | | | | |
| Total | | | - | |
| Tax (10%) | | | - | |
| **SUBTOTAL 2** | | | - | |
| **Catering TOTAL (1+2)** | | | | **9,600,000** |

*** 아직 행사장이 확정되지 않은 상태입니다. 행사장 Holding을 원하시면, 행사가부 확정 연락을 주시기 바랍니다.**

* 상기와 같이 문의한 내용에 따라 견적서를 드리니 검토하신 후, 행사장 예약 및 행사진행 여부를 담당자에게 알려주시면 이후 계약 내용을 자세히 진행하도록 하겠습니다.

* 행사인원에 따라 대관료가 변경 될수 있습니다.

* 다시 한 번, 에 보여주신 깊은 관심에 감사드리며 훌륭한 서비스로 계획하신 행사를 성공적으로 마치겠습니다

Sales Center Executive/
Tel: / Fax:

# 여신거래신청서

**CREDIT APPLICATION FORM**
**(여신 거래 신청서)**

**[1. 신청인/법인 정보]**

- 법 인 명/ 신 청 인 명: ______________________ 서명
- 법인인 경우 기재사항: 개인사업자( ) 단독법인( ) 그룹사( ) 기타( )
- 주 소 :
- 전 화 번 호 / 팩 스 번 호 :
- 주민등록번호/ 사업자등록번호 :
- 담 당 자 / 연 락 처 :

**[2. 여신요청한도 및 후불요청사항]**

- 여신(후불)요청금액 :
- 여신(후불)요청내역 :특정고객 및 행사명 ( )
  객실료( ) 조식포함 객실료( ) 연회행사비용( ) 식음료( )
  모든 비용( ) 기타( )
- 지 불 기 한 :후불 발생일로부터 ( )일 이내

**[3. 신청인/법인 신용카드정보]**

- 신용카드 종류/발급은행 :
- 카드상 기재된 소유자명 :
- 카 드 번 호 :
- 유 효 기 간 :

**주의 사항)** **1.신분증(주민등록증,운전면허증,여권_사본**
**2.카드의 앞, 뒷면을 복사하셔서 같이 제출 하셔야 합니다.**

[계약일반사항]
1. 본 정보가 신용평가 기관에 제공되는 것은 전적으로 호텔의 판단에 맡기며 본 신청이 거절될 경우 이의를 제기하지 않는다.
2. 법적인 강제회수 절차에 의해 청구가 진행될 경우에는 제반 되는 모든 금액을 함께 지불하는 것에 동의한다.
3. 회사의 경영진은 회사에 청구 된 모든 채무에 연대 및 개별보증의 책임을 지는 데 동의한다.
4. 호텔은 명확한 판단을 위해 수시로 신용기관에 의뢰하거나 취소 할 권리를 가진다.

---

본인/당사는 본 신청서에 기재된 모든 정보가 사실이며, 추후 호텔이 다른 출처로부터 본 정보를 검증하는 것을 허락합니다. 본인/당사는 본 신청서에 기재된 목적으로 본인/당사의 정보가 신용평가기관에서 사용되는 것에 동의하며 본 신청서에 의해 정해지는 한도에 동의합니다.

---

***** 본 신청서는 여신 승인을 위해 행사 2 주일전에 여신과로 전달 되어야만 합니다.**
**(계약서첨부필)**

요청자 직책 성명 서명

승인자 직책 Credit Manager 성명 서명

최종승인자 직책 Director of Finance & Business Support 성명 서명

| DISTRIBUTION: All Department Heads and Above | PAGE 1 OF 1 |
|---|---|

# 연회명세서 샘플

## 宴會明細書
## STATEMENT

VENUE: ______ PM방: ______

Organization: ______ Function No: ______ Date: ______ Time: ______ Incharge: ______

| FOOD | | | |
|---|---|---|---|
| DESCRIPTION | Q'TY | PRICE | AMOUNT |
| DN | 59 | 120,000 | 7,080,000 |
| Canape | 6 | 125,000 | 750,000 |
| | | | - |
| | | | - |
| | | | - |
| | | | - |
| | | | - |
| FOOD TOTAL | | | 7,830,000 |

| BEVERAGE | | | |
|---|---|---|---|
| DESCRIPTION | Q'TY | PRICE | AMOUNT |
| R/Wine | 19 | 115,000 | 2,185,000 |
| Cocktail | 1 | 980,618 | 980,618 |
| | | | - |
| | | | - |
| | | | - |
| | | | - |
| | | | - |
| | | | - |
| | | | - |
| | | | - |
| | - | | - |
| BEV. TOTAL | | | 3,165,618 |
| F/B TOTAL | | | 10,995,618 |

| OTHER CHARGE | | | |
|---|---|---|---|
| DESCRIPTION | Q'TY | PRICE | AMOUNT |
| Flower | 1 | 77,000 | 77,000 |
| | | | - |
| | | | - |
| | | | - |
| | - | | - |
| | - | | - |
| OTHER TOTAL | | | 77,000 |
| (S)GRAND TOTAL | | | 11,072,618 |
| DESCRIPTION | Q'TY | PRICE | AMOUNT |
| | | | |
| | | | - |
| | | | - |
| | | | - |
| | | | - |
| | | | - |
| | | | - |
| TOTAL | | | 11,072,618 |
| DEPOSIT | | | - |
| GRAND TOTAL | | | 11,072,618 |

| ROOM NO | |
|---|---|
| NAME | |
| SIGNATURE | |
| TEL. NO | |

## 행사취소 위약금요청서 샘플

### 행사 취소 위약금 요청서

To .

From :

Date :

Subject : 행사 취소 위약금 요청서

-귀사의 일익 번창 하심을 기원합니다.

-20 년 월 일 행사 취소에 대한 위약금을 아래와 같이 청구합니다.

검토 하신 후 계좌로 송금하여주시길 바라겠습니다.

**행 사 일:**
**행사 장소:**
**행 사:**
**청구 금액:**
**기 한:**

은행입금안내

- **은 행 명** :
- **계 좌 번 호** :
- **예 금 주** :

궁금하신 사항이 있으시면 언제든지 연락 주시길 바랍니다.
감사합니다.

# Banquet Event Order 샘플

Page: 1 of 2

Printed on 07/02/2014

## BANQUET EVENT ORDER

BEO #: 12,082

EMC Corporation / 이엠씨

| | |
|---|---|
| **Account:** EMC Corporation<br>이엠씨<br>**Contact:** / To Assign<br>**Phone:**<br>**PM#:** | **Agency:**<br><br>**Agent:**<br>**Phone:**<br>**Sales/Cat Mgr:** |

**Wednesday, July 09, 2014**

| Time | Room | Function | Setup | Exp | Gtd | Rental |
|---|---|---|---|---|---|---|
| 08:00 -16:00 | Diamond | Meeting | Classroom | 65 | 60 | 8,000,000 |
| 12:30 -14:00 | Allegro | Lunch - Buffet | Rounds | 65 | 60 | |

### MENU

Room: Diamond Time: 09:40 to 10:00

*[2014] Coffee with Cookies(2pcs) / W12,000*

60 people @ KRW9,917 Per person

Room: Allegro Time: 13:00 to 14:00

*[2013] Buffet 3 / W85,000*

60 people @ KRW70,248 Per person

<커피브레이크>
주스 & 생수 같이 준비 부탁 드립니다.

### BEVERAGE

### SIGNAGE

Room: Diamond Event: 08:00 to 16:00

EMC 포럼 2014
Diamond / 08:00

### BILLING INSTRUCTIONS

- 2 Weeks after Invoice

티움 신원철 이사 or EMC 이정은 차장 결제 예정
당일 카드 결제 아니면 EMC 후불 입금 예정입니다.

### REMARKS

전날(7/8일) 오후 15시에 셋팅 들어오십니다. 현장
staff 준비 부탁 드립니다.

### SETUP

Room: Diamond Event: 08:00 to 16:00

- (10)Round table x (6)seats - 스크린 등
지지 않게 셋팅
- Reception table setup,명함볼
- LCD Table setup
- Stage(2.4m x 9m x 40cm)
- Parking Ticket ( )Hours
- LCD by Host
- Banner by Host
- (1) ~ (10) Numbering with Stand

Room: Allegro Event: 12:30 to 14:00

- (8 )Round table x (64 )seats - 3 / 2 / 3
- Water Station setup at back
- Cutlery Full Setting

<다이아몬드>
- 통역사 자리 place card "Reserved" - 4개준비(도면참조)
- 무대위 하이체어 3개 by 주최
- 라운드테이블 밑에 멀티탭 전기 작업 있습니다 by 디아이비젼

### AUDIO VISUAL

Room: Diamond Event: 08:00 to 16:00

- (1) x Podium Mic - 오른쪽
- (2) x Wireless Mic
- (2 ) x Wired Mic
- (1) Audio line & Beam cable at Podium
- Multi tap 멀티탭 by 디아이비젼

<다이아몬드>
무선2개, 유선3개(포디움포함) - 도면 참조
무선2개 - 임원,기자용
유선3개 - 포디움1개, 통역사 각각 1개씩

### DECORATION

Room: Allegro Event: 12:30 to 14:00

- ( 8) x Flower Bowl(MD)

### VENDORS

Room: Diamond Event: 08:00 to 16:00

- Internet Lan-wireless / INTERTOUCH
- A/V / DI VISION

<다이아몬드>
- 무선 인터넷 당일 이용한 숫자 만큼 계산 @ KW 44,000 Per port

# Beverage Price List 샘플

*BQ Beverage Price List*

| Aperitifs | Glass | Bottle |
|---|---|---|
| Campari, Martini(Dry & Ros | 22,000 | 24,000 |
| Pernod, Ricard | 22,000 | 24,000 |
| **Premium Scotch** | | |
| Ballantine's 30Yrs | 97,000 | 1,950,000 |
| Royal Salute 21Yrs | 43,000 | 850,000 |
| Ballantine's 17Yrs | 26,000 | 500,000 |
| Chivas, J.W.Black | 17,000 | 350,000 |
| **Standard Scotch** | | |
| Cutty Sark, Dewar's | 15,000 | 280,000 |
| **Domestic Whisky** | | |
| Imperial 12Yrs(500ml) | 12,000 | 170,000 |
| Windsor 17Yrs(450ml) | 20,000 | 240,000 |
| **Malt & Rye Whisky** | | |
| Macallan 18Yrs | 32,000 | 670,000 |
| Glenfiddich 18Yrs | 31,000 | 610,000 |
| **Bourbon Whisky** | | |
| Jack Daniel's Single Barrel | 25,000 | 490,000 |
| **Irish Whisky** | | |
| John Jameson 12Yrs | 17,000 | 340,000 |
| **Gin** | | |
| Tanqueray, Beefeater | 15,000 | 280,000 |
| **Vodka** | | |
| Absolut "Flavors", | 15,000 | 280,000 |
| Smirnoff,, Stolichnaya | 14,000 | 270,000 |
| **Rum** | | |
| Bacardi Gold, Bacardi 151 | 15,000 | 280,000 |
| Malibu | | |
| **Cognac** | | |
| **NAPOLEON** | 31,000 | 610,000 |
| Hennessy, Camus | | |
| **X.O** | | |
| Remy Marti Camus | 39,000 | 770,000 |
| **Tequila** | | |
| Jose Cuervo 1800 Anejo | 21,000 | 430,000 |
| **Ports & Sherry** | **60ml** | |
| Taylor's 10Years | 25,000 | 300,000 |

| | | |
|---|---|---|
| Benedictine D.O.M | 19,000 | 370,000 |
| Bailey's,Kahlua.Sambuca.Triple s | 15,000 | 280,000 |
| Cointreau,Drambuie | 16,000 | 320,000 |
| **Beer** | | |
| OB,Hite,Cass(500ml) | | 12,000 |
| **Beer Small** | | |
| Stout,Cafri | | 15,000 |
| Budweiser | | 16,000 |
| Corona.Miller.Heineken.Beck's | | 16,000 |
| Kirin Ichiban | | 17,000 |
| Asahi Dry | | 19,000 |
| **Soft** | | |
| Coke, Cider, Ginger Ale | | 8,000 |
| Diet Coke, Soda, Tonic | | 8,000 |
| Mineral Water- 500ml(Local) | | 8,000 |
| Evian Water(500ml) | | 15,000 |
| Perrier (330ml) | | 13,000 |
| San Pellegrino (500ml) | | 15,000 |
| **Juice** | | |
| Orange,Tomato,Apple. | 8,000 | |
| Fresh Juices | 20,000 | |
| **Draught Beer** | | |
| Max draft | 14,000 | |
| Guinness 500 | 27,000 | |
| Asahi 425 | 23,000 | |
| **Imported House Wines** | | |
| **Red** | | |
| Shiraz, Wolf Blass Bilyara | | 85,000 |
| Ca.Svgn Terra Mater Vineyard Reserva | | 75,000 |
| **White** | | |
| 275244 Luis Felipe Signature Chardonnay | | |
| Signature Series | | 75,000 |
| **House Champagnes** | | |
| Piper Heidsieck | | 160,000 |
| **House Cocktail Base** | | |
| Standard Whisky | 15,000 | |
| Gin,Vodka,Rum | | |
| Campari,Dry & Sweet Vermouth | 22,000 | |
| (With mixed drinks) | | |

All prices include 10% service charge and 10% tax.

# Change Log 샘플

## Change Log

1

2014-10-13
12:14:05

Event Dates From : 2014-10-15 - 2014-10-15 Sort By: BEO #
BEO Numbers From : 12717 - 12717
Change Log Times From : 08:00 - 23:55
Change Log Dates From : 2014-10-13 - 2014-10-13

Account Name: Life Technologies Inc
Sec Acct Name: 라이프테크놀로지스코리아(유)
Post as: Life Technologies Inc Dinner
Sec Post as: 라이프 테크놀로지스 만찬
BEO Name: Life Technologies Inc Dinner BEO # 12717
Sec BEO Name 라이프테크놀로지스 만찬

| Event Date | Event Time | Event Name | Room |
|---|---|---|---|
| 2014-10-15 | 18:30 | Welcome reception | Vivace |
| 2014-10-15 | 19:00 | Dinner | Vivace |

| Change Date | Change Time | Change Made By | Change |
|---|---|---|---|
| 2014-10-13 | 09:21 | | 1. 식사 인원 변경:<br>[개런티 총 70인분]<br>10인분 할랄 메뉴 (할랄 고기 이용 부탁 드립니다. 10,000원 추가 비용 받고 진행합니다. \105,000원)<br>60인분 일반 메뉴 (\95,000원)<br>[예상 77인분]<br>개런티 70인분 제외한 나머지 7인분은 일반 메뉴로 준비 부탁 드립니다.<br><br>2. 레이아웃 변경: 레이아웃 첨부<br>원형 테이블 10개 + 8석씩 + 뒤편 가운데 30인치 한개<br>칵테일 리셉션은 모데라토 룸 앞쪽에 셋팅 해 주세요.<br><br>3. 마이크 스탠드 여분 하나만 추가 준비 해 놓아 주세요. 가야금 연주 시 무선 하나 스탠드에 꽂아 총 3개 이용 예정입니다. |

# Daily Event Summary 샘플

COEX

Daily Event Summary

GRAND TOTAL = 179,645,032

Thursday, 25 September, 2014

| Start | End | Function | Company Name | Event | Gua. | Ext. | Text to Board | BEO | Ctr. Mgr. | Total Revenue |
|---|---|---|---|---|---|---|---|---|---|---|
| 7:00 | 9:00 | Andante | Korea University Breakfast | BK/BKK1*20 | 20 | 22 | 고대 ICP 37기 목요조찬 | 12,536 | BHW | 909,080 |
| 7:30 | 10:00 | Venus | Executive Networking Roundtable | BK/Clssic*19 | 19 | 21 | Executive Networking Roundtable | 12,573 | SJK | 1,560,000 |
| 8:00 | 18:00 | Apollo | BorgWarner Drivetrain Systems | Meeting | 0 | 20 | 2014 Korea /Japan Statutory Review* | 12,558 | SKI | 2,879,740 |
| 8:30 | 17:30 | Harmony Ballroom | 태성 SNE | LN/BOXK3*450 | 450 | 500 | TAESUNG S&E TECHNICAL DAY 2014 | 12,581 | SJK | 41,520,650 |
| 12:20 | 13:20 | Allegro | | LN/ | 0 | 0 | | | | - |
| 12:20 | 13:20 | Vivace | | LN/ | 0 | 0 | | | | - |
| 9:15 | 9:45 | Moderato | Joint Morning Briefing | Meeting | 0 | 26 | Joint Morning Briefing | 12,528 | KYK | - |
| 9:30 | 10:30 | Moderato | BQ Operation Meeting | Meeting | 0 | 18 | BQ Operation Meeting | 12,584 | KYK | - |
| 9:00 | 18:00 | Diamond | K Fairs -In Cosmetics Conference | Meeting+LN/BOXK2*150 | 150 | 165 | SKINCARE IN 5 DIMENSIONS' Conference | 12,576 | PJH | 20,260,250 |
| 8:30 | 16:00 | Jupiter | Genzyme Korea Internal Meeting + Symposium | Meeting | 0 | 46 | Genzyme Internal Meeting | 12,513 | HJC | 2,694,626 |
| 12:30 | 13:30 | Venus | | LN/BOXK2*38 | 42 | 46 | | 12,513 | | 2,950,416 |
| 13:00 | 18:00 | Andante | | Meeting | 0 | 0 | | 12,514 | | 1,500,000 |
| 18:00 | 21:00 | Mercury | | DN/ | 18 | 20 | | 12,516 | | 1,413,216 |
| 19:30 | 21:30 | Moderato | | Meeting | 0 | 14 | Advisory Board Meeting in Seoul, Gaucher Disease | 12,515 | | 1,942,554 |
| 15:00 | 16:30 | Venus | GS Caltex Board Meeting | Setup | 0 | 0 | 2014년도 GS칼텍스재단 제1차 임시이사회 | 12,559 | MSS | - |
| 17:00 | 20:00 | | | DN/Spe.C*15 | 15 | 16 | | | | 2,734,700 |
| 18:00 | 22:00 | Jupiter | Janssen Korea Limited DinnerSymposium | DN/ | 40 | 44 | Janssen Korea Limited DinnerSymposium | 12590 | HJC | 3,140,480 |
| 18:00 | 21:00 | Apollo | Sky Lounge Use | Meeting | 0 | 0 | Sky Lounge Use | - | KYK | - |
| 18:00 | 21:00 | Allegro | Alliance Bernstein | DN/ | 90 | 100 | Alliance Bernstein | 12586 | SKI | 6,300,000 |
| 19:30 | 22:00 | Diamond | Korea International Art Fair Cocktail Reception | Cocktail Reception | 150 | 150 | KIAF 2014 Director's Night | 12,569 | PJH | 11,900,836 |
| | | | | | | | | | | 101,706,548 |

Friday, 26 September, 2014

| Start | End | Function | Company Name | Event | Gua. | Ext. | Text to Board | BEO | Ctr. Mgr. | Total Revenue |
|---|---|---|---|---|---|---|---|---|---|---|
| 6:30 | 9:00 | Mercury | Diomedical Breakfast Meeting | BK/ | 15 | 15 | | 12,593 | HJC | 681,825 |
| 7:00 | 9:00 | Jupiter | Construction Vision Forum | BK/K2*63 | 63 | 70 | 건설산업비전포럼 134차 조찬토론회 | 12,554 | BJY | 2,520,000 |
| 8:00 | 18:00 | Andante | Genzyme Korea Internal Meeting + Symposium | Meeting | 0 | 0 | 2nd International Gaucher Conference on Bone Disease | 12,588 | HJC | 1,500,000 |
| 8:55 | 18:15 | Diamond | | LN/BOXW*135 | 135 | 150 | | 12,520 | HJC | 16,689,161 |
| 15:00 | 15:30 | Diamond Foyer | | Break - PM | 100 | 0 | | 12,520 | HJC | 826,400 |
| 18:00 | 21:00 | Venus | | DN/K5*29 | 29 | 32 | | 12,519 | HJC | 2,276,848 |
| 8:30 | 17:30 | Harmony Ballroom | 태성 SNE | LN/BOXK3*450 | 450 | 500 | TAESUNG S&E TECHNICAL DAY 2014 | 12,587 | SJK | 40,694,250 |
| 12:00 | 13:30 | Allegro | | LN/ | 0 | 0 | | 12,587 | SJK | - |
| 9:00 | 18:00 | Vivace | Encore Seoul | Meeting | 0 | 100 | Encore Seoul | - | BJY | 4,000,000 |
| 9:00 | 18:00 | Moderato | | Meeting | 0 | 50 | | | | 2,000,000 |
| 18:00 | 21:00 | Jupiter | | DN/Buffet | 0 | 60 | | | | 4,500,000 |
| 18:00 | 21:00 | Apollo | | DN/buffet | 0 | 30 | | | | 2,250,000 |
| 18:00 | 21:00 | Mercury | BorgWarner Drivetrain Systems | DN/ | 17 | 17 | BorgWarner Drivetrain Systems | 12,510 | SKI | - |
| | | | | | | | | | | 77,938,484 |

# ● ● 참고문헌

## 1. 국내문헌


김기영 · 추상용(2009), 연회기획 서비스실무론, 현학사.

김맹선 외 인(2010), PCMA의 전략적 MICE 경영론, 세림출판.

김성혁(1997), 관광 서비스, 백산출판사.

나정기(1997), 호텔식음료 원가관리론, 백산출판사.

박인규 외 1인(2000), 호텔식음료 실무경영론, 기문사.

서승진 외 1인(2002), 컨벤션산업론, 영진닷컴.

서진우 외 2인(2004), 최신식음료경영론, 대왕사.

송홍규 외 1인(2013), 호텔연회기획, 백산출판사.

안경모 외 1인(2001), 국제회의기획경영론, 백산출판사.

오승일(1997), 식음료사업경영, 백산출판사.

오정환(1986), 서비스산업론, 명보출판사.

원유석(2014), 호텔연회기획관리, 대왕사.

______ 외 1인(2007), 연회 · 컨벤션 매니지먼트, 한올출판사.

이정자(1996), 식음료원가관리, 형설출판사.

이정학(2001), 호텔식음료실무론, 기문사.

______(2006), 호텔연회관리론, 기문사.

이희천(2013), 연회관리실무, 남두도서.

채서묵(1995), 관광서비스개론, 대왕사.

최윤휘(1992), 현대PR론, 나남출판.

최주락 외 6인(2001), 메뉴기획관리론, 백산출판사.

한국관광공사 · 경주교육원, 매뉴얼.
호텔신라 서비스교육센터(2000), 현대인을 위한 국제매너, 김영사.
__________________, 식음료 서비스 매뉴얼.
호텔현대, 서비스 매뉴얼.
http://www.ncs.go.kr

## 2. 국외문헌

Albrecht, K.R. Zemke(1985), *Service America*, Dow Jones-Irwin.
Beckett, Fiona(1999), *Wine Uncorked*, Willow Creek Press.
Berry, L.L. et al.(1983), *Emerging Perspectives of Services Marketings*, Chicago: AMA.
Carlzon, J.(1987), *Moment of Thruth*, Cambridge, Mass: Ballinger.
Cornell University(1986), *Quality Service, Restaurant Manager Bible*.
Gary Regan and Mardee Haidin Regan(1997).
Macdowell, Bill(1994), *Funny Business*, Restaurant & Institutions, Vol. 104.
Maslow, A.H.(1954), *Motivation and Personality*, Haper & Row.
School of Hotel and Restaurant Admin(1986), Cornell University.

# 저자소개

## [서 진 우]

〈학력〉
세종대학교 일반대학원 조리외식경영학과 박사

〈경력〉
커피바리스타 자격시험 출제위원 및 심사위원
와인소믈리에 자격시험 심사위원
외식경영관리사 및 식음료관리사 출제위원
세종사이버대학교 외식창업프랜차이즈학과 교수
세종외식창업서비스연구소 소장
문경 그랜드관광호텔 총지배인
세종 칵테일 · 서비스전문학원 원장
현, 유한대학교 비즈니스학부 호텔관광전공 교수

〈자격사항〉
외식경영관리사 자격증 취득
와인소믈리에 1급 자격증 취득
미국식품위생사(NRA) 자격증 취득
커피바리스타 1급 자격증 취득
서비스어드바이저 자격증 취득
국외여행인솔자(Tour Conductor) 자격증 취득
관광레크리에이션 1급자격증 취득
일반레크리에이션 1급자격증 취득
테이블 데커레이션 과정 수료
풍선아트지도자 자격증 취득
이미지 업 파워프로그램 수료(매너강좌)
조주기능사 자격증 取得(00403091828L)
韓食 조리사 자격증 取得(98488090398B)
2급 支配人 자격증 取得(97-53-0177)
觀光 宿泊 종사원 자격증 取得(1212-1-93-0007)
國內 旅行 案內員 자격증 取得(1212-2-93-0005)

## [장 세 준]

### 〈학력〉

세종대학교 일반대학원 조리외식경영학과 박사

### 〈경력〉

와인소믈리에 자격시험 출제위원

식음료관리사 자격시험 출제위원

커피바리스타 심사위원

식음료경진대회 심사위원

그랜드 앰버서더 호텔 식음료부

(주)호텔신라 식음료부

그랜드 인터컨티넨탈 서울 식음료부 과장

그랜드 & 코엑스 인터컨티넨탈 서울 연회판촉 S&M 팀장

전, 유한대학교 호텔관광외식조리과 교수

유한대학교 NCS전담교수

### 〈자격사항〉

호텔경영사 자격증 취득

CHA 자격증 취득

조주기능사자격증 취득

와인소믈리에 자격증 취득

워터소믈리에 자격증 취득

전통주 전문가과정 수료

국가직무능력표준(NCS)을 기반으로 한

호텔연회관리실무

**초판 1쇄 발행** 2016년 3월 10일
**초판 3쇄 발행** 2025년 3월 10일

**저자** 서진우 · 장세준 | **발행인** 박성진 | **발행처** 大旺社
**등록** 1976년 11월 30일 제5~54호
**수소** 서울시 동대문구 외대역동로 133-1
**물류** 경기도 파주시 소라지로 176-25(송촌동 414-12)
**전화** (031)947-5471(代) | **팩스** (031)947-5470
**홈페이지** http://www.daewangsa.net | **이메일** dws74@hanmail.net
**값** 19,000원

ISBN 978-89-456-9048-7 93320

※불법복사는 지적재산을 훔치는 범죄행위입니다.
※저작권법 제136조(권리의 침해죄)에 따라 위반자는 5년 이하의 징역 또는
5천만원 이하의 벌금에 처하거나 이를 병과할 수 있습니다.

1991 31th 2022

YEARS ANNIVERSARY

1991년 4월 첫 발간호

2022년 1월 31주년 기념호

호텔앤레스토랑은 국내 유일의 호텔산업 전문 매거진입니다.

31주년 정기구독 특가 : 90,000원(1년)

(주)에이치알 | 등록일 1991년 8월 16일 | 등록번호 마포라-00220
발행인 및 편집인 서현웅 | 정가 9000원 | 이메일 hrhotelresort@hanmail.net
전화 (代)02-312-2828 | 팩스 (代)0505-312-2828

대한민국 최초, 최대 호텔산업 전시회
www.koreahotelshow.com

호텔, F&B 종사자 교육 전문 아카데미
www.hacademy.co.kr

호스피탈리티 전문 채용 플랫폼
www.hotelinnetwork.com

호텔위생을 위한 단하나의 완벽한 솔루션
korea.issa.com

대한민국 우수 호텔리어 어워드
www.hotelrestaurant.co.kr

 hotelrestaurant.co.kr

 hoteltrend

 호텔앤레스토랑

 hoteltrends

 hoteltrend

hoteltrend.tistory.com